法学研究文丛
——法理学——

法律运行原论
化合式法学范式研究

张洪涛 著

知识产权出版社
全国百佳图书出版单位
—北京—

图书在版编目（CIP）数据

法律运行原论：化合式法学范式研究／张洪涛著 . —北京：知识产权出版社，2023.11
ISBN 978－7－5130－8952－4

Ⅰ.①法… Ⅱ.①张… Ⅲ.①法律—研究 Ⅳ.①D90

中国国家版本馆 CIP 数据核字（2023）第 198589 号

责任编辑：彭小华	责任校对：王　岩
封面设计：智兴设计室	责任印制：孙婷婷

法律运行原论
化合式法学范式研究
张洪涛　著

出版发行：知识产权出版社有限责任公司	网　　址：http://www.ipph.cn
社　　址：北京市海淀区气象路 50 号院	邮　　编：100081
责编电话：010－82000860 转 8115	责编邮箱：huapxh@sina.com
发行电话：010－82000860 转 8101/8102	发行传真：010－82000893/82005070/82000270
印　　刷：北京中献拓方科技发展有限公司	经　　销：新华书店、各大网上书店及相关专业书店
开　　本：880mm×1230mm　1/32	印　　张：10.375
版　　次：2023 年 11 月第 1 版	印　　次：2023 年 11 月第 1 次印刷
字　　数：251 千字	定　　价：68.00 元
ISBN 978－7－5130－8952－4	

出版权专有　侵权必究
如有印装质量问题，本社负责调换。

安家——"法安天下"（代序）

一、何谓安家——"法安天下"

在儒家"修身、齐家、治国、平天下"的理想社会秩序建构中，"齐家"属于中观社会组织层面，是沟通微观层面"修身"与宏观层面"治国、平天下"的桥梁，也是连接、整合微观层面"修身"与宏观层面"治国、平天下"的工具，处于承上启下的枢纽地位。因此，"安家"包括微观层面"'修身'：给人安家"与宏观层面"'治国'：给国安家"和"'法安天下（习近平语）'：给制度安法律之家"；其中，"'法安天下'的关键：给中国（法律）制度安法律（理论）之家"，也是笔者研究的主旨。以下将分而论之。

（一）"修身"：给人安家

安家是指给人安家，包括实体和精神两个层面。

从实体意义上，家庭是生命的摇篮，是我们漫长人生旅途的第一站。从生命开始到独立成人，家是我们获取身体成长所需物质供养、情感培养、人格涵养的地方。即便长大成人，家还是我们漫长人生旅途中的加油站。当我们工作劳动累了的时候，可以在家中获得体力的补给；当我们在工作和生活中遇到挫折的时候，可以从家中获得心灵的慰藉、精神上的鼓励，家是我们重新获取力量的首选的社会支持系统；当我们身体出现这样或那样的障碍时，家还是我们首选的身体维修站，"你病了，家庭便是医院，家人便是看护"。❶ 家还是人（尤其是中国人）成就一番事业的根基，"就农业言，一个农业经营是一个家庭"；现在叫"家庭联产承包责任制"。"就商业言，外面是商店，里面就是家庭"；现在甚至叫"夫妻店"。"就工业言，一个家庭里安了几部机械，便是工厂"；现在小的叫"家庭作坊"，大的叫"家族企业"或"家族集团"。❷ 总之，中国人特别强调安家才能立业，安居才能乐业。家还是中国人生命的终点和栖息地。中国人老了，特别强调落叶归根；即使是命丧黄泉，也要回家；即便是肉体不能回家，至少灵魂也要回家，也要上族谱，归祖归宗；否则，就会无家可归，成为孤魂野鬼，人死后灵魂也不得安宁。

从精神意义上，家还是中国人感情和精神的归宿和寄托。如果说西方人信仰的是宗教，中国人信仰的则是家庭。正如学者所言："鸟兽但知有现在，人类乃更有过去未来观念，故人生不能以现在为止。宗教即为解决此三世问题者，是以有天堂净土，地狱轮回一类说法。中国人则以一家之三世（祖先、本身、儿孙）为三世。过去信仰，寄于祖先父母，现在安慰寄于家室和合，将来希望寄于儿孙后代。此较之宗教的解决为明通切实云云。"❸

总之，不论是实体意义上还是精神意义上，对人（尤其是中

---

❶ 梁漱溟：《中国文化要义》，学林出版社，1987，第 12 页。
❷ 梁漱溟：《中国文化要义》，学林出版社，1987，第 12 页。
❸ 梁漱溟：《中国文化要义》，学林出版社，1987，第 94 页。

国人)而言,人无家不稳,人无家不安,人无家则业不兴,人无家则业不旺。因此,中国人特别强调成家、安家,成家才能立业,安居才能乐业,家安则人安,家稳则人稳,家兴则业兴,家和万事兴;也因此,中国人特别忌讳"不孝有三,无后为大""断子绝孙""绝种""败家子"之类的话语。

(二)"治国":给国安家

安家还指给国安家。家不只是人尤其是中国人安身立命之处,也是国尤其是中国安身立命之所。与给人安家一样,给国安家也包括实体和精神两个层面。

从实体和自然意义上,人类社会都经历过家族社会,但随着社会的发展,国与家在西方社会出现了分离。因此,在现代人(尤其是西方人)看来,国是国,家是家。尽管如此,家仍然是社会的细胞,是国构成的基本组织单位:离开了家,国就不成为其国;离开了国,家也就不成为其家,"有了强的国,才有富的家"。[1] 这一点在中国人看来尤甚。因此,"中国老话有'国之本在家'及'积家而成国'之说";[2] 用现代人的话说就是:"都说国很大,其实一个家……家是最小国,国是千万家……国与家连在一起,创造地球的奇迹。"[3] 因此,即使是现代的中国,也非常注重安居工程的建设。

从精神和社会意义上,早期国的起源、组织架构、治理方式、合法性等都带有家族社会的特征,将国安在家上。到了中世纪后,西方将国的家安到了神的身上、宗教的身上,如神学自然法学提出的君权神授学说;再到文艺复兴后,西方将国的家安到人的身

---

[1] 成龙、刘媛媛合唱,金培达作词:《国家》(歌曲)。
[2] 梁漱溟:《中国文化要义》,学林出版社,1987,第11页。
[3] 成龙、刘媛媛合唱,金培达作词:《国家》(歌曲)。

上、个人主义上面，如古典自然法学提出的社会契约论。梅因将西方的这个发展过程总结为"从（家族社会的——引者注）身份到契约的运动"。❶ 而中国社会直到近代一直处于家族社会，将国的家一直安在家上。古代中国的朝廷分为"内廷"和"外廷"，前者以皇家家庭成员为主，处理家事，又称为"后院"，后者主要由宰相等朝廷重臣构成，处理国事，但它们有一个共同的家长——皇帝。因此，国的组织架构是模仿家的组织架构而来的，在家的父子架构上拟制出君臣架构、官民架构来，甚至"天下一家"。也因此，国的治理规则来源于从家庭中产生出来的规则礼，子对父的孝拟制出臣对君的忠，甚至"四海之内皆兄弟"，国政是家政的自然延伸和扩大化。也因此，有学者认为中国社会是"家族本位""伦理本位"，怀疑"中国是否一国家"，甚至认为"中国实为一文化体而非国家"。❷ 总之，从精神层面看，这是将国的家——合法性——安在一种关于家的伦理即儒家的身上。当然，在秦始皇时期，由于将国的家安到一种反家族思想即"法家"上，与当时中国家族社会的现实不符（未将国的家安在当时中国社会基础上），因此导致了秦朝的短命与灭亡；在这个意义上，秦朝可谓安错了家。而汉代吸取了秦朝的教训，将国的家——合法性——安在一种家庭伦理思想即儒家身上，与当时中国家族社会的现实相符（将国的家安在中国社会基础上）；在这个意义上，汉代可谓安对了家，也就保障了中国社会较长时期的长治久安，以合为主。

总之，不论是实体意义上还是精神意义上，尤其是后者，对国（尤其是中国）而言，国无家不治，家安则国安，家稳则国稳，

---

❶ 梅因：《古代法》，沈景一译，商务印书馆，1959，第97页。本书序言中的"引者注"在没有特别说明的情况下，都属于笔者所作的注解，以下不另行说明。
❷ 梁漱溟：《中国文化要义》，学林出版社，1987，第77-80、19、162页。

家兴则国兴，家旺则国旺，家治则国治。

（三）"法安天下"：给制度安法律之家

由于法治和法治国成了当今世界潮流，即使是在中国社会运行许多年的"家治"，自近代以来也在不断地向法治转型，今天我国还提出了全面依法治国的战略任务，因此，在现代意义上，"给国安家"主要是指给制度安法律之家。

首先，这里的制度主要是指正在或者曾经在现实生活中有效运转的制度，是活的制度，行动中的制度，而不是指从来没有有效运转过的书本上的死的制度；否则，如果去研究给并未运转的制度安法律之家的问题，就显得既没有意义，也没有科学性。

其次，这里的制度尽管在实践中有效运转着，但没有正式地制度化地进入国家法律制度之中，因此就存在给制度安法律之家的问题。

最后，这里的法律之家包括：实践层面法律制度之家和理论层面法律理论之家。前者是指制度化地进入国家法律制度中，由非正式制度上升为正式国家制度，由民间法上升为国家法，由不成文法上升为成文法。后者是指给法律制度为何是这样做一种法律理论上的解释，而且这种理论解释为一般理论所接受和认可，并被法律实践所检验是科学、正确的；总之，就是具有技术合理性，从而使制度（包括法律制度）有一种法律理论上的归属感，有一种回了法律理论之家的感觉；否则，就言不正，名也不顺，无家可归，四处飘荡。

因此，给制度安法律之家，在理论上可以分为以下几种情形。

第一，给正在现实中运作的制度安法律制度之家和安法律理论之家。在这种情形下，现行的制度既没有制度化地成为正式的国家法律制度，也没有被现行一般的法律理论所接受和认可。因此存在给制度安法律制度之家和安法律理论之家的问题。

第二，给正在现实中运作的制度安法律理论之家。在这种情形下，现行制度被动地进入了国家法律制度之中，但没有对法律制度为何是这样做出法律理论上的解释，即对技术合理性做出解释，或者解释了，也没有被一般法律理论所接受和认可。因此，存在给正在现实中运作的制度安法律理论之家的问题。

第三，给正在现实中运作的制度安法律制度之家。在这种情形下，对现行的制度为何是这样做出法律理论上的解释，且解释被一般法律理论所接受和认可，即制度具有技术合理性，但没有制度化地进入国家法律制度之中。因此，存在给正在现实中运行的制度安法律制度之家的问题。

第四，从理论上说，给历史上的制度安法律之家也存在上述三种情形，但给历史上的制度安法律制度之家既没有可能，也没有现实意义。因此，从现实意义的角度来看，给历史上的制度安法律之家就只是指安法律理论之家的情形。这是因为"没有'没有传统的现代化'"，❶ 现行制度必然包含传统的因素。因此，为了更好地给现行制度安法律之家，尤其是法律理论之家，并对历史和现实的制度做出连贯性的法律理论解释，就需要对历史上的制度做出法律理论解释——技术合理性解释，以及研究给历史上的制度安法律理论之家的问题。

在实践中，上述第三种情形存在的可能性较小，因此，在实现生活中只讨论第一、二、四等三种情形。

另外，安法律理论之家在给制度安法律之家中起着举足轻重的作用。例如，在英国的洛克时期，尽管立法权与行政权和对外

---

❶ 金耀基：《从传统到现代》（补篇），法律出版社，2010，第156页。

权采取了由以资产阶级为代表的新兴势力和以国王为代表的旧势力分享的法律制度安排，但由于缺乏法律理论的解释和正当化，所以当时给制度安的法律制度之家并不稳固，也不那么名正言顺，以资产阶级为代表的新兴势力享有的立法权随时有可能被削弱甚至被剥夺。只有在洛克提出了二权分立理论，并给当时的法律制度安排做出了理论上的解释，给当时的法律制度安了法律理论之家后，当时给制度安的法律制度之家才得以稳固，并被传播到欧洲各国，最后被大多数国家所认可和接受。而美国在制定联邦宪法以建立国家之家时，由于在联邦党人与反联邦党人之间进行了充分的理论探讨，[1] 给宪法的制定和国家的建立找到了理论上的依据，安了法律理论之家，因此，当时给美国建立统一而强有力的中央政府安法律制度之家就显得名正言顺、水到渠成了。可见，在给制度安法律制度之家和法律理论之家中，安法律理论之家是安法律制度之家的理论前提，安法律制度之家是安法律理论之家的必然结果。

综上，给制度安法律之家，着重研究给制度安法律理论之家问题，实质上就是探讨法律制度体系化的问题；在必要的情形下，才会进一步涉及给现行制度安法律制度之家的问题。

(四) "法安天下" 的关键：给中国（法律）制度安法律（理论）之家

更具体地说，给制度安法律之家侧重探讨给中国制度安法律之家，包括给中国古代和现代制度安法律理论之家与给中国现代制度安法律制度之家两个方面，但在此侧重关注前者。给中国（法律）制度安法律理论之家，实质上就是将现行零散而缺乏内在

---

[1] 汉密尔顿等：《联邦党人文集》，程逢如等译，商务印书馆，1980。

联系的中国（法律）制度，用某种法律理论将它们串联起来并加以体系化，追寻它们共同的社会归宿（历史－社会逻辑即技术合理性）与法律理论（即法学范式）归宿。这些零散的中国（法律）制度，主要包括以下两个层面。

1. 宏观层面的中国（法律）制度

第一，法律运行。法律运行是指法律运行主体（包括专业的法律人和非专业的法律活动参与者，如立法者、司法者、执法者、守法者等；法律运行主体包括组织和个人）在法律运行过程（包括立法、司法、执法、守法等）中所体现出来的一种法律行为或法律活动（包括立法行为、司法行为、执法行为、守法行为等）。目前，明确的整体的法律运行研究较少，大部分是分解式研究。分解式的法律运行研究，试图通过将"法律运行"分解为立法、执法、司法、守法、法律监督等环节，即"法律运行＝立法＋执法＋司法＋守法＋法律监督"，然后希望通过分别研究"立法""执法""司法""守法""法律监督"来达到对"法律运行"的研究。这种研究使我们对"立法""执法""司法""守法""法律监督"的研究日益走向了精细化、技术化，但这种分解式的研究存在着不可避免的弊端：我们研究的问题（"立法""执法""司法""守法""法律监督"）与我们要研究的问题（"法律运行"）并非同一问题。在这个意义上，分解式法学范式也不能有效完成甚至可能遮蔽、扭曲对我国现存"法律运行"法律制度的理论研究；换言之，我国法学界实际上缺乏对我国"法律运行"的研究，也就不可能从法学元理论（法学范式）角度来解决其理论归宿问题，最终也存在着安法律（尤其是法律理论）之家的问题。

第二，"礼法合一"。"礼法合一"或者"以礼入法"，是中国传统法律制度最突出、最重要、最基本的特征之一，其历史渊源至少可以追溯到西汉时期董仲舒的"引经决狱",至今仍然有效地运行于中国社会,是中国目前历史最为悠久的传统法律制度之一。"礼法合一"也受到了学界持续的高度关注,但学界多从规范层面进行研究和探讨,很少将其嵌入中国大历史和中国社会中探讨其历史-社会逻辑(即长期的技术合理性),也很少从法学元理论(法学范式)角度探讨其理论根基,因此既没有解决其社会归宿问题,又没有解决其理论归宿问题,即存在着安法律(尤其是法律理论)之家的问题。

第三,"政法合一"。"政法合一"也是中国传统法律制度最突出、最重要、最基本的特征之一,其历史渊源至少可以追溯到中国古代行政兼理司法的传统,至今仍然有效地突出地运行于中国社会(尤其是党的十八大以后,正式地将中国共产党的领导上升为中国当代法治的基本原则),也是中国目前历史最为悠久的传统法律制度之一。"政法合一"也受到了学界持续的高度关注,但学界多从历史描述的角度进行研究和探讨,很少将其嵌入中国大历史和中国社会中探讨其历史-社会逻辑(即长期的技术合理性),也很少从法学元理论(法学范式)角度探讨其理论根基,因此既没有解决其社会归宿问题,又没有解决其理论归宿问题,也存在着安法律(尤其是法律理论)之家的问题。

2. 中观法律/社会组织层面的中国(法律)制度

第一,民主集中制。民主集中制原则是我国宪法规定的基本原则之一,也是一种合二(民主与集中)为一的有中国特色的基本法律制度;其作为一种社会组织的基本原则,也广泛实施于各种法律组织、国家政权组织、企事业组织、人民团体等各种社会组织。民主集中制也受到了学界持续的高度关注,但学界多从事分解式的规范性、描述性的研究。分解式的研究试图通过将"民主集中制"分解为民主和集中（即"民主集中制＝民主＋集中"），然后分别通过研究"民主"与"集中"来达到对"民主集中制"的研究。这种研究使我们对民主和集中的研究日益走向了精细化、技术化，但这种分解式的研究同样存在着不可避免的弊端：我们研究的问题（"民主"与"集中"）与我们要研究的问题（"民主集中制"）并非同一问题。在这个意义上，分解式法学范式也不能有效完成甚至可能遮蔽、扭曲对我国现存"民主集中制"法律制度的理论研究；换言之，我国法学界实际上缺乏对我国"民主集中制"的研究，也就不可能从法学元理论（法学范式）角度来解决其理论归宿问题。另外，规范性的研究，大部分是从法律规范的角度来研究、评判"民主集中制"，而描述性的研究，大多是从其历史事实的角度来研究其发展演变过程，因此，既不可能将其嵌入中国大历史和中国社会中探讨其历史－社会逻辑（即长期的外在的技术合理性），也不可能将其嵌入自身组织结构中探讨其自身内在的技术合理性，最终也不可能解决其社会归宿问题。总之，"民主集中制"也存在着安法律（尤其是法律理论）之家的问题。

第二，"调审合一"（含审判委员会，下同）。"调审合一"也是中国传统法律制度最突出、最基本的特征之一，其历史渊源至少可以追溯到中国古代"官绅合一"的传统，至今仍然有效地突出地运行于中国社会的法院组织中。"调审合一"也受到了学界持续的高度关注，但学界多从事分解式的规范角度的研究。分解式研究试图通过将"调审合一"分解为调解和审判（即"调审＝调解＋审判"），然后分别通过研究"调解"与"审判"来达到对"调审"的研究。这种研究使我们对调解和审判的研究日益走向了精细化、技术化，但这种分解式法学范式的研究存在着不可避免的弊端：我们研究的问题（"调解"与"审判"）与我们要研究的问题（"调审"）并非同一问题。在这个意义上，分解式法学范式不能有效完成甚至可能遮蔽、扭曲对我国现存传统"调审合一"法律制度的理论研究；换言之，我国法学界实际上缺乏对我国传统"调审合一"制度的研究，也就不可能从法学元理论（法学范式）角度来解决其理论归宿问题。另外，规范角度的研究，大部分是从西方法律规范的角度来研究、评判中国的"调审合一"，以西方法律规范为标准，主张将调解从中国法院中清除出去，因此，既不可能将其嵌入中国大历史和中国社会中探讨其历史－社会逻辑（即长期的外在的技术合理性），也不可能将其嵌入自身组织结构中探讨其自身内在的技术合理性，最终也不可能解决其社会归宿问题。总之，"调审合一"也存在着安法律（尤其是法律理论）之家的问题。

二、为何安家——"法安天下"

为何会产生给中国（法律）制度安法律（理论）之家问题？大致有以下三个方面的原因。

（一）法学理论方面的原因

第一，中国古代法学不发达，也不追求内部理论的体系化，无意也无力解决中国古代（法律）制度安法律（理论）之家的问题。

法学是关于正义和非正义的科学。在这个意义上，中国古代是不存在现代意义上的法学的，只存在律学；即使是历史上关注法律问题的法家，也是如此，缺乏对正义、权利、公平、自由等法学核心问题的研究。"中国的法律学术从汉代开始，转变成为一种依据儒家经典对制定法进行讲习、注释的学问，历史上称之为'律学'。'律学'主要是从文字上、逻辑上和技术上对法律条文进行详细解释，关注的中心问题是刑罚的宽严，肉刑的存与废，'律''令'等法条的具体运用，以及礼与刑的关系……中国的律学不是一门独立的科学，律学家也不是完全以法律为研究对象的，他们基本上都是经学家或官僚，所以叫'引经注律'。律学至多只是经学的一个分支，经学的思想统治了律学。"❶ 而中国古代的经学与中国古代的法学（律学）一样，也不追求自身理论的体系化。"西方伦理学及社会科学要建立的，是有系统的、分析性的理论知识，以知为目标，而孔子的志趣，却不在树立一套伦理知识，只在重建社会秩序，目标在行，不在知。所以，与其说儒学是有关伦理的知识，毋宁说是伦理本身。"❷ 敏锐观察到这一点的韦伯也认为："儒学压根儿只是一大堆政治格言和社会上有教养者的行为守则而已。"❸ 换言之，儒家只是侧重于制度实践和制度运用的实效，并不追求自身理论的体系化，因此对进一步地给制度安法律之家尤其是法律理论之家的活动并不感兴趣，也无力解决中国古代（法律）制度安法律（理论）之家的问题。

第二，中国近现代并未形成真正意义上的具有本土性和民族性的中国法学——尤其是中国法学范式，无力解决中国（法律）制度安法律（理论）之家的问题，尤其是不能解决具有中国特有的传统"化合型"（法律）制度的安法律理论之家的问题。

随着中国法治建设的不断发展，中国法学界也出现过几次法学范式之争。例如，受西方法学在哲学根源上存在着人文主义与科学主义之分的影响，中国法学一直存在着科学性与人文性之争。

---

❶ 张中秋：《中西法律文化比较研究》，南京大学出版社，1999，第234 - 236页。
❷ 张德胜：《儒家伦理与秩序情结——中国思想的社会学诠释》，台湾巨流图书公司，1989，第63页。
❸ Max Weber, *The Religion of China* (New York: The Free Press, 1964), p. 152.

人文论者,既有从人性、知识谱系、方法论、哲学根源等方面探讨其基本理论问题,也有探讨人文精神在民法、刑法、行政法等部门法中的体现问题,主张中国法学范式变革的人文化。❶ 科学论者,既有探讨其基本理论问题,也有探讨民法学、证据法学、行政法学等部门法学中所体现的科学主义精神问题,主张中国法学范式变革的科学化。❷ 再如,自苏力提出政法法学、诠释法学和社科法学等三种法学范式,❸ 以及邓正来提出"中国法学向何处去"的范式问题以来,❹ 尤其是近几年受德国法教义学和美国法学人文

---

❶ 参见杜宴林:《法律的人文主义解释》,人民法院出版社,2005;占茂华:《自然法观念的变迁》,法律出版社,2010;侯健、林燕梅:《人文主义法学思潮》,法律出版社,2007;刘国利:《人文主义法学研究》,法律出版社,2016;胡玉鸿:《法学方法论导论》,山东人民出版社,2002;严存生:《法律的人性基础》,中国法制出版社,2016;舒国滢:《欧洲人文主义法学的方法论与知识谱系》,《清华法学》2014年第1期;苏彦新:《民法法典化的人文主义法学根源——兼评〈那些法学家们:一种批评史〉》,《政法论坛》2017年第1期;徐国栋:《民法的人文精神》,法律出版社,2009;叶必丰:《行政法的人文精神》,北京大学出版社,2005;陈兴良:《刑法的人性基础》(第四版),中国人民大学出版社,2017;胡玉鸿:《法学是一门科学吗?》,《江苏社会科学》2003年第4期;王麟:《法学知识的属性与进步》,《法律科学》2000年第2期;王伯琦:《法学:科学乎?艺术乎?》,载《近代法律思潮与中国固有文化》,清华大学出版社,2005,第132-143页;郑戈:《法学是一门社会科学吗?——试论"法律科学"的属性及其研究方法》,载《北大法律评论》(第1卷第1辑),法律出版社,1998,第1-30页;刘星:《法学"科学主义"的困境——法学知识如何成为法律实践的组成部分》,《法学研究》2004年第3期。

❷ 参见张文显:《迈向科学化现代化的中国法学》,《法制与社会发展》2018年第6期;毋国平:《法学的科学性与"法":以纯粹法理论为中心》,《法律科学》2014年第1期;张欣:《行政法学科学性证成探微》,《黑龙江省政法管理干部学院学报》2014年第1期;张中:《论证据法学的科学性及其学科地位》,《中国法学教育研究》2015年第3期;寇志新:《谈民法学的科学性阶级性及其现实意义》,《西北政法学院学报》1986年第2期。

❸ 参见苏力:《也许正在发生——转型中国的法学》,法律出版社,2004。

❹ 参见邓正来:《中国法学向何处去——建构"中国法律理想图景"时代的论纲》,商务印书馆,2006。

社会科学化的影响,在法学界兴起了法教义学与社科法学之争。社科法学论者针对自己经验研究有余而基本理论研究不足的状况,提出要对社科法学的发展历程、方法论、实证传统、含义、社会功用等自身基本理论进行研究,倡导部门法学研究的社科法学转向,主张中国法学范式变革的社科法学化。❶ 而法教义学在进行其含义、谱系、方法论、社会功用等自身基本理论研究的同时,❷ 也在向宪法学、刑法学、民法学、行政法学等部门法学领域扩展,主张中国法学范式变革的法教义学化。❸ 又如,针对我国当代法学中存在的人文性与科学性的分歧,还有学者提出了折中主义的混

---

❶ 参见苏力:《中国法学研究格局的流变》,《法商研究》2014 年第 5 期;侯猛:《社科法学的传统与挑战》,《法商研究》2014 年第 5 期;邵六益:《社科法学的知识反思——以研究方法为核心》,《法商研究》2015 年第 2 期;陈柏峰:《社科法学及其功用》,《法商研究》2014 年第 5 期;包万超:《面向社会科学的行政法学》,《中国法学》2010 年第 6 期。

❷ 参见雷磊:《法教义学与法治:法教义学的治理意义》,《法学研究》2018 年第 5 期;贺剑:《法教义学的巅峰:德国法律评注文化及其中国前景考察》,《中外法学》2017 年第 2 期;许德风:《法教义学的应用》,《中外法学》2013 年第 5 期;雷磊:《法教义学能为立法贡献什么?》,《现代法学》2018 年第 2 期;雷磊:《什么是法教义学?——基于 19 世纪以后德国学说史的简要考察》,《法制与社会发展》2018 年第 4 期;凌斌:《什么是法教义学:一个法哲学追问》,《中外法学》2015 年第 1 期;雷磊:《什么是我们所认同的法教义学》,《光明日报》2014 年 8 月 13 日,第 16 版。

❸ 参见陈景辉:《部门法学的教义化及其限度——法理学在何种意义上有助于部门法学》,《中国法律评论》2018 年第 3 期;张翔:《宪法教义学初阶》,《中外法学》2013 年第 5 期;李忠夏:《宪法教义学反思:一个社会系统理论的视角》,《法学研究》2015 年第 6 期;冯军:《刑法教义学的立场和方法》,《中外法学》2014 年第 1 期;张明楷:《也论刑法教义学的立场:与冯军教授商榷》,《中外法学》2014 年第 2 期;刘艳红:《中国法学流派化志趣下刑法学的发展方向:教义学化》,《政治与法律》2018 年第 7 期;刘艳红:《中国刑法教义学化过程中的五大误区》,《环球法律评论》2018 年第 3 期;汤文平:《民法教义学与法学方法的系统观》,《法学》2015 年第 7 期;王本存:《论行政法教义学——兼及行政法学教科书的编写》,《现代法学》2013 年第 4 期。

合式法学范式变革主张;❶ 针对我国当代法学中存在的法教义学与社科法学的分歧,有学者提出了包括"实用主义法学"、实践法学派、"实效主义法学"等在内的折中主义的法学范式变革主张。❷

上述不论是人文性(人文主义)与科学性(科学主义)之争,还是法教义学与社科法学之争,都没有在哲学上超出西方人文主义与科学主义的范畴,都没有超出西方传统三大法学流派(自然法学、规范分析法学和社会法学)之争的范畴,都是一种由西方实体主义发展而来的分解式法学范式;即使是为了解决这些分解式法学范式而提出的折中主义的混合式法学范式,也只是这些分解式法学范式的简单的物理性的、技术性的混合,实质上还是一种分解式法学范式。

这些受西方现代化范式支配而形成的分解式法学范式,能否解决中国(法律)制度安法律(理论)之家的问题呢?

这些受西方社会影响而形成的分解式法学范式,都具有不同的地方性,都是一种地方性知识,无法解决中国(法律)制度安法律(理论)之家的问题。例如,作为分解式法学范式之一

---

❶ 参见魏建国:《大陆法系方法论的科学主义误区与人文主义转向》,《法学评论》2011年第1期;袁振辉、杨文丽:《西方法理学中的人文主义与科学主义》,《中共中央党校学报》2005年第2期;杨忠民、程华:《自然法,还是法律实证主义》,《环球法律评论》2007年第1期。

❷ 参见孙海波:《法教义学与社科法学之争的方法论反省——以法学与司法的互动关系为重点》,《东方法学》2015年第4期;谢海定:《法学研究进路的分化与合作——基于社科法学与法教义学的考察》,《法商研究》2014年第5期;熊秉元:《论社科法学与法教义学之争》,《华东政法大学学报》2014年第6期;尤陈俊:《不在场的在场:社科法学与法教义学之争的背后》,《光明日报》2014年8月13日,第16版;李晟:《实践视角下的社科法学:以法教义学为对照》,《法商研究》2014年第5期;郑永流:《实践法律观要义——以转型中的中国为出发点》,《中国法学》2010年第3期;叶会成:《实践哲学视域下的法哲学研究:一个反思性述评》,《浙江大学学报(人文社会科学版)》2017年第4期;武建敏:《实践法哲学:理论与方法》,中国检察出版社,2015。

的规范分析法学的代表性人物赫伯特·哈特,在《法律的概念》一书的"序言"中,就告诉读者:"本书也可以被视为一个描述性社会学的尝试。"❶ 而理查德·波斯纳对此也有同感:"把此书作为一个知识渊博的内部人对英国法律制度的一种风格化描述,还是很启发人的,就如同德沃金法理学对人的启发在于它是对联邦最高法院自由派大法官的一种风格化描述一样,也就如同《尼格马克伦理学》中讨论的校正正义对人们的启发在于它是对亚里士多德时代雅典法律制度的一种风格化描述一样。"❷ 再如,对于混合式法学范式(实质上也是一种分解式法学范式)实践综合法学的代表性人物尤尔根·哈贝马斯提出的解决规范与事实分立的程序主义法治方案,波斯纳也认为它只是适用于德国,而不适用于美国,认为:"他的理论(和哈特以及德沃金一样)所谈论的更直接的是他的国家即德国的情况,而不是其他国家的情况。美国人并不需要下面这些教诲:多样性的价值、政治原则找不到'先验的'基础、民主的重要性或合法政治制度的前提条件。这些东西都是我们生活形式的特点,是我们讨论和争论的理所当然的背景。"❸ 因此,波斯纳归纳总结认为:"所有这些法理学理论,我想强调它们的共同特点就是其所谓的普适性。每个理论家都宣布一些他认为适用于任何法律制度的原则,而事实上,最好是把他们每个人都理解为是对某个民族的法律制度的描述,在哈特那里是英国,在德沃金那里是美国,而在哈贝马斯那里是

---

❶ 哈特:《法律的概念》,张文显等译,中国大百科全书出版社,1996,"序言",第1页。

❷ 波斯纳:《道德和法律理论的疑问》,苏力译,中国政法大学出版社,2001,第114页。

❸ 波斯纳:《道德和法律理论的疑问》,苏力译,中国政法大学出版社,2001,第124页。

德国。"❶ 实际上，波斯纳这个归纳总结，也同样适用于自己为解决规范与事实分立而提出的一种侧重于结果的求助于社会科学的实用主义解决方案。

总之，这些受西方社会影响而形成的分解式法学范式，都具有不同的地方性，都是一种地方性知识，中国法律制度的安家问题无法建立在这种具有地方性的法律理论之上，无力解决中国（法律）制度安法律（理论）之家的问题，尤其是不能解决具有中国特有的传统化合型（法律）制度的安法律理论之家的问题。

（二）法律制度方面的原因

第一，由于中国古代法学和法律制度的不发达，所以中国古代大量的制度没有法制化；即使有些制度法制化了，安了法律制度之家，但由于中国古代法学的不发达甚至缺失，也没有从理论上做出合理化的法律解释（技术合理性解释），没有完成安法律理论之家的任务。

在法律实践中，分解式法学范式通过对法律的不断分解，如首先民事性法律与刑事性法律出现分解和分离，接着是行政法从民事性法律中分离出来形成一个独立的法律部门，后来是经济法、环境法等法律部门出现分解并形成独立的法律部门，使原来混而不分的法律逐渐分解、分化，最终使法律日益精细化、技术化，促进了法律制度的不断发展和繁荣，并形成一个日益分工、日益复杂化的法律体系，使大量的制度实现了法律化，解决了制度安法律制度之家的问题。

比较而言，中国古代由于缺乏这种分解式法学范式的影响，

---

❶ 波斯纳：《道德和法律理论的疑问》，苏力译，中国政法大学出版社，2001，第107页。

所以中国古代法律制度难以走向精细化和技术化，始终处于一种"化合型"法律制度的状态，如中国古代法律存在的民刑不分、诸法合体，无法将存活于中国社会的大量民间制度（如民间习惯等）法律化、再制度化，满足其安法律之家的需要；即使是其中的有些制度法制化了，安了法律制度之家，但由于中国古代法学的不发达甚至缺失，也没有从理论上做出技术合理性解释，没有完成安法律理论之家的任务。

第二，在近现代中国社会进行法治建设的过程中，最终导致了西方制度（尤其是法律制度）及其法律理论的大量"入侵"和引入，❶最后形成了一种融合了中西各种因素的制度（尤其是法律制度）多元的格局。❷自近代以来，这些制度（尤其是法律制度）在与中国国情不断磨合、融通的作用下，形成了大量的正在中国社会有效运转的，融合了中西各种因素的新制度。

第三，在近现代中国社会进行法治转型的过程中，从传统到现代的过程，也是传统与现代的融合过程，最终形成了许多具有中国传统文化特色的，融合了古今中国社会各种因素的（法律）新制度。

对于这些融合了古今中外各种因素的新制度，既不能以单纯西方的法律理论做出观念合理性的解释，更不适合在中国传统文化那里得到观念合理性的解释，因此就需要提出一种既不同于现代西方的法律理论，也有异于中国古代的新的法律理论，对这些制度做出法律理论上的技术合理性的解释，即安法律理论之家的

---

❶ 参见张德美：《探索与抉择：晚清法律移植研究》，清华大学出版社，2003，第177-422页。
❷ 参见梁治平：《法辨——中国法的过去、现在与未来》，中国政法大学出版社，2002，第136-167页。

问题。

还有些融合了古今中外各种因素的新制度，除了安法律理论之家的问题外，还存在安法律制度之家的问题。因此，这些正在中国有效运转的、融合了古今中外各种因素的新制度，由于没有完成安法律制度之家的任务，目前还处于不稳定的状态。即使是那些安了法律制度之家的制度，也不能说稳如泰山了，还存在名不正言不顺的问题，即存在安法律理论之家的问题；否则，有可能像中国古代的制度那样因缺乏法律理论之家而被歧视，进而遭受被抛弃的制度命运。

对于这些混合了古今中外各种因素而形成的新制度尤其是法律制度，由于目前没有完成安家尤其是安法律理论之家的任务，因此导致了用西方的法律理论来解释这些新制度。将在中国社会形成的新制度（尤其是法律制度）的法律理论之家安到了西方的法律理论上，而这些西方的法律理论又"通过'话语'带动'实践'"，❶影响着正在中国有效运行的制度和法律制度。因此，目前给中国古代和现有的制度安的西方法律理论之家使得中国制度住着不舒服，也不适合，导致中国制度尤其是法律制度难以在西方法律理论之家中住下去，古代的如梁治平在《寻求自然秩序中的和谐》中对中国古代法律制度所作的"西方法律文化解释"；而有的西方法律理论之家对中国制度采取排斥、歧视甚至完全否定的态度，使得中国有些制度无法律理论之家可归，如正在中国社会有效运转的礼法合一、政法合一、调审合一、民主集中制等"化合型"法律制度就是如此。中国的学术界尤其是法学界急需完成给中国制度安法律理论之家的任务。

---

❶ 强世功：《法制与治理——国家转型中的法律》，中国政法大学出版社，2003，第9页。

（三）国家（法律）制度竞争方面的原因

在某种意义上，国家之间的竞争即国家（法律）制度的竞争，体现在以下两个层面。

第一，在微观层面，国家（法律）制度的竞争表现为单个法律制度及其制度技术先进性的竞争与比较。但制度技术与科学技术不同：科学技术的先进性主要取决于自身，受外部社会环境影响几乎为零；而制度技术的先进性，除了取决于自身技术外，还受到外部社会环境的较大影响和约束，是一种相对于某个社会的技术合理性。因此，在微观层面，国家（法律）制度的竞争和比较，就是某个法律制度技术合理性的竞争与比较。

第二，在宏观层面，国家（法律）制度的竞争则是整个法律制度体系及其技术合理性的竞争与比较。整个制度体系的技术合理性并不是每个制度的技术合理性的简单相加，可能存在着 1 + 1 < 2 的情形。例如，立法奉行国家主义，司法奉行人本主义，单个看来都具有技术合理性，但由于两者在法律运行观上存在激烈的冲突和矛盾，因此，由立法与司法组成的整个制度运行体系就可能存在相互冲突和矛盾的问题，其技术合理性就不是两者简单相加的结果。在这个意义上，相对于国家制度的竞争而言，宏观层面的整个法律制度的技术合理性比微观层面的单个法律制度的技术合理性更为重要。

为了提高整个法律制度的技术合理性，事先必须完成制度体系化的工作，关注法律制度体系的技术合理性。法律制度的体系化，就是将表面看来零散的相互之间没有内在联系的（法律）制度，通过某种理论（其核心是法学范式）将它们串联、整合在一起，并形成一个具有内在联系、相互支持、相互配合的制度体系，以实现整体制度绩效的最优化，提高整个法律制度系统的技术合理性，促进整个制度体系的不断现代化，比如笔者所从事的"安家"系列研究就是这个方面的尝试。

可见，在最核心的意义上，国家（法律）制度竞争，在技术层面上，应该是整个（法律）制度体系及其技术合理性（相对于中国社会的技术合理性）的竞争；更重要的是，在观念层面上，应该是关于整个（法律）制度技术合理性话语（核心是法学范式）的竞争。

如古代中国的儒家及其制度安排，在中国社会有效运行了几千年，并在古代那种非常落后的科学技术（如交通技术、信息技术等）条件下，不仅保障了古代巨型国家中国的正常运转，而且保持了古代中国长期处于世界经济、政治等发展的前列，应该说在那种科学技术条件下，在制度的技术上具有一定程度的先进性；[1] 并通过自己的示范效应，获得了周边国家的自愿效仿和借鉴，建立了一片属于自己的治业。但由于儒家只是侧重于制度实践和制度运用的实效，缺乏一种关于国家制度技术合理性的话语理论，对进一步给制度安法律之家尤其是法律理论之家的活动并不感兴趣，缺乏进一步为制度安法律之家尤其是法律理论之家的工作，使自己的制度缺乏理论化和体系性，也不利于制度向更为广泛的地域范围传播，因此在后来与西方制度竞争的过程中处于不利的地位、不仅面临制度转型问题，而且面临话语体系的建立问题。

比较而言，西方的国家（法律）制度如国家权力分配的制度，不仅重视（法律）制度技术的先进性的发展，更重视（法律）制度技术合理性话语理论的研究和建构，如洛克的《政府论》及其

---

[1] 参见苏力：《大国宪制——历史中国的制度构成》，北京大学出版社，2018；苏力：《纲常、礼仪、称呼与秩序建构——追求对儒家的制度性理解》，《中国法学》2007年第5期。

国家权力二元分立的理论,不仅在制度技术上为当时英国以国王为代表的旧势力和以资产阶级为代表的新势力联合执政提出了两权分立的制度安排,而且从理论上论证其制度技术的合理性,安了法律理论之家,并被孟德斯鸠发展完善成为现代三权分立的理论,先是传播到欧洲各国,后来又被传播到美国并被联邦党人发展成为三权分立与制衡的理论,运用于美国当时的建国实践中,并通过英国和美国的示范效应传遍世界各国,被效仿或借鉴,既建立了一片法律制度大业,也建立起来了一片法律理论大业。

目前,我国存在着的具有中国特色的法律制度(如政法合一、调审合一、审判委员会制度等),也存在着与中国历史上儒家的一系列制度在近代面临的同样的安家(尤其是安法律理论之家即制度体系化及其现代化)问题。这些不被西方分解式法学范式认可的法律制度,目前尽管存在于中国社会并运行较为通畅(应该说有一定的技术合理性),但由于缺乏一种适合的法学范式将这些零散的法律制度体系化,所以一直在其理论归宿上处于一种不确定的状态,在与西方已经实现体系化的法律制度竞争或比较时,常常处于一种劣势和不利地位。为此,我们必须研究这些本土法律制度体系化及其现代化的问题,必须提供一种能够贯通古今中外的中国大法学范式解决它们的安家(尤其是安法律理论之家)问题。

三、何以安家——"法安天下"

如何给中国(法律)制度安法律(理论)之家?先要考虑安家的"地基"问题,使其坚实而宏博:在空间上,要将中国(法律)制度的家安于中国社会,追寻其社会逻辑;在时间上,要将中国(法律)制度的家安于中国大历史,追寻其历史逻辑。与此同时，还要考虑安家的高度，尤其是法学理论（其核心是法学范式）高度，使其雄壮而高大，能够自立于世界民族之林，要将中国（法律）制度的家安于中国大法学，尤其是中国大法学范式。以下将分而论之。

（一）安家于中国社会

法律的嵌入性就是指法律与社会的关系，将法律嵌入社会进行考察、思考和研究。因此，将中国（法律）制度的家安于中国社会，实际上就是法律与社会之间的关系问题，实质上就是研究法律的嵌入性问题。在这个意义上，法律的嵌入性理论就是一种给中国制度安法律之家尤其是法律理论之家的法律理论，就是一种给中国制度安法律之大家、立法律之大业的地基式的法律理论。如果将中国法律的安家立业建立在法律的嵌入性理论上，就是将其建立在中国社会基础上，并建立起专门为中国法律安家立业量身定做的地基，进而在此地基上专门为中国制度量身打造自己的法律之家。如此，中国法律安家立业的地基就会显得非常坚实，也非常稳固，而在此地基上建立起来的法律之家不仅非常稳固、结实，而且也非常适合中国制度居住，至少不会像现在那样将中国现行制度的家安到别人家中而显得局促、别扭，甚至受到歧视，最后还有可能被赶出家门，无家可归。

法律的嵌入性还会研究一般法律与一般社会的关系，将别国的法律嵌入别国社会进行考察、思考和研究。如果将中国法律的安家立业建立在法律的嵌入性理论这个地基上，就会使中国法律安家立业的这个地基不仅稳固结实，而且广阔，可以超越时空的局限，具有普适性。因此，中国制度在这样的地基上安的法律之家，不仅适合于中国制度居住，而且适合其他各国制度居住，更有利于立中国法律之大业。

根据法律嵌入社会的不同程度，法律的嵌入性可分为强嵌入性、弱嵌入性和零嵌入性。因此，根据法律的嵌入性，法律可以分为强嵌入性的法律、弱嵌入性的法律和零嵌入性的法律。如果将中国法律的安家立业建立在法律的嵌入性理论上，我们就可以为不同嵌入性程度的法律安不同的法律之家、立不同的法律之业。如对于强嵌入性的法律，可能是不同的社会安不同的法律之家、立不同的法律之业，相对于某一个社会可能是独此一家；对于零嵌入性的法律，可以四海为家，或者各国法律可以安同一个法律之家、立同一个法律之业；而对于弱嵌入性的法律，则处于上述两者之间。因此，它们在安法律之家、立法律之业的难度上是不同的：对强嵌入性的法律，由于与具体社会的关系较为密切，牵扯社会的方方面面，因此安家立业的难度较高；对于零嵌入性的法律，由于与具体社会的关系不是很密切，因此安家立业的难度较低，甚至在某种意义（如对后发国家而言）上，不存在安家立业的问题；对于弱嵌入性的法律，由于与具体社会的关系的密切程度居中，因此安家立业的难度也居中。因此，对于给制度安法律之家、立法律之业的问题，我们将侧重于对强嵌入性法律和弱嵌入性法律的安家立业问题的研究；给中国制度安法律之家、立法律之业的问题，我们也将侧重于对强嵌入性法律和弱嵌入性法律的安家立业问题的研究；尤其是前者，将是笔者在后续的研究中着重探讨的问题和研究的方向。

从嵌入社会的维度来看，中国社会也可以分为宏观、中观和微观三个层面。因此，安家于中国社会探讨法律的嵌入性也包括三个层面。

第一，宏观层面的法律的社会结构嵌入性。例如，宪法，在法学意义上，主要探讨国家权力与公民权利之间的关系及其规范整合；在社会学意义上，宪法主要反映的是各种政治力量在社会中的构成及其社会整合，嵌入在一定的社会结构中，具有其社会结构嵌入性。

第二，中观层面的法律的组织结构嵌入性。任何法律的实施都由一定的法律组织来承担，都受到一定社会组织结构的影响，具有其组织结构嵌入性。根据其组织结构规范性的不同，社会组织可以分为正式组织与非正式组织。正式组织的组织结构规范性较强，大部分有其相应的组织规范，组织结构较为固定，因此可以采用组织结构 - 功能的研究方法；非正式组织的组织结构是随机形成的，没有固定而规范的组织结构，因此只能采用社会关系网络的研究方法。

第三，微观层面的法律的嵌入性。微观层面的法律的嵌入性，主要是将法律人及其行为嵌入一定的组织结构中进行观察、思考和研究，主要探讨嵌入组织结构中的法律人及其行为，也是中观层面组织结构嵌入性的微观基础。

法律的嵌入性不仅是一种理论，而且是一种研究法律的方法——嵌入性分析方法。根据法律的嵌入性程度不同，可以分为强嵌入性分析、弱嵌入性分析和零嵌入性分析；根据法律的嵌入性维度不同，可以分为宏观的社会结构嵌入性分析、中观的组织结构嵌入性分析（又可以细分为规范的组织结构 - 功能分析和随机的社会网络分析）和微观的法律嵌入性分析。

我们之所以将法律嵌入不同环境条件下进行嵌入性分析，最终目的就是使法律在技术操作层面实现与外部和内部社会环境的互洽，实现其技术合理性，包括法律自身的内部的技术合理性和外部的技术合理性。技术合理性与观念合理性的区别在于：前者是建立在制度技术层面的自下而上的合理性，有利于实现制度观念与制度技术的统一;后者是一种建立在制度观念层面的自上而下的合理性,不利于制度观念向制度技术层面推进,也不利于实现制度观念与制度技术的统一。因此,如果将中国法律的安家立业建立在法律的嵌入性理论上,就是将其建立在技术合理性上,那么为中国法律安的家、立的业不仅能够达到观念层面,而且能够进一步推进技术操作层面,实现观念与技术的统一与协调;不仅能够达到"行"的层面,而且能够达到"知"的层面,实现知行合一;最终使为中国法律安的家、立的业的地基不仅稳固宽广,而且显得深厚。

(二) 安家于中国大历史

"大历史"(macro-history)是黄仁宇先生受经济学中宏观经济学与微观经济学的划分的启发而提出的。大历史"是从技术的角度看历史,不是从道德的角度检讨历史",[1]着重追寻"历史上的长期技术合理性",而不只是满足于现实的合理性和未来的合理性,相信历史有它的连续性、前后连贯。大历史在研究历史上的长期合理性方面,着重研究"历史何以如是地展开",尽量呈现大历史的真实性、客观性,强调其中的非人身因素,尽量排除从个人的好恶来看待历史,尽量从技术的角度来看待历史。大历史不仅时间间距较长,空间间距也较宽,主张"放宽历史的视域",主张"中外联系",主张"站在(古今中外的)中间",根本宗旨是"从中西的比较揭示中国历史的特殊问题",因此,更强调中国本位的"中外联系",是"中国大历史"。

大历史,不仅是黄仁宇研究的对象,更是他研究历史的方法,

---

[1] 黄仁宇:《中国大历史》,生活·读书·新知三联书店,1997,"中文版自序",第4页。

是大历史之所以能成为大历史的技术方法原因，也是其能克服道德化或者意识形态化弊端的研究路径。

第一，这种技术路径是一种自下而上的路径，要求我们从制度的技术操作层面切入，不要预设任何先入为主的观念，着重研究技术制度。这种存在于技术操作层面的技术制度，相对于较高观念层面的观念制度而言，必然显得零碎、弥散、琐细甚至零乱，不系统、没有逻辑、更没有体系，是一种无法交流或交流起来不经济的地方性的甚至个人化的制度知识，有的深藏于社会中，有的司空见惯而不易觉察，有的浑然天成而不易辨别，很容易视而不见，更容易被意识形态化（特别是从西方发达成熟的制度意识形态出发的时候）为封建、落后的制度技术和知识，但它是研究中国法治的经验起点和"原材料"。

第二，"向下也必须有方法的增加和转换"。[1] 为了避免对这种琐细的技术制度的一种意识形态化的理解甚至误解，还需一种科学而客观的研究视角即大历史的技术角度。[2] 凡是能够解决好问题并能技术操作化的制度，都可以作为解决问题的选项，对制度持一种开放、包容的态度。即使是作为观念制度的道德或意识形态，也是如此：如果道德化或意识形态化能凭借节约机制等功能解决好问题，也可以作为其中的一个选项，但并不是唯一的选项，并不意味着选择了某种意识形态就排斥其他的选项。在这个意义（功能和技术）上，技术角度并不必然排斥道德实用主义，而是对

---

[1] 苏力：《研究真实世界中的法律（译者序）》，载罗伯特·埃里克森：《无需法律的秩序——邻人如何解决纠纷》，苏力译，中国政法大学出版社，2003，"译者序"第19页。

[2] 参见黄仁宇：《中国大历史》，生活·读书·新知三联书店，1997，"中文版自序"第4页；张洪涛：《中国法治为何需要"大历史"？》，《政法论丛》2013年第1期。

道德实用主义的一种推进，一个重要的弥补和修正。这种"站在（古今中外的——引者注）中间"（黄仁宇语）的自下而上的技术角度，需要我们从浅显的社会法律问题即技术制度入手，并对其进行经济学、社会学、人类学、政治学等社会科学角度的向下的研究，重新将法律嵌入中国社会进行透视的嵌入性分析。

第三，向下的技术操作层面的技术制度的技术角度的切入，只是为了保障研究问题的真实和审视问题的客观；研究的目的还是为了向上——只不过是"自下而上"罢了。"更重要的是追求从实践中发现真实的有意义的问题，发现影响人的行为和制度运作的重要且相对稳定的变量，发现这些主要变量之间的具有恒定性的因此具有普遍意义的因果关系，研究在特定环境条件下人的行为方式以及在不同条件下的变异因此可以丰富这些简单因果关系建构起来的模型（即理论）。"❶ 质言之，就是为了理解并构建其中的建基于制度技术上的合理性即技术合理性，❷

第四，还必须承认的是，技术合理性还不是研究的最终目的；其最终目的是在技术合理性研究基础上，总结、提炼并形成一种能保障使来自中国社会（实质上就是绝大多数中国人）的声音制度化地上浮的、自下而上的法律意识形态。这种意识形态实际上已存在于中国社会，如马克思的物质决定意识、经济基础决定上层建筑的历史唯物主义，毛泽东的"从群众中来，到群众中去"的群众路线，邓小平的"实践是检验真理的唯一标准""解放思想，实事求是"的中国特色社会主义理论，江泽民的"三个代表"

---

❶ 苏力：《研究真实世界中的法律（译者序）》，载罗伯特·埃里克森：《无需法律的秩序——邻人如何解决纠纷》，苏力译，中国政法大学出版社，2003，"译者序"第18页。

❷ 张洪涛：《调解的技术合理性——一种中观的组织结构–功能论的解读》，《法律科学》2013年第2期。

的思想，胡锦涛的"以人为本"的科学发展观，以及为实现中国梦而开展的"党的群众路线教育实践活动"，习近平总书记的"以人民为中心"的思想等，都属于这种意识形态。但要将这种意识形态扩展到法律领域并具体化、系统化，形成一种中国特有的法律观和制度观，我们的研究还显得较为欠缺。为此，需要一种向下的建基于从技术角度来研究技术制度的技术合理性上的法律观和制度观，需要一种比道德实用主义更为实用主义的法律观和制度观，也就是波斯纳所说的"支持法律向一种更为实用主义的方向发展"；[1] 用邓小平的话说，就是"黄猫、黑猫，只要捉住老鼠就是好猫"的法律观和制度观[2]；用笔者的话说，就是一种技术实用主义的法律观和制度观。[3]

总之，如果说安家于中国社会是追寻相对于中国社会的技术合理性，那么安家于中国大历史则是追寻相对于中国社会的长期的技术合理性；如果说安家于中国社会是追寻相对于中国社会的社会逻辑，那么安家于中国大历史则是追寻相对于中国社会的历史逻辑；如果说安家于中国社会是追寻相对于中国社会的横向的技术合理性，那么安家于中国大历史则是追寻相对于中国社会的纵向的技术合理性。因此，如果我们将中国（法律）制度之家既安于中国社会又安于中国大历史，就可以达到历史逻辑与社会逻辑的统一，就可以将历史逻辑和社会逻辑的统一既建基于技术合理性上，又建基于法律的嵌入性理论上，也建基于法律的嵌入性分析方法上，最终夯实给中国（法律）制度安法律（理论）之家、

---

[1] 波斯纳：《道德和法律理论的疑问》，苏力译，中国政法大学出版社，2001，第216页。
[2] 《邓小平文选》（第1卷），人民出版社，1994，第2版，第323页。
[3] 关于这种技术进路的研究和实践，还可以参见张洪涛：《中国法治为何需要"大历史"？》，《政法论丛》2013年第1期。

立法治之业的地基。

（三）安家于中国大法学

安家的"地基"夯实了，还要有高度，尤其是理论高度，要安家于中国大法学——其核心是中国大法学范式。

范式是团体（即学科共同体）承诺的集合，是决定一个学科之所以成为一个学科的学科基质，包括世界观、本体论、方法论和认识论等范式的形而上部分与范例等范式的形而下部分；其中，世界观是范式构成的核心要素，也是范式变革的唯一标准，当世界观发生变革时，范式构成的其他要素也会发生相应的变革。因此，在最根本、最核心的意义上，安家于中国大法学，就是安家于中国大法学范式上，就是安家于中国大法学范式的世界观（如中国传统的关系主义）以及在此关系主义世界观基础上形成的化合式法学范式。

"大法学"（macro-law）是笔者受黄仁宇"大历史"研究的启发而引入法学范式研究中来的。因此，与"大历史"一样，"大法学"及其大法学范式强调"站在（古今中外的——引者注）中间"（黄仁宇语）的立场：着重对法律现象（尤其是法学范式）在历史上的长期合理性的解读，而不只是满足于现实的合理性和未来的合理性的言说，着重研究法律现象（尤其是法学范式）背后的前后联系、古今联系；也注重中外联系、中西联系，但更强调中国本位，是中国本位基础上的中外联系、中西联系，是"中国大法学"和中国大法学范式。因此，在解释法律现象（尤其是法学范式）背后的前后/古今联系和中外/中西联系上，着重从技术制度的角度来解释，追求对中国大法学和中国大法学范式的融贯性解释。这种融贯性解释在中国大法学范式上体现在以下两个方面。

1. 中国大法学范式的中西互鉴

实体主义是西方文化的主流,"实体构成了(西方——引者注)哲学史发展的基本链条,它把哲学史上所有以本体论为基础的哲学连贯成一个整体"。[1]它具有三个基本特征。

第一,实体主义是一种实体——尤其是第一实体——至上论哲学。实体主义认为实体是第一性的,其他都是第二性的;其中,第一实体具有至高无上性,追寻第一实体是实体主义研究的最终目标。例如,实体主义通过不断的追溯而获得的"不可再分的最小、最基本的单位"即本原,在构成上的"同一性本质",在形成上的"最高/终极原因",都可能成为实体主义追溯的第一实体。

第二,实体主义是一种基础主义哲学。它主要通过三种路径来实现。一是事物起源上的本原路径,就是将事物的起源或来源追溯到事物最开始时的原始状态。如从泰勒斯的"水"到赫拉克利特的"火"、德谟克利特的"原子"、柏拉图的"理念"、亚里士多德的"个别事物"。二是事物构成上的本质/基质路径,如亚里士多德的"是其所是"、黑格尔的"绝对精神"、洛克的"物自体"。三是事物起因上的本因路径,如亚里士多德的"不被推动的推动者"、斯宾诺莎的"自因"。

第三,实体主义还是一种分解式哲学,重在分析,其目标在知而不在行。实体主义在追溯第一实体时,通过不断分解的方式来实现。例如,实体主义将多样性的现象还原于同一性的本质,将整体还原于个体直至不可再分的最小、最基本的单位——本原,将表面的、次要的"初因"逐步还原于深层次的、根本性的"本因"的过程,也是一个不断分解、分析的过程,直到找到本体为

---

[1] 梁枢:《实体思维与辩证思维》,《学术月刊》1990年第9期。

止。还有学者从中西提出问题方式的不同来解释这个问题：西方提出的是"为什么"的智识性问题，如古希腊哲人提出的是"宇宙是由什么元素构成的，"托马斯·霍布斯提出的是"社会秩序为什么是可能的"；中国提出的是"如何"的规范性问题，如孔子认为"不曰'如之何，如之何'者，吾末如之何也已矣"，❶ 提出的是"如何建立社会秩序"。"问题的提法，不单规限而且引导答案的答法"：❷ 前者指向自然，是分析性的，落点在事物的普遍方面，后者指向社会，是综合性的，落点在人事的具体方面；前者以知为目标，追求理论的系统性，后者的目标在行，追求其实践性。❸

因此，在亚里士多德实体主义的长期影响下，西方（法）哲学形成了实体基础主义分解式（法）哲学范式（以下简称为"分解式法学范式"）。分解式法学范式，就是通过对研究对象的不断分解来寻找法律的基础或者本体的法学研究范式。例如，法理学首先将其研究对象法律分解为价值、规范和事实；然后，根据研究需要，将价值、规范和事实进一步进行细分，如哈特将规范分为第一性规则和第二性规则；最后，根据研究需要，还可以进一步分解下去，直到分解到不能再分解并找到法律本体或者基础为止，如哈特将第二性规则又分解为承认规则、裁判规则和改变规则，并认为承认规则是法律制度的基础或者本体。不论是国外的人文主义与科学主义的法学范式之争，或者国外的自然法学、规范分析法学和社会分析法学的法学范式之争，还是国内的人文性与科学性的法学范式之争，或者目前国内的法教义学与社科法学

---

❶ 《论语·卫灵公》。
❷ 张德胜：《儒家伦理与秩序情结·中国思想的社会学诠释》，台湾巨流图书公司，1989，第35页。
❸ 张德胜：《儒家伦理与秩序情结·中国思想的社会学诠释》，台湾巨流图书公司，1989，第36、62-63页。

的法学范式之争，它们的共同之处都是一种分解式法学范式。

根据库恩范式构成理论，作为一种成功而有用的范式，分解式法学范式必然体现在以下三个方面：一是分解式法学教科书范例，如我国法学本科教科书"总论—分论"教学体例，如果说"总论"体现的是实体基础主义，那么"分论"是分解式的体现；二是分解式立法范例，如我国立法实践"总则—分则"立法体例，如果说"总则"体现的是实体基础主义，那么"分则"是分解式的体现；三是分解式法学研究范例，如我国法学研究"总—分—总"结构体例，如果说"总"体现的是实体基础主义，那么"分"是分解式的体现。

分解式法学范式，在给法学和法律带来不断的分解、分化、精细化、层次化、技术化和专门化，促进了法学和法律的不断繁荣和发展的同时，也给法学和法律带来了法学理论上的流派之间的隔阂、规范与事实的分立、法学知识的碎片化和片面的深刻等问题，给法律实践带来了供给的知识和法律实践所需求的知识的脱节、"合法性"与"合法律性"之间的紧张、"法学与司法"之间的"各行其是"等问题。[1]

受分解式法学范式的影响，中国法学和法律日益走向了成熟和繁荣，法学研究和法治实践日益走向了精细化、技术化和专门化，但分解式法学范式难以满足中国特色社会主义法治理论研究和法治实践的需要，尤其体现在中国现存传统"化合型"法律制度（如礼法合一、政法合一、调审合一、民主集中制、审判委员

---

[1] 哈贝马斯：《在事实与规范之间——关于法律和民主法治国的商谈理论》，童世骏译，生活·读书·新知三联书店，2003；胡克：《法律的沟通之维》，孙国东译，法律出版社，2008；波斯纳：《各行其是：法学与司法》，苏力、邱遥堃译，中国政法大学出版社，2017。

会等）的理论研究上。分解式法学范式，试图通过对中国现存传统"化合型"法律制度进行分解来研究它，譬如对"调审合一"的研究就是如此；在这个意义上，分解式法学范式不能有效完成甚至可能遮蔽、扭曲对我国现存传统"化合型"法律制度的理论研究，难以满足中国特色社会主义法治理论研究和法治实践需要，不适合于解决中国（法律）制度安家的理论问题。

为了克服分解式法学范式的不足，西方开展了近一个世纪的、向综合法学转变的学术努力，包括：以博登海默、伯尔曼为代表的西方法学家，基于克服传统分解式法学范式的理论局限性，提出的"理论综合法学"混合式法学范式的变革主张；以卡多佐、哈贝马斯、波斯纳为代表的西方法学家，基于克服传统分解式法学范式的实践局限性，提出的"实践综合法学"混合式法学范式的变革主张。根据库恩范式变革（即世界观革命）理论，综合法学探索的大方向是可取的，但只将分解式法学范式进行了粗浅的物理性的技术性的"量的综合"即"混合"，没有从变革分解式法学范式的世界观（实体主义）入手，实质上还是一种分解式法学范式，无法实现对分解式法学范式的超越，因此，无法解决分解式法学范式因实体主义带来的上述法学理论和法律实践方面的问题。在这个意义上，混合式法学范式与分解式法学范式一样，也不适合于解决中国（法律）制度安家的理论问题。

比较而言，关系主义化合式法学范式（以下简称"化合式法学范式"），既迥异于实体主义分解式法学范式，也有异于综合法学混合式法学范式，至少可以从理论上解决分解式法学范式面临的规范与事实分立等问题。

与实体主义认为实体是第一性的、第一实体是至高无上的哲学观点不同，"关系主义认为，岂止一切物的'性质'，凡是被认定为'实体'的物,实际上都不过是关系规定的'结节'……实体不是第一性的存在,关系规定态才是第一性的存在"。[1] 可见,如果说实体主义认为实体是第一性的,那么,关系主义则认为关系是第一性的,实体则只是嵌入关系中的一个"结节",离开了关系则实体的意义无法确定。如果说实体主义分解式法学范式研究的对象是实体,包括价值、规范与事实,那么化合式法学范式研究的对象则是关系,如法律关系、复合的法律关系即法律关系网络、法律与社会的关系即法律的嵌入性等。而在构成关系(如法律关系)的实体要素中,既有主体又有客体,既有主观方面又有客观方面,既有法律规范又有法律事实。可见,如果说实体主义分解式法学范式必然会带来规范与事实的分立,化合式法学范式则至少可以从理论上解决规范与事实分立的问题;如果说实体主义是一种"分"的哲学,关系主义则是一种"合"的哲学;如果说实体主义法学是一种"知"的法哲学,关系主义法学则是一种"行"的法哲学;如果说实体主义法学研究的是"应当是这样的法律""实际上是这样的法律",即"书本上的法律""行动中的法律",关系主义法学研究的则是"关系/网络中的法律";如果说实体主义法学是一种实体基础主义分解式法学范式,关系主义法学则是一种关系基础主义化合式法学范式。

与综合法学混合式法学范式试图在不变革分解式法学范式的世界观(实体主义)基础上,来解决其带来的规范与事实分立等问题不同,化合式法学范式则是从变革造成规范与事实的世界观(实体主义)入手来解决其规范与事实分立等问题;因此,与综合法学混合式法学范式只对分解式法学范式进行了粗浅的物理性的

---

[1] 邓习议:《四肢结构论——关系主义何以可能》,中国社会科学出版社,2015,第77页。

技术性的"量的综合"即"混合"不同，化合式法学范式则是对在世界观层面上的"质的综合"即"化合"；也因此，综合法学混合式法学范式实质上还是一种分解式法学范式，无法实现对分解式法学范式的超越，无法解决分解式法学范式因实体主义带来的规范与事实分立等上述法学理论和法律实践方面的问题，化合式法学范式则至少可以从理论上解决规范与事实分立的问题。

我们在强调化合式法学范式与分解式法学范式、综合法学混合式法学范式的差异的同时，还必须承认化合式法学范式与分解式法学范式、混合式法学范式之间的内在联系。由于分解式法学范式是迄今为止最为成功而有用的法学范式，深入而全面渗透到了现代法治和社会生活的方方面面，因此，试图用合式法学范式取而代之的想法是不现实的。在这个意义上，化合式法学范式对分解式法学范式的超越，只是对其功能不足的弥补，而不是推倒重来，是在"分"的基础上的"合"。在这个意义上，化合式法学范式与分解式法学范式、综合法学混合式法学范式，与中西医之间的关系一样，两者并不必然冲突、对立，而是相互借鉴、取长补短，前者是对后者的超越和发展，理论上可以成为中国（法律）制度的栖身之处，解决中国（法律）制度安家（尤其是安法律理论之家）问题。

2. 中国大法学范式的古今融贯

中国大法学范式不仅强调中西联系，而且也注重古今联系，强调将化合式法学范式最早的哲学根源追溯到中国古代的关系主义。由于中国传统文化（尤其是儒家）侧重的是"行"而不是"知"，并不追求自身理论的体系性、明确性、完整性和自洽性，因此并未提出明确的、系统的关系主义理论思想。儒家的关系主义理论思想，都是经过后来学者研究得出的较为一致的看法。例如，有学者认为，在中国素有"群经之首"的《周易》中就提出了先天之"道"（即阴阳关系）的思想："易之为书也，广大悉备，有天道焉"；"是以立天之道，曰阴与阳"。❶ 后来《老子》又发展了这种先天之"道"的思想："有物混成，先天地生。寂兮寥兮，独立而不改，周行而不殆，可以为天地母。吾不知其名，字之曰道……人法地，地法天，天法道，道法自然。"❷ 孔子则在天人合一思想的基础上，将先天之"道"运用于人类社会，发展了后天之"道"的思想，以图推动人类行为符合"道理"（即道之理）。后来的儒家在孔子后天之"道"思想的基础上，发展出来了一系列处各种各样人际社会关系的"仁""伦"等方面的思想；其中，父子关系、君臣关系、夫妻关系、长幼关系和朋友关系等五伦关系是最基本的。后来的学者将儒家的各种关系归纳为两类："人与人之间，有种种天然的或人为的交互关系。如父子，如兄弟，是天然的关系。如夫妻，如朋友，是人造的关系"。❸

再如，现代学者梁漱溟从中西文化比较角度，认为中国传统文化儒家"在社会与个人相互关系上，把重点放在个人者，是个人本位；同在此关系上，把重点放在社会者，是谓社会本位。诚然，中国之伦理只看见此一人与彼一个之相互关系……不把重点固定放在任何一方，而从乎其关系，彼此相交换；其重点实在放在关系上了。伦理本位者，关系本位也"。❹ 而费孝通侧重关注的是儒家的"伦"，认为西洋社会是一种"团体格局"："西洋社会组织像捆柴就是想指明：他们常常由若干人组成一个个的团体。团

---

❶ 余敦康：《周易现代解读》，华夏出版社，2006，第366、370-371页。
❷ 《老子》，远方出版社，2006，第43-44页。
❸ 金耀基：《金耀基自选集》，上海教育出版社，2002，第96页。
❹ 梁漱溟：《中国文化要义》，学林出版社，1987，第93页。

体是有一定界限的，谁是团体里的人，谁是团体外的人，不能模糊，一定得分清楚。"❶ 而中国社会是由许多"富于伸缩性的网络"组成的"差序格局"："伦是什么？我的解释就是从自己推出去的和自己发生社会关系的那一群人里所发生的一轮轮波纹的差序。"❷ 而金耀基在考察了中国文化思想上的"个人主义"与"集体主义"的思想倾向之后，认为儒家的关系主义是儒家试图打通和超越"个人"与"社会"之间的隔阂，实现其由修身到齐家、到治国、到平天下，由"己"一直通到天下这个大"社会"的"第三条道路"。❸ 还有学者从本体论和方法论的角度，认为："从结构化的观点整体地看问题，是中国关系主义的一个基本特点"；"因为关系是一个结构，关系结构中的构成单元虽然是实体，这些实体虽然很重要，但这些实体是关系结构的一部分，它们只有在关系结构的整体中才能显现出真正意义，所以，我们必须在关系结构的整体中认识它们，解读它们，了解它们的真正含义。这就是关系主义的整体主义。"❹

与西方实体主义及其"分"的文化观念对西方社会的政治、经济、法律等各个方面都产生了深远而广泛的影响一样，中国关系主义及其"合"的文化观念也对中国社会的政治、经济、法律等各个方面都产生了深远而广泛的影响，深深地嵌入中国社会肌体中，也深深地嵌入中国人的身体和灵魂中。在政治上，大概由于"天候和地理的力量支撑着"，"在公元前221年，也就是基督尚未诞生前的约两百年，即已完成政治上的统一；并且以后以统

---

❶ 费孝通：《乡土中国　生育制度》，北京大学出版社，1998，第25页。
❷ 费孝通：《乡土中国　生育制度》，北京大学出版社，1998，第27－28页。
❸ 金耀基：《金耀基自选集》，上海教育出版社，2002，第160－162页。
❹ 高尚涛：《关系主义与中国学派》，《世界经济与政治》2010年第8期。

一为常情，分裂为变态（纵使长期分裂，人心仍趋向统一，即使是流亡的朝廷，仍以统一为职志），这是世界上独一无二的现象"。❶ 在经济上，大概在李悝的时代，"创造了一种计划经济的原始风格"。在法律上，大概也是在李悝的时代，就形成了"间架性的设计，这是立法的基点，不是实际考察的尺度"。❷

由于中国传统关系主义强调的是关系而不是实体，强调的是整体主义而不是个人主义，强调的是义务而不是权利，是一种"吃人的文化"（鲁迅语），因此，在近代中西文明发生激烈碰撞而失败时，人们尤其是当时学者就自然而然地将这种失败的根本原因归结于这种传统而"落后"的儒家关系主义文化，以致有许多学者提出"文化救国"主张，要彻底改造、清算这种儒家关系主义"吃人的文化"。但它作为一种在中国古代社会长期存在并产生了深远而广泛影响的文化，并不是想清算就清算掉、想抛弃就能抛弃掉，它会以另外一种更加隐蔽的并容易被当时人们认同、接受的新形式和新面貌存在于中国社会，那就是从西方并经过俄国而传来的西方马克思关系主义思想。在这个意义上，马克思主义（尤其是关系主义的思想）是中国传统关系主义文化在近现代的延续和发展。这也许是马克思主义之所以能在中国社会生根发芽并发扬光大的最根本原因。

马克思是西方关系主义思想的开创者。"真正实现由实体追问向关系思维的转变，从而搭起由传统实体观向现代关系论过渡桥梁的是卡尔·马克思。"❸ 现代关系主义的学者包括皮亚杰、雅各

---

❶ 黄仁宇：《赫逊河畔谈中国历史》，生活·读书·新知三联书店，1992，第6页。
❷ 黄仁宇：《赫逊河畔谈中国历史》，生活·读书·新知三联书店，1992，第12 - 13页。
❸ 黄秋生：《从实体追问到关系思维——马克思思维方式的革命性变革》，《电子科技大学学报（社科版）》2011年第4期。

布森（Yacobson）、列维-斯特劳斯、布罗代尔、布迪厄、吉登斯、哈贝马斯等，无不是在马克思关系主义理论不同程度的影响下发展而来的；甚至还包括美国的社会网络理论的思想渊源，也可以追溯至马克思关系主义。在马克思看来，商品、货币、资本等生产力的体现形式都是研究社会关系的"载体"，生产力必须放在一定的社会关系之中来理解和界定："黑人就是黑人。只有在一定的关系下，他才成为奴隶。纺纱机是纺棉花的机器。只有在一定的关系下，它才成为资本。脱离了这种关系，它也就不是资本了，就像黄金本身并不是货币，砂糖并不是砂糖的价格一样。"❶ 总之，"在马克思的理论结构里，生产关系是一个比较基本或原始的概念……马克思的政治经济学的研究对象可以说是'资本主义的生产方式'，也可以说是'资本主义的生产关系或社会关系'"。❷

马克思关系主义不仅体现在本体论上，更重要的是体现在其方法论上。马克思能够将两个对立冲突的现象（如主观与客观、个体与整体、个人与社会、行动与结构、物质与意识、经济基础与上层建筑等）统一于社会关系中，这直接可以归结于马克思的对立统一规律，进一步又可以归结于马克思研究社会关系的研究方法——辩证法。"辩证法预设了一个整体或统一体。将两个'关联物'（所谓'二元'：身/心、主体/客体、观念/物质等等）重新摆在一个比较大的整体中，从而超越了一元论和二元论的对立。"❸ 辩证法是从研究各种社会关系（如包括微观层面的人与人之间的关系；中观层面的阶级之间的关系；宏观层面的生产力与生产关

---

❶《马克思恩格斯选集》（第1卷），人民出版社，1972，第362页。
❷ 黄瑞祺：《马克思主义与社会科学方法论集》，中国社会科学出版社，2013，第37页。
❸ 黄瑞祺：《马克思主义与社会科学方法论集》，中国社会科学出版社，2013，第43页。

系之间的关系、上层建筑与经济基础之间的关系等方面)中总结、提炼、抽象出来的有关"联系的科学"的"最一般的规律"。在这个意义上,"马克思主义的核心是'方法',尤其是'辩证法'",❶而且还是从辩证法的角度来研究社会关系的辩证方法。这些社会关系具体大致包括以下三个方面。一是横向的共时性的社会关系,如人与社会、自然之间的辩证关系,阶级之间的辩证关系,社会结构(如生产力与生产关系、上层建筑与经济基础、各意识形态之间的辩证关系等方面)之间的辩证关系。二是纵向的历时性的发展变化的辩证关系,如对立与统一之间的辩证关系,肯定与否定之间的辩证关系;量变与质变之间的辩证关系;矛盾之间的辩证关系,外因与内因的辩证关系等方面。三是纵-横向的历史与逻辑之间的辩证关系,即逻辑的历史的相统一规律。总之,"马克思无论是对物(表现为商品、货币、资本等具体'物象'形态)的考察,还是对人(表现为人的本质、人的发展)的考察,无论是对分工理论还是社会形态理论的研究,无论是对社会结构还是对社会批判理论的探讨,社会关系始终是这些研究、探讨的总体视域和根本方法"。❷

马克思主义(尤其是关系主义的思想)在现代中国社会产生了深远而广泛的影响,形成了大量的中国化的马克思主义理论成果。例如,在马克思主义关系辩证法的指导下,毛泽东将中国社会主义建设和社会主义改造中存在的十大矛盾问题,概括为"十大关系",并作为我们解决这些问题的方法。再如,习近平总书记

---

❶ 黄瑞祺:《马克思主义与社会科学方法论集》,中国社会科学出版社,2013,第29页。
❷ 周志山:《社会关系与和谐社会——马克思社会关系视域中的"和谐社会"解读》,中国书籍出版社,2015,第96-97页。

在治国理政中，先后提出的"四个全面的战略思想""党总揽全局的思想""总体国家安全观""五位一体"思想等方面，无不是中国传统关系主义也是马克思关系主义（尤其是整体主义）思想的体现；尤其是在"全面依法治国"战略实施过程中，坚持马克思主义立场、观点和方法，把辩证唯物主义和历史唯物主义（尤其是关系主义辩证方法论）运用于法治领域，形成了习近平法治思想科学方法——"坚持发展地而不是静止地、全面地而不是片面地、系统地而不是零散地、普遍地而不是孤立地观察、认识和处理全面依法治国一系列重大关系"：[1] 正确处理政治和法治的关系、正确处理改革和法治的关系、正确处理发展和安全的关系、正确处理依法治国和以德治国的关系与正确处理依法治国和依规治党的关系。

马克思关系主义思想也对西方社会产生了深远而广泛的影响，并在学术（尤其是社会学领域）上形成了两大流派：一派是以吉登斯和布迪厄为代表的欧洲关系主义；另一派是以格兰诺维特为代表的美国社会网络理论。

当然，我们在强调中国传统关系主义与现代关系主义的古今融通（尤其是思想观念之间的融通）之时，也不能否定两者之间的差异（尤其在技术上的差异）及其相互借鉴和融通。例如，中国传统关系主义与现代关系主义尽管在观念层面是相通的，但在技术层面存在一定程度的差异：前者不是在充分地"分解"及其精细化、技术化基础上的"化合"，"身"与"心"、技术与观念发展失衡，是一种"心"与观念的"早熟"，只是一种"文化共同体"；后者则是在实体主义分解式范式充分发展之后发展而来的，

---

[1] 《习近平法治思想概论》编写组：《习近平法治思想概论》，高等教育出版社，2021，第255页。

是在充分的"分解"即精细化、技术化基础上的"化合","身"与"心"、技术与观念发展较为平衡,是一种技术与文化的共同体。可见,在技术层面上,现代关系主义是有可取之处的,值得中国传统关系主义借鉴和学习。

再如,马克思关系主义与现代关系主义尽管在观念层面是相通的,但在技术层面也存在一定程度的差异:首先,在本体论上,与后来成熟的关系主义范式相比,马克思的关系主义本体论较为简单粗糙,其社会关系受当时社会发展等客观条件的制约,主要是一种简单的、单向度的、单维度的社会关系,而不是现在关系主义社会学范式所主要研究的复杂的、多向度的、多维度的社会关系,即社会网络;其次,在方法论上,与后来成熟的关系主义范式相比,马克思的关系主义方法论也较为简单粗糙,主要是一种双向度的平面关系的辩证法方法,而不是现在关系主义社会学范式所采用的复杂性的多向度关系/多维度关系、立体关系的社会网络分析方法;最后,在认识论上,与后来成熟的关系主义范式相比,马克思的关系主义认识论也较为简单粗糙,主要是一种在辩证法长期作用下而形成的双向的辩证思维/关系思维/实践思维,而不是现在关系主义社会学范式在社会网络分析方法长期作用下而形成的复杂性的网络思维。总之,与"大部分新范式的早期形态都是粗糙的"一样,❶马克思关系主义范式是一种较为粗糙的关系主义范式,而不是一种较为成熟的关系主义范式即网络关系主义范式;但这并不影响马克思关系主义范式在整个关系主义范式发展中的革命性作用和地位,也不能否定马克思关系主义范式在由实体主义向关系主义发展中的决定性作用和科学革命过程中的

---

❶ 托马斯·库恩:《科学革命的结构》,金吾伦、胡新和译,北京大学出版社,2012,第130页。

历史地位，尤其是在面对一种自亚里士多德以来一直影响非常深远而持久、全面而深入渗透于科学各个层面各个方面，并且科学体制化常规化的世界观（实体主义）时，马克思能提出一种带有革命性的世界观（关系主义），并对后来的关系主义范式带来了深远的影响，实属罕见，也确实难能可贵。

当然，我们在强调技术层面的差异之处的同时，也不能否定中国传统关系主义及其"化合"观念在整个关系主义化合式范式中的意义：相较于技术而言，观念由于深度嵌入社会中，具有强嵌入性、超强的黏性和柔性，所以其作用更重要、更隐蔽、更深刻、更持久、更难以移植，是范式构成的核心，也是范式变革唯一标准。在这个意义上，化合式法学范式是一种中国本位的中国大法学范式，在观念层面，也是对中国传统关系主义及其"化合"观念的暗合与复兴，是一种古今融通的中国大法学范式；在技术层面，既是现代世界法学范式（尤其是实体主义分解式法学范式）内在发展逻辑的必然结果，也是一种中西互鉴的中国大法学范式，因此能够解决中国（法律）制度安法律（理论）之家及其理论高度问题。

（四）"安家——'法安天下'"系列研究

基于以上考虑，笔者将开展"安家"系列研究，尝试将现有中国主要（法律）制度体系化，主要包括以下两个方面。

1. 中国法律制度体系化的理论工具：中国大法学范式研究

第一，分解式法学范式研究。这部分研究已经基本完成，主要是对现有唯一成功而有用的由西方实体主义发展而来的分解式法学范式进行了研究，显示了分解式法学范式在法学研究方面的积极作用和弊端，尤其是在解决中国（法律）制度安家问题上的不足，并提出了化合式法学范式在克服分解式法学范式弊端上的意义，强调的是中国大法学范式（化合式法学范式）的中西联系与互鉴。

第二，化合式法学范式研究。如果说分解式法学范式强调的是中国大法学范式的中西联系与互鉴，那么化合式法学范式侧重的是中国大法学范式（化合式法学范式）的古今联系与融通。这部分研究大部分已经完成，具体包括：首先，追溯了关系主义在中国传统文化（尤其作为中国传统文化流传下来的载体中医）中的历史渊源；其次，研究了关系主义在近现代中国的发展及其隐蔽的体现形式——马克思关系主义；再次，研究了马克思关系主义在现代的技术发展及其在中国现代大法学范式建构方面的借鉴意义；复次，在吸取分解式法学范式研究成果的基础上，从关系主义角度对中国大法学范式（化合式法学范式）的本体论和方法论进行了初步的理论建构；最后，在总结中国民法、刑法、行政法、环境法、教育法等法典编纂中分解式立法范例的经验基础上，还研究了化合式立法范例。

2. 中国法律制度体系化的具体展开：中国大法学范式下的制度研究

第一，中国传统化合型法律制度研究。一是宏观层面化合型法律制度研究，包括《中国传统礼法合一国家治理体系研究》（已出版），《中国政法传统的历史－社会逻辑》（基本完成）；二是中观法律组织层面化合型法律制度研究，包括《调审合一法律组织学研究》（拟出版），《民主集中制的普适性及其技术展开——法律组织学的解读》（尚未开始）。

第二，非中国传统的化合型法律制度研究。中国大法学范式研究不仅体现在对中国传统化合型法律制度的研究，而且也适合于非中国传统化合型法律制度研究，如《法律运行原论——化合式法学范式研究》（本书）。

另外，必须说明的是，尽管现在有"安家"系列研究的明确计划，但它是随着研究的不断展开和深入而逐渐显山露水的，尤其是随着笔者的法学研究从早期法学范例研究上升到目前法学范式的高度,从分解式法学研究范例到化合式法学研究范例的脉络就更为清晰了,并将化合式法学范式作为本书的基本理论视野。在这个意义上,本书的研究也不是事先计划的产物,严格说来,它是一种事后整理或者再研究的结果。本书除了导论部分是首次公开发表外,其余各章都是笔者在 2006 年博士学位论文《转型中国的法律运行研究》的基础上修改而来的,其大都作为学术论文或压缩成为学术论文在诸多学术刊物上公开发表过,依本书的章节顺序分别是:《人本主义视野中法律运行的含义——兼谈法律运行研究的现状及其对策》,《河北法学》2009 年第 4 期;《法律运行观之比较研究——方法论视角》,载《中国法学文档》第 5 辑,知识产权出版社 2007 年版;《基于社会学观点对法律运行过程的展开》,《西南交通大学学报(社会科学版)》2008 年第 2 期;《法律运行过程纵向的动态展开——以习惯为例的宏观考察》,《甘肃政法学院学报》2007 年第 4 期;《法律运行过程纵向的动态展开——以道德为例的宏观考察》,载周佑勇主编《东南法学(总第 24 辑)》2009 年卷,东南大学出版社,2009;《国家法难行之源:国家主义抑或人本主义——从"依法收贷案"切入》,《政法论丛》2009 年第 5 期;《西方法律运行动力机制研究——西方走上法治之路的一种社会学解释》,《湖北社会科学》2009 年第 3 期;《中国古代法律运行动力机制研究》,《甘肃政法学院学报》2010 年第 1 期;《"从群众中来,到群众中去"——转型中国法律运行模式的功能比较研究》,《甘肃政法学院学报》2008 年第 6 期;《立法独立之比较制度分析》,《东南大学学报(哲学社会科学版)》2011 年第 1 期。这次收录于本书时,为了形成一个以"法律运行原论——化合式法学范式研究"为主题的有机统一整体,我对这些文章的标题、某些概念等形式做了一些技术性的修改,但基本内容还是保有原来的基本面貌。在此，对这些刊物编辑部的授权许可表示感谢！对这些刊物的责任编辑或匿名审稿人为这些文章的首次发表付出的心血，也表示由衷的感谢！

最后，还需要交代的是，本书的写作主要是笔者在武汉大学法学院工作时在职攻读博士期间完成的。那段岁月笔者处于人生中内外交困的低谷，正是由于非常敬爱的父母以及其他师友的帮助和鼓励，笔者才得以度过那段最艰难的时光，顺利地完成了博士学位论文的写作和答辩。在此，深表谢意！如今，在进行"安家"系列研究之时，笔者的"安家"问题出现了些许变故，敬爱的父亲于 2021 年 2 月 10 日 22∶00 离开了人世，敬爱的母亲也在 2022 年 4 月 18 日凌晨 1∶16 离开了人世，但由二老曾经支撑过的那个精神家园永远存活在笔者的心中！在此，请允许笔者将本书献给已故的父亲和母亲，以纪念笔者心中永存的精神家园和那段难以忘怀的艰难时光！

张洪涛
初稿于 2015 年 10 月南京百家湖寓所
二稿于 2021 年 11 月 8 日广西大学东校园紫荆湖寓所
三稿于 2022 年 3 月 28 日广西大学东校园紫荆湖寓所
四稿于 2023 年 5 月 28 日广西大学东校园紫荆湖寓所

目录
CONTENTS

导　论　为何强调化合式法学范式 ‖ 001

　　一、法理学教材法律运行篇中分解式法学范例的考察 / 002

　　二、分解式法学范式对法律运行的正面影响 / 008

　　三、分解式法学范式对法律运行的负面影响 / 013

　　四、混合式法学范式的努力及其效果 / 020

　　五、法律运行研究范式的转型 / 027

　　六、化合式法学范式下本书研究对象、思路与框架 / 034

第一章　法律运行观 ‖ 040

　　一、国外法律运行研究整体主义进路 / 042

　　二、国内法律运行研究整体主义进路 / 049

　　三、法律运行研究个人行为主义进路 / 072

　　四、法律运行研究社会行为主义进路 / 077

五、两条方法进路和三种法律运行观的比较与评价 / 094

第二章　法律运行过程 ‖ 101

一、法律运行过程建构的理论：人的社会化与法 / 103

二、法律运行过程横向的动态展开 / 121

三、法律运行过程纵向的动态展开 / 133

四、小结：社会行为主义视野中的法律运行过程 / 180

第三章　法律运行动力机制 ‖ 184

一、法律运行动力机制释义 / 184

二、西方法律运行动力机制 / 191

三、中国古代法律运行动力机制 / 209

第四章　法律运行模式 ‖ 224

一、法律运行模式释义 / 224

二、西方两种法律运行模式之比较 / 230

三、中国古代行政主导的法律运行模式 / 239

四、三种法律运行模式的功能比较 / 251

参考文献 ‖ 262

导 论

为何强调化合式法学范式

实体基础主义分解式法学范式（以下简称"分解式法学范式"），就是通过对研究对象的不断分解来追寻其本体的一种法学范式。如传统三大法学流派都采取这种方式：先将法律分解为价值、规范和事实；然后根据研究需要，对价值、规范和事实各自细分；最后，如果还有必要，还可以再分解，直到分解到不能再分解、找寻到法律本体为止。在本章，分解式法学范式，就是先将法律运行分解为立法、执法、司法、守法、法律监督等环节，然后将对法律运行的研究分解为对立法、执法、司法、守法、法律监督等环节的研究，并希望通过对法律运行各个环节的研究达到对法律运行整体的研究。以下将以我国法理学教材中法律运行篇为例，首先，考察分解式法学范式（例）在我国法律运行研究中存在的状况及其影响；其次，考察混合式法学范式为克服分解式法学范例的不足而做出的努力及其最终的效果；再次，在上述这些研究的基础上，探讨我国法律运行研究中由分解式法学范式向关系主义化合式法学范式（以下简称"化合式法学范式"）的转型问题；最后，探讨本书化合式法学范式角度的法律运行研究的具体内容。

一、法理学教材法律运行篇中分解式法学范例的考察

广西大学法学院有悠久的发展历史，最早可追溯至1942年文法学院法律系，1983年恢复重建法律系，1997年改为法学院，学校图书馆收藏的法理学教材较为完整，跨越各个发展时期。本章将以广西大学图书馆收藏的法理学教材，作为我国法理学教材法律运行篇中分解式法学范例考察的范围和对象。不过，在考察统计之前，必须对以下几个相关概念加以操作化界定。

第一，我国法理学教材的操作化界定。本章的我国法理学教材主要是指涉及"法律运行篇/章/节"的法学本科教材，偶尔也包括涉及"法律运行篇/章/节"的法学本科和研究生通用、研究生专用的教材。较早的时候，我国法理学又称为"法学基础理论"，有的还称为"马克思主义法理学""新编法理学""法理学导论""法理学导读"等，都属于本章统计考察的范围。

第二，法律运行的操作化界定。本章的法律运行"是指法律运行主体人（包括专业的法律人和非专业的法律活动的参与者，如立法者、司法者、执法者、守法者等法律承担者；而法律运行主体包括组织和个人）在法律运行过程（包括立法、司法、执法、守法等环节）中所体现出来的一种法律行为或法律活动（包括立法行为、司法行为、执法行为、守法行为等方面）"。❶ 但在我国早期法理学教材中，一般并没有"法律运行"的叫法；即使是后来

---

❶ 张洪涛：《国家主义抑或人本主义——转型中国法律运行研究》，人民出版社，2008，第53页。

有"法律运行"的专门篇章,学界也没有深入细致的专门研究,并没有形成一个严格的、统一的、规范的、相对固定的含义,有的将"法律运行"章节称为"法律的创制与实施",有的称为"法的运行",有的称为"法的实现",有的将法律的创制排除在外,将"法律的实施"称为狭义的"法律运行"。尽管如此,上述各种情形都属于本章所称的"法律运行"考察统计之列。

第三,分解式法学范例的操作化界定。分解式法学范例就是通过对研究对象的不断分解,来达到对研究对象的不断研究和认识。如我国法理学教材中对"法律运行"的研究,就是通过对"法律运行"不断分解,来达到对法律运行的不断研究和认识:首先,将法律运行分解为法律运行总论和法律运行分论,本章将此分解作为第一层次分解;其次,在"分论"部分,又可以进一步分解为"法律创制/立法"和"法律实施",本章将此分解作为第二层次分解;再次,又可以进一步将"法律实施"分解为"执法""司法""守法""法律监督"和"其他",本章将此分解作为第三层次分解;最后,在"立法""执法""司法""守法""法律监督"和"其他"等内部,还可以进一步进行第四层次分解,直到分解到不能再分解或者达到自己的研究最终目的为止。由于法理学探讨的是一般法学的基本理论,因此第四层次分解严格说来不属于法理学探讨范围,属于立法学、司法学、行政执法学、守法等分支部门法哲学探讨范围,不在本章考察统计范围内,本章只对上述三个层次分解进行考察统计(见图0.1)。

除了上述较为普遍地分解为三个层次外,还有法理学教材只分解为两个层次,没有"法律实施",将"法律创制/立法""执法""司法""守法""法律监督"和"其他"并列为第二层次分解。在三个层次分解中,有的法理学教材将"法律监督"置于第二个层次分解，与"法律创制"和"法律实施"并列。"其他"一般是指与法律运行或者法律实施相关的问题，包括的内容较为杂乱，没有相对固定的内容，有法律职业、法律方法、法律推理、法律责任、权利义务等内容。在三个层次分解中，有的将"其他"置于第二层次分解，与"法律创制""法律实施"和"法律监督"并列；有的将"其他"置于第三层次分解。"其他"只有处于"法律运行"或者"法律实施"之内，才纳入考察统计范围内。

由于本章只是考察法律运行的分解式法学范例状况，并不关注它们是处于第二层次分解还是第三层次分解，因此，我们将上述特殊情形合并在三个层次分解各自相对应的名下，并不会影响本章对法律运行的分解式法学范例整体状况的考察统计。

```
          ┌ 总论：形式总论；实质总论/两者兼有
法律      │
运行 ─ 分论┤ ┌ 法律创制/立法
          │ │
          └─┤       ┌ 执法
            │       │ 司法
            └ 法律实施┤ 守法
                    │ 法律监督
                    └ 其他（法律职业、法律方法、法律推理等）
```

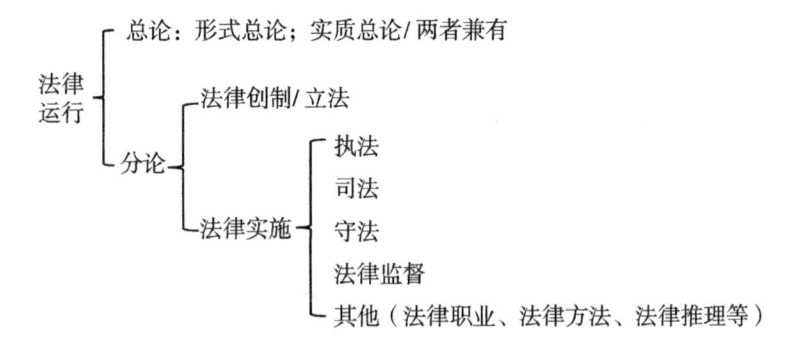

图 0.1　我国法理学教材中法律运行分解

第四，法律运行总论的操作化界定。本章除了考察统计法律运行分解式法学范例的状况外，还探讨了我国法理学教材中为了克服分解式法学范例带来的弊端所做出的努力，即法律运行总论混合式法学范例及其效果的探讨。为此，本章从理论上将法律运行总论分为三种情形：形式总论，就是只有"法律运行"之名（编名/章名/节名），没有实质内容；实质总论，就是有"法律运行"实质内容的探讨,但没有法律运行总论之名(编名/章名/节名);两者兼有。从现有的我国法理学教材来看,有形式总论的不一定有实质总论,但有实质总论的必定有形式总论,因此第二种情形与第三种情形是一致的,合并统计为一种情形(见图0.1)。

根据以上对相关概念的操作化界定,并对广西大学图书馆现有馆藏共67本我国法理学教材相关法律运行篇中分解状况的统计,统计结果汇总见表0.1所示。

表0.1 "法理学·法律运行篇"中分解状况不完全统计

分解层次	各层次分解的具体内容	各层次分解的总量	占比
第一层次分解	形式总论(法律运行篇/法治篇/法律调整及实现/法律创制与实施)	40	60%
	实质总论/两者兼有	16	24%
第二层次分解	法律创制/生成/制定/立法	66	99%
	法律实施/法律实现/狭义的法律运行	44	66%
第三层次分解	执法/第二层次分解的执法	58	87%
	司法/法的适用/第二层次分解的司法	67	100%
	守法/第二层次分解的守法	57	85%
	法律监督/第二层次分解的法律监督	51	76%
	其他/第二层次分解的其他(法律职业、法律方法、法律解释、法律推理、法律关系、法律程序、法律责任等)	42	63%

从表0.1看出,我国法理学教材"法律运行篇"中分解式法学范例存在以下几个问题。

第一,从总体构成来看,我国法理学教材"法律运行篇"的总论与分论存在着严重的结构性失衡，分论远远多于总论，是名副其实的分解式法学范例。从理论上看，分解式法学范式的理论基础是实体主义，其最终目的是追寻到第一实体以便建立其基础，希望通过对研究对象（如法律运行）的不断分解，追寻到深藏于研究对象之中的第一实体，如法律运行的基础或者本质等，统称为法律运行总论；在这个意义上，法律运行分论与法律运行总论是相互匹配的，有分论必有总论，有总论必有分论。但从表 0.1 来看，我国法理学教材"法律运行篇"的总论与分论存在着严重的结构性失衡，只有 60% 的法理学教材法律运行篇既有分论又有总论，还有 40% 的法律运行篇只有分论而没有总论，具有较为典型而浓厚的"分解"有余而"化合"不足的分解式法学范例的色彩。

第二，如果考虑到这些法律运行总论的内部构成（形式总论与实质总论）及其实质的具体内容，这种法律运行总论与分论的结构性失衡的分解式法学范例色彩就更为浓重而普遍了。首先，从法律运行总论的内部构成来看，存在着实质总论与形式总论的结构性失衡，大部分法律运行总论只有形式总论，没有实质总论；换言之，只存在法律运行总论之"名"，而缺乏法律运行总论之"实"，从而进一步加剧着法律运行总论与分论的整体结构性失衡。从表 0.1 可以看出，只有法律运行形式总论而没有实质总论的有 24 本法理学教材，占整个法理学教材的 36%（24/67），占整个法律运行总论的 60%（24/40）；既有形式总论又有实质总论的有 16 本法理学教材，只占整个法理学教材的 24%，只占整个法律运行总论的 40%（16/40）。其次，从法律运行实质总论的具体内容来看，上述法律运行总论与分论的结构性失衡就更为严重了。在 16 本有法律运行实质总论的法理学教材中，只有 5 本设专章或者专节探讨法律运行实质总论的内容，如"法的运行理论概述""法治概述""法的运行环境""法律运行概述及其内外在过程""法律运行的整体分析"等,只占整个法律运行实质总论的31%(5/16),只占整个法理学教材的7%(5/67);其中,有2本是适用于研究生教学的法理学教材,3本是适用于法学本科生教学的法理学教材。而有11本没有设专章或者专节探讨法律运行实质总论的内容,有的仅仅以"知识结构图"的形式呈现,有的以"本章导读"的形式出现,有的以"内容导读"的形式出现,有的以"内容提要"的形式出现,有的以"法律运行体系的概念"的形式出现,而大部分是以"引言""引论""导语"等方式出现,只对法律运行实质总论的内容进行了简单的概括和说明。严格说来,应该说它们是只有"实质总论"之名,而无法律运行实质总论之实,占整个法律运行实质总论的69%(11/16),占整个法理学教材的16%(11/67)。

第三,如果考虑到这些法律运行分论及其发展趋势,这种法律运行总论与分论的结构性失衡的分解式法学范例色彩也就更为浓重而普遍了。从表0.1可以看出,尽管存在分解层次、分解标准、分解内容等不规范、不统一的问题,但与总论相比,法律运行分论占据绝对的统治地位,是法律运行不可或缺的内容;换言之,法律运行总论是可有可无的内容,但法律运行分论是缺一不可的内容。如果是以"司法或者法律适用"为标准,法律运行分论则占整个法理学教材的100%;如果以"法律创制或者立法"为标准,法律运行分论占整个法理学教材的99%;如果以"执法"为标准,法律运行分论则占整个法理学教材的87%;如果是以"守法"为标准,法律运行分论则占整个法理学教材的85%;如果是以"法律监督"为标准,法律运行分论则占整个法理学教材的76%;如果是以"其他"为标准,法律运行分论则占整个法理学教材的 63%；如果取它们的平均值，法律运行分论也占整个法理学教材的 85%。

另外，从未来发展眼光来看，如果不将研究局限于法理学层面，而是进一步深入立法学、行政执法学、司法学、守法学、法律监督学、法律解释学、法律职业、法律方法学以及各部门法学等二级、三级甚至四级学科，法律运行分解的层次就不会只是现在的三个层次，甚至可能是四个、五个、六个层次；法律运行分解的内容，也会随着法学研究的不断深入和法律实践的不断发展，大大增加，并不断地细化。总之，随着分解层次和分解内容的不断增多，在总体上就会进一步加剧法律运行总论和分论的结构性失衡，法律运行分解式法学范例的色彩就会更加突出。

综上，我国现有法理学教材法律运行篇存在着非常突出的分解式法学范例。这种分解式法学范例将会对我国的法律运行带来深入而广泛的影响，具体表现在以下两个方面。

二、分解式法学范式对法律运行的正面影响

第一，分解式法学范式会促进法律运行研究的不断分解、分化、精细化和技术化。首先，分解式法学范式导致法律运行研究在第一层次上的分解，将法律运行研究分解为法律运行总论研究和法律运行分论研究。其次，如果有需要和可能，分解式法学范式还会进一步导致法律运行研究在第二层次上的进一步分解，将法律运行分论研究分为法律创制研究和法律实施研究。再次，如果有需要和可能，分解式法学范式还会进一步导致法律运行研究在第三层次上的分解，将法律实施研究分解为执法研究、司法研究、守法研究、法律监督研究、法律解释研究、法律职业研究、法律方法研究等方面。复次，如果有需要和可能，法律运行研究

并不是局限于法理学范围内，分解式法学范式还会进一步导致法律运行研究在第四层次上的进一步分解，如在立法研究内部分解为立法程序、立法体系、法律渊源等方面的研究，在司法研究内部分解为民事司法、刑事司法等方面的研究。最后，如果还有需要和可能，分解式法学范式还会进一步导致法律运行研究在第五层次、第六层次上的分解……总之，是直至分解到不能再分解、无须再分解为止。

上述法律运行研究从第一层次分解到第二层次分解再到第三层次、第四层次、第五层次分解……直到分解到不能或者无须再分解的过程，是一个法律运行研究不断分解、分化的过程，是一个法律运行研究从抽象的、整体的法律运行研究到具体的、局部的法律运行研究的过程，是一个法律运行研究由法理学研究延伸到部门法学研究的过程，是一个法律运行研究不断精细化、技术化、专门化的过程，也是一个法律运行分论研究不断繁荣发展的过程。

第二，在实践上，法学是一个实践性、应用性很强的学科，上述有关法律运行研究（尤其是法律运行分论研究）话语的不断分解、分化、精细化、专门化和技术化，也会带动法律运行实践相应地不断分解、分化、精细化、专门化和技术化，促进法律运行及其承担者（包括组织与人）相应不断地分解、分化、精细化、专门化和技术化，具体体现在以下三个层面。

首先，在宏观层面，分解式法学范式带来有关法律运行的法律的不断分解、分化、精细化、技术化和专门化。随着法律运行研究分解为法律创制研究与法律实施研究，有关法律运行实践的法律制度可以分解为法律创制的法律制度和法律实施的法律制度；随着法律实施研究进一步分解为执法研究、司法研究、守法研究和法律监督研究，有关法律运行实践的法律制度可以进一步分解为立法制度、执法制度、司法制度、守法制度和法律监督制度；如果说还有需要和可能，随着法律运行研究在上述分解的基础上的进一步分解，有关法律运行实践的法律制度则可以在上述分解基础上作进一步的分解，直至分解到不能或者无须再分解为止。上述法律运行实践的法律制度的不断分解过程，也是一个不断从抽象的基本的法律运行制度到具体的操作化的法律运行制度的精细化、技术化、专门化的过程。

其次，法律运行制度的操作化，必然需要有相应的法律运行制度的承担者（法律运行机构）来承担，因此，在中观层面，随着宏观层面法律运行制度的不断分解、分化、精细化、技术化和专门化，也会相应地带来法律运行制度的运行载体（法律运行机构）的不断分解、分化、精细化、技术化和专门化。法律运行机构的分解，具体包括横向分解（即法律运行机构的分工）和纵向分解（即法律运行机构的分层）两个方面。

法律运行机构的横向分解，就是法律运行机构在同等结构（法律运行机构之间的关系为平等关系）上的分解，具体又包括以下两种。

一是法律运行机构之间外在的横向分解，即法律运行机构分解为立法机构、执法机构、司法机构、守法组织、法律监督机构、律师事务所等法律运行机构；如果有需要和可能，法律运行机构可以进一步分解，如司法机构分解为法院和检察院，执法机构分解为综合性的执法机构和专门性的执法机构；如果还有需要和可能，还可以作进一步分解，如法院可以分为一般法院和专门法院，直到分解到不能或者无须再分解为止。实际上，上述法律运行机构之间外在的每一次横向分解的过程，也是法律运行机构之间外在的不断分化、精细化、技术化和专门化的过程。

二是法律运行机构内部内在的横向分解，如在立法机构、执法机构、司法机构和法律监督机构等法律运行机构内部横向划分的业务部门和非业务部门（如人事、后勤保障等行政管理部门）；如果有需要和可能，还可以进一步横向分解，如法院的业务部门根据业务性质和范围不同，横向分解为民庭、刑庭、行政庭等各种专业法庭；如果还有需要和可能，还可以进一步横向分解，如民庭可以进一步分解为民一庭、民二庭、民三庭、民四庭，直到分解到不能或者无须横向分解为止。实际上，上述法律运行机构内在的横向分解过程，也是法律运行机构内在的横向分化、精细化、技术化、专门化的过程。

法律运行机构的纵向分解，就是法律运行机构在等级结构（法律运行机构之间关系的行政化即服从与被服从的关系）上的分解，具体又包括以下两种。

一是法律运行机构之间外在的纵向分解，即法律运行机构首先纵向分解为国家级的法律运行机构和地方性的法律运行机构；如果有需要和可能，法律运行机构可以进一步纵向分解，分解为许多省部级法律运行机构，如国家级法律运行机构的各个部委和地方性各省级法律运行机构；如果还有需要和可能，还可以进一步纵向分解，地方性各省级法律运行机构纵向分解为许多地厅级的法律运行机构；如果还有需要和可能，还可以进一步纵向分解，如县级、乡镇级的法律运行机构，直到分解到不能或者无须分解为止。实际上，上述法律运行机构之间外在的每一次纵向分解的过程，也是法律运行机构之间外在的不断分化、精细化、技术化、专门化和层次化的过程。

二是法律运行机构内部内在的纵向分解，就是各层级法律运行机构内部的部门化，如在国务院各部委内部，首先纵向分解为各个司局级的职能部门；如果有需要和可能，可以进一步纵向分解为各种处级的职能部门；如果还有需要和可能，还可以进一步纵向分解，直到分解到不能或者无须分解为止。实际上，上述法律运行机构内在的每一次纵向分解的过程，也是法律运行机构内部内在的不断分化、精细化、技术化、专门化和层次化的过程。

最后，不论是宏观层面法律运行制度的操作化，还是中观层面法律运行机构的操作化，都会落实到微观层面的法律运行主体人身上，因此，在微观层面，法律运行机构的不断分解、分化、精细化、技术化、专门化和层次化，也会相应带来作为法律运行机构微观基础的法律运行主体或者承担者（人）的不断分解、分化、精细化、技术化、专门化和层次化。与法律运行机构同步，法律运行主体人的分解，具体也包括横向和纵向两个方面。

法律运行主体人的横向分解（即社会分工），就是人在同等结构（人之间的关系为平等关系）上的分解。随着法律运行机构横向分解为立法机构、执法机构、司法机构、法律监督机构和法律服务机构，法律运行主体人也横向分解为立法人员、执法人员、司法人员、法律监督人员和法律服务人员（律师、公证员等）；随着立法机构、执法机构、司法机构、法律监督机构和法律服务机构的进一步横向分解，立法人员、执法人员、司法人员、法律监督人员和法律服务人员（律师、公证员等）也会进一步横向分解，如司法人员进一步横向分解为法官和检察官；如果还有需要和可能，法律运行主体人还会进一步横向分解，如法官分解为一般法院的法官和专门法院的法官，直到分解到不能或者无须横向分解为止。实际上，上述法律运行主体人的每一次横向分解的过程，就是人之间的横向分化、精细化、技术化和专门化的过程。

法律运行主体人的纵向分解（即社会分层），就是人在等级结构（法律人之间的关系为服从与被服从的关系）上的分解。随着法律运行结构纵向分解为国家级法律运行机构和地方性法律运行机构，法律运行主体人纵向分解为国家级法律运行主体和地方性法律运行主体；随着地方性法律运行机构纵向分解为省级法律运行机构、市厅级法律运行机构、县级法律运行机构和乡镇级法律运行机构，法律运行主体相应地纵向分解为省级法律运行主体、市厅级法律运行主体、县级法律运行主体和乡镇级法律运行主体；如果还有需要和可能，法律运行主体还可以进一步纵向分解，直到分解到不能或者无须纵向分解为止。实际上，上述法律运行主体人的每一次纵向分解的过程，就是人之间的纵向分化、精细化、技术化、专门化和层次化的过程。

三、分解式法学范式对法律运行的负面影响

分解式法学范式在给法律运行带来不断的分解、分化、精细化、技术化、专门化和层次化的正面影响的同时，也会给法律运行带来负面影响。具体表现在以下两个主要方面。

（一）理论上的负面影响

首先，分解式法学范式带来法律运行研究比例的结构性失衡。这种结构性失衡主要体现在法律运行总论研究与法律运行分论研究的结构性失衡上。分解式法学范式给法律运行研究带来不断的分解、分化、精细化、技术化、专门化和层次化，都是通过法律运行分论的研究实现的。因此，分解式法学范式必然带来法律运行分论研究的不断增多和繁荣发展。比较而言，法律运行总论研究相对减少，最终形成法律运行分论研究远远多于法律运行总论研究的结构性失衡。从上述表0.1可以看出，从形式总论来看，法律运行总论的研究只占60%，而法律运行分论研究占100%，两者相差的结构比为40%；从实质总论来看，法律运行总论的研究只

占24%，而法律运行分论研究占100%，两者相差的结构比更大，为76%。这种结构性失衡也可以从公开发表的期刊论文和学术著作中体现出来，有关法律运行分论（包括立法、执法、司法、守法、法律监督等）的研究可谓比比皆是，而有关法律运行总论的研究则非常稀少。

其次，分解式法学范式带来法律运行研究对象的错位，即实际研究对象与我们想要的研究对象不一致。分解式法学范式是通过对研究对象的不断分解来达到对研究对象的研究，如对法律运行的研究，就是先将法律运行分解为立法、司法、执法、守法、法律监督等环节或阶段，然后希望通过对这些环节或者阶段的研究来实现对法律运行的研究；换言之，就是通过借助于法律运行分论研究——立法、执法、司法、守法、法律监督等——来达到对法律运行整体的研究，即"立法+执法+司法+守法+法律监督=法律运行"。那么，对立法、司法、执法、守法、法律监督等法律运行分论的研究，如果不经过任何的转换，是否就可以直接等同于对法律运行自身的研究？涂尔干有关社会学研究对象是社会还是构成社会的人的论述，可以作为回答这个问题的参考。涂尔干认为："社会并不是个人相加的简单总和，而是由个人的结合而形成的体系，而这个体系则是一种具有自身属性的独特的实在。毫无疑问，如果没有个人意识，任何集体生活都不可能产生，但仅有这个必要条件是不够的，还必须把个人意识结合或者化合起来，而化合还要有一定的方式。社会生活就是这种化合的结果。因此，我们只能以这种化合来解释社会生活。"❶ 同时，涂尔干也承认："在社会事实方面，人们有时不那么容易作出判断，而在其

---

❶ 迪尔凯姆：《社会学方法的准则》，狄玉明译，商务印书馆，1995，第119页。涂尔干（Durkheim）又可译为迪尔凯姆。

他自然领域里则通常可以做到。数个要素一经结合，都会因结合而产生新的现象，但我们必须想到，这些新的现象不是存在于各个要素之中，而是存在于随要素的结合而形成的新的整体之中。"❶ 为此，涂尔干举出了一些自然科学中的例子："青铜的硬度并不存在于形成它的、具有柔软性的铜、锡、铅这些物质之中，而是存在于它们的合成物之中。水的流动性、营养性和其他属性并不存在于合成水的两种气体之中，而是存在于由它们的结合而形成的合成物之中。"❷ 申言之，尽管 $2H_2 + O_2 = 2H_2O$，但由部分（$H_2 + O_2$）化合形成的整体（H_2O），是不同的物质，对部分（$H_2 + O_2$）的研究不能直接就等同于对整体（H_2O）的研究；同理，对法律运行分论（立法、执法、司法、守法、法律监督等）的研究，不能直接等同于对法律运行自身即总论的研究，用符号表示为：立法 + 执法 + 司法 + 守法 + 法律监督 ≠ 法律运行。可见，分解式法学范式对法律运行的研究，存在着研究对象错位的情形：我们实际研究的对象（即立法、执法、司法、守法和法律监督等法律运行分论）与我们想要研究的对象（法律运行自身即总论）存在不一致的问题；换言之，对法律运行分论的研究不能直接等同于对法律运行总论的研究。但这并不意味着完全否定法律运行分论研究对法律运行总论研究的意义；实际上，法律运行分论的研究为进一步开展法律运行总论研究提供了一定的基础和条件。

再次，分解式法学范式可能会带来法律运行研究目标的偏离。所有法律运行研究，不论是有关法律创制的研究还是有关法律实施的研究，不论有关立法、执法、司法和法律监督的研究还是有关守法的研究，都是为了使法律运行更加顺畅，最好的理想状态

---

❶ 迪尔凯姆：《社会学方法的准则》，狄玉明译，商务印书馆，1995，第 11 页。
❷ 迪尔凯姆：《社会学方法的准则》，狄玉明译，商务印书馆，1995，第 12 页。

就是所有良法都能得到人们的普遍遵循,即立法→守法;尽量减少法律运行的不畅和阻碍,尽量减少法律不被遵循的情形,尽量减少因法律运行不畅和阻碍而启动的执法、司法和法律监督程序,尽量减少因法律不被遵守而启动的执法、司法和法律监督程序。在这个意义上,前者是法律运行的正常状态,也是我们应该追求的法律运行理想状态,是最优方案,是法律运行研究的主要目标,理应得到我们的高度关注和大量的研究;后者是法律运行的非正常状态,是我们退而求其次、迫不得已而设置的次优方案,相对前者而言,不是法律运行研究的主要目标,不应成为我们关注和研究的重心。或者说,即使是对后者的关注和研究,也是为了实现前者的理想状态,也是为了实现守法,从立法直接到守法才是法律运行研究的最终目标。

然而,受分解式法学范式的影响,以及受分解式法学范式带来的专门化、技术化和专业化的限制,像那些更容易也更需要专门化、职业化和技术化的立法、执法、司法、法律服务和法律监督等法律运行环节得到了分解式法学范式全面而深入地反复研究,而不容易也不需要专门化、职业化和技术化的守法难以得到分解式法学范式的青睐,冲淡甚至颠倒了法律运行研究的主题和核心议题,最终在整体上使法律运行研究的目标出现了偏离——由正常状态的从立法到守法的研究偏向了非正常状态的从立法到执法、司法、法律监督的研究。

最后,分解式法学范式难以完成对中国特色法律运行体制的有效研究。分解式法学范式就是通过对研究对象的不断分解来达到对研究对象的认识和研究。因此,分解式法学范式对法律运行的研究,就是通过将法律运行分解为法律创制即立法与法律实施(又细分为执法、司法、守法、法律监督等环节),来达到对法律运行的研究；随着分解式法学范式的不断分解、分化，最终使法律运行的各个环节实现了不同程度的精细化、技术化、专门化，尤其是使那些容易并需要实现其精细化、技术化和专门化的立法、执法、司法和法律监督等环节实现了精细化、技术化和专门化，并最终形成制度化的"三权分立"法律运行体制。在这个意义上，西方"三权分立"法律运行体制，也是分解式法学范式带来的必然结果；换言之，分解式法学范式更适合对西方"三权分立"法律运行体制的研究。

比较而言，由于受中国传统文化、马克思主义思想、近现代中国社会实践等因素的影响，中国社会至今实行的是具有中国特色的法律运行体制，强调的是法律创制与法律实施的配合、协调和统一，强调的是立法、执法、司法、守法和法律监督等法律运行各个环节的配合、协调和统一；一句话，强调的是法律运行的整体性、一致性和系统性。这种对法律运行整体性、系统性和一致性的强调，必然与分解式法学范式强调的通过对法律运行的不断分解来达到对法律运行的研究的手段产生冲突和对立，必然与分解式法学范式带来的法律运行各个环节的分化、精细化、技术化和专门化形成冲突与对立。在这个意义上，如果说分解式法学范式更加适合对法律运行分论和西方"三权分立"法律运行体制的研究，那么其自然难以满足法律运行总论和我国法律运行体制的研究需要，难以承担起对我国法律运行体制的有效研究。

（二）实践上的负面影响

首先，分解式法学范式会带来法律运行的碎片化。分解式法学范式是通过对法律运行的不断分解来达到对法律运行的研究。因此，在分解式法学范式给法律运行实践不断带来分化、精细化、技术化和专门化的同时，也会造成法律运行实践的不断的碎片化，尤其是当法律运行总论不被强调，法律运行总论与法律运行分论存在结构性失衡时，这种法律运行分论的碎片化就更为严重，最后形成一种立法、执法、司法、守法与法律监督等各个环节相互隔阂的格局。这种格局在其部门化、专门化的作用下，又会反过来加剧法律运行实践的碎片化，最后使法律运行实践形成一种只见树木、不见森林的碎片化格局。

其次，分解式法学范式还会带来法律运行不畅甚至冲突，难以从观念和技术上保证法律运行各个环节的统一与相互协调。从观念来看，分解式法学范式的哲学基础是实体主义；而实体主义主张通过对研究对象的不断分解来寻找第一实体以建立其基础，是一种实体基础主义和实体（尤其是第一实体）至上主义。具体到法律运行实践中，分解式法学范式通过对法律运行的不断分解，来追寻法律运行中最基础、最本质的东西，即第一实体，因此，分解式法学范式最终可能会形成以下几种理想类型：一是大陆法系法律运行的立法至上主义；二是英美法系法律运行的司法至上主义；三是中国古代传统法律运行的行政执法至上主义……总之，分解式法学范式在其哲学基础实体主义的观念影响下，难以从观念上保证法律运行各个环节的统一与相互协调。

从技术层面来看，分解式法学范式试图通过对法律运行的不断分解来实现法律运行的目标，认为法律运行就是法律运行各个环节的简单相加，即"立法＋执法＋司法＋守法＋法律监督＝法律运行"，法律运行的各个环节顺畅了法律运行自然就顺畅了，从而将法律运行关注的重点放在立法、执法、司法、守法和法律监督等环节的精细化、技术化、部门化和层次化上，缺乏对整体法律运行的关注，难以从技术上保证法律运行各个环节的统一与相互协调，带来法律运行不畅甚至冲突。尤其是在法律运行各个环节的部门化、专门化、职业化之后,在部门利益驱动下,只注重本部门的利益,缺乏对法律运行整体利益的关注和考虑,如立法或司法的部门化、专门化和职业化,使立法者或司法者只顾考虑自己部门的利益,更加难以从技术上保证法律运行各个环节的统一与相互协调,更加会带来法律运行不畅甚至冲突。

再次,分解式法学范式还会推高法律运行成本。法学是一个应用性和实践性很强的学科。分解式法学范式在理论上带来法律运行的不断分化、精细化、技术化、专门化和层次化的同时,在法律实践上,也会带来宏观层面法律运行的不断分化、精细化、技术化、专门化和层次化,中观层面法律运行机构的不断分化、精细化、技术化、专门化和层次化,以及微观层面法律运行主体人(尤其是法律人)的不断分化、精细化、技术化、专门化和层次化。随着后两者的不断分化、精细化、技术化、专门化和层次化,也会不断推高法律运行的总体成本。从法律运行成本的角度来看,法律运行分解越多,法律运行成本就越高;但从分解式法学范式的角度来看,每一次分解都是分解式法学范式的一次大进步,分解越多,接近发现第一实体的可能性越大。可见,分解式法学范式必将会推高法律运行成本。

最后,分解式法学范式还容易使法律运行偏离其总体目标和轨道。在分解式法学范式看来,如果法律运行各个环节如立法、执法、司法、守法和法律监督顺畅了,那么总体法律运行就顺畅了;如果各个法律运行环节的目标实现了,那么总体法律运行的目标就实现了。实际上,法律运行的各个环节面临的环境、解决的问题等不同,各自的目标是不一致的,如立法遵循的是科学性和民主性原则,执法讲究的是效率和合理性原则,司法强调的是公正、正义；甚至它们之间还存在一定的目标冲突，如立法追求的科学性和民主性、司法追求的公正和正义，与执法追求的效率，存在一定的冲突。因此，分解式法学范式必然带来对法律运行各个环节的重视和对整体法律运行的忽视，也必然会使法律运行各个环节的目标得到片面的重视和强调，从而使法律运行容易偏离其总体目标和轨道。

四、混合式法学范式的努力及其效果

为了克服上述分解式法学范式因分解给法律运行带来的负面影响，混合式法学范式在法律运行上进行了相应的努力。本章拟结合我国法理学教材中法律运行篇的总论（尤其是实质总论）来探讨混合式法学范式的努力及其效果问题。

如果说法律运行分论强调的是"分"，体现的是一种分解式法学范式，那么法律运行总论则强调的是"合"，体现的是一种"合"的法学范式。当然，这里还有一个"合"的程度问题：是"物理性混合"还是"化学性化合"。"当物体混合后产生热、光、泡沫或其他这类情形时，就被认为是发生了化学结合。另一方面，如果混合物中的不同粒子能够用肉眼辨别，或以机械方式分开，则只是物理混合物。"[1] 后者可以用符号表示为：1 + 1 + 1 = 3，如油 + 水 = 油水（混合物），没有新物质和新的法学范式产生；前者可以用符号表示为：1 + 1 + 1 = 1 种化合物，如 $2H_2 + O_2 = 2H_2O$，有新物质和新的法学范式产生。

那么，我国法理学教材中法律运行篇的总论（尤其是实质总论）是物理性混合还是化学性化合呢？

---

[1] 托马斯·库恩：《科学革命的结构》，金吾伦、胡新和译，北京大学出版社，2012，第110页。

在 16 本有实质总论的法理学教材中，有 12 本法理学教科书以不同形式的较短篇幅，从不同角度对法律运行内容进行了简单罗列和概述。有的以较短篇幅的"引言"形式，认为"法运作论研究活生生的法，研究特定时空中的法律的生命过程，即法从社会中生成又回到社会、对社会进行调整的过程"，因此，"法运作论包括法生成论、法律实现即法的执行、司法，法的遵守与犯罪，特别是法律运作的方法和技术问题——法律方法、法律程序和法律职业"；❶ 有的以较短篇幅的"引言"形式，认为"法的运行是一个从法的制定到实施的过程，也是一个由法的效力到法的实效的过程，还是一个从凝集法的价值共识到法的价值实现的过程"，❷ 因此，法律运行包括法的制定、法的实施、法律程序、法律职业和法律方法等内容；有的以较短篇幅的"引言"形式，认为"法律的运行是法律由创制到实现其价值目标的全过程，可以分解为立法、执法、司法、守法和对法律实施的监督五个环节……法律运行的过程是否通畅、效果能否达到预期，不仅要看法律运行环节是否齐备，更要看这一过程所蕴含着的法律运行体制与机制"，❸ 因此，法律运行不仅包括立法、执法、司法、守法和对法律实施的监督五个环节，还包括各个环节法律运行体制与机制，需要"把握立法体制、法律解释方法、司法体制机制等的科学含义与实践功能"；❹ 有的以较短篇幅的"引言"形式，直截了当地认为："法律运行论讨论法律制定、法律执行、法律适用、守法与违法、法律监督以及与法律实施相关的法律渊源、法律体系、法律分类、

---

❶ 周永坤：《法理学——全球视野》（第三版），法律出版社，2010，第 279 页。
❷ 张文显主编《法理学》（第五版），高等教育出版社，2018，第 223 页。
❸ 李龙主编《法理学》，武汉大学出版社，2011，第 196 页。
❹ 李龙主编《法理学》，武汉大学出版社，2011，第 196 页。

法律效力、法律关系、法律解释与法律推理、法律责任、法律职业，对法治这一法律运行的共同趋势进行总结"；❶ 有的以较短篇幅的"本章导读"形式，认为"法的运行是一个从法的制定到实施的过程，也是一个由法的效力到法的实效再到实现的过程"，❷ 因此，法律运行包括立法、司法、执法、守法和法律监督等内容；有的以较短篇幅的"内容导读"形式，认为"法的运行是一个法从生成、创制到实施的过程，也是一个由法的效力到法的实效再到实现的过程"，❸ 因此，法律运行包括立法、司法、执法、守法和法律监督等主要环节，以及各个运行环节都存在的法律方法和法律程序的问题；有的以较短篇幅从"法律运行体系的概念"角度，认为"法律运行是指法律在社会中的运用和施行"，因此，"法律运行涵盖法律制定出来以后的各个动态环节，包括司法、执法、守法和法律监督"；❹ 有的以更为简洁的"知识结构图"形式，认为法律运行除了包括立法、司法、执法、守法和法律监督等内容，还包括法律职业和法律方法的内容；❺ 有的以简短的"目录"形式列明了法律运行内容包括立法、执法、司法和守法，以及各个环节的共同特征——与现实的国家权力或者公共权力相关，即使是一般认为国家权力或者公共权力色彩较弱的守法，也存在"关于'公权力行使主体'的'国家（政府）'的守法"问题；❻ 有的从法治体系的角度，将法律运行各个环节视为法治体系的构成内容，包括法律制定、法律实施（守法、执法和司法）、法律监

---

❶ 高其才主编《法理学》，中国民主法制出版社，2005，第97页。
❷ 周萍、蒙柳主编《法理学》，武汉大学出版社，2016，第152页。
❸ 柳之茂主编《法理学》，中国社会科学出版社，2012，第165页。
❹ 李清伟主编《法理学导论》，上海财经大学出版社，2006，第94页。
❺ 闻立军编《法理学导读》，中国政法大学出版社，2020，第161页。
❻ 姚建宗编著《法理学——一般法律科学》，中国政法大学出版社，2006，第342页。

督、法律程序、法律职业等内容;❶ 有的以较短篇幅的"内容提要"形式,将法律运行置于法治视野下,认为"法律的运行更多的是一个公法问题,法治在其中的贯彻集中地表现在它对一种宪政结构下的国家立法、行政与司法权力的打造上",因此,着重"探讨了法治在法律运行的几个大环节上的贯彻问题",言下之意,法律运行就是立法、执法、司法、守法和法律监督等法律运行的环节。❷

从上述12本有法律运行实质总论的法理学教材可以看出:尽管它们在形式、内容、视野和角度上有所差异,但它们有一个共同的特点就是,将法律运行总论的研究直接等同于法律运行分论的研究,直接等同于立法、执法、司法、守法、法律监督以及法律运行各个环节存在的相关问题(包括法律职业、法律方法、法律程序等)的研究,认为法律运行分论研究好了,法律运行总论的研究就完成了,将立法、执法、司法、守法、法律监督、法律职业、法律方法等进行简单的混合相加就是法律运行,用符号表示就是:1+1+1=3,因此是一种物理性的混合式法学范式研究;而不是化学性的化合式法学范式,即在立法、执法、司法、守法、法律监督等分论研究的基础上,进行形而上的上升、提炼、归纳、总结,提炼出一个比立法、执法、司法、守法和法律监督等概念的位阶高、有质的区别并能统摄它们的新概念,形成一种来源于分论但高于分论的新概念——法律运行,用符号表示就是1+1+1=法律运行。也因此,在法律运行篇,总论不是要它展开的主要内容,只需以"内容导读""内容提要""知识结构图"等形式一

---

❶ 参见付子堂主编《法理学初阶》(第六版),法律出版社,2021,第203 - 318页。
❷ 严存生主编《法理学》,法律出版社,2007,第247页。

笔带过，甚至可以像"形式总论"那样，只需挂一个"法律运行"名，无须进行实质性的展开；而法律运行分论才是法律运行篇的主要内容，甚至是它的全部内容。

另外，在 16 本有实质总论的法理学教材中，还有 4 本从形式上对法律运行总论进行了专章专节的展开。这是否就意味着它们超越了上述物理性的混合而实现了化学性的化合呢？下面将逐一加以考察分析。

在第一本适用于本科生的法理学教材中，在"法的运行"第四编中，除了探讨法律运行分论的内容外，还设专章探讨了法律运行总论问题——"法的运行环境"。该章将"法的运行环境"分为四个方面，即文化土壤即法运行的软环境、经济条件即法运行的基本环境、政治环境即法运行的组织环境、科学技术即法运行的技术环境；实际内容是"道德与法""宗教与法""传统与法""市场经济与法治""民主政治与法治""现代科技与法治"之间的关系问题。❶

在第二本适用于本科生的法理学教材中，在"法的运行"第三编中，除了探讨法律运行分论的内容外，还设专章探讨了法律运行总论问题——"法的运行理论概述"。该章又分两节探讨了"法的运行"和"法的实施"问题。前者在探讨"法的运行的概念""法的运行的特点""法的运行的环节"时，都是直接落实到立法、执法、司法、守法和法律监督等分论上，如在探讨"法的运行的概念"时，认为"狭义的法的运行，是指法律的实施或者实行、实现过程，即法律制定以后的实施过程。广义的法的运行，是在狭义的法的运行概念基础上，加上立法、法律监督等含义。

---

❶ 参见宋方青主编《法理学》，厦门大学出版社，2007，第 241-257 页。

概括地说,广义的法的运行是指法律在社会生活中产生、实施和实现的过程。"在探讨"法的运行的环节"时,直接分解、落实为立法(即法的运行的起始环节,也是法的运行规则的创制环节)、执法、司法(法的运行的中立裁判环节)、守法(法的运行的最终落实环节)和法律监督(法的运行的重要修正环节),认为各个环节探讨好了法律运行就探讨清楚了。后者在探讨"法的实施"时,也是分解、落实到"法的执行"、"法的适用"和"法的遵守"的探讨上,高一级位阶的概念(法的实施)是低位阶概念("法的执行""法的适用""法的遵守")的简单相加。❶

在第三本专门适用于研究生的法理学教科书中,只设专章探讨了法律运行总论问题——"法律运行论"。该章尽管认识到法律运行不是立法、执法、司法、守法和法律监督的简单相加,"是一个整合的过程……是各种法律环节和要素共同作用的过程……是各种过程和形态之间不断相互转化和作用的动态的复向过程……应该注意的是法律的外在运动过程不是机械遵循立法—守法—执法—司法—法律监督这样一个顺序;而是有的环节同时可能包含着其他环节的内容,各个环节之间的关系不是单向的",但在展开对"法律运行的外在过程"探讨时,还是分解、落实到对立法、守法、执法、司法和法律监督等分论的探讨上;在展开对"法律运行的内在过程"探讨时,还是分解、落实到对"法律规范""法律行为""法律关系""法律秩序"等分论的探讨上。❷

在第四本适用于法学本科和研究生的法理学教材中,在"法

---

❶ 参见周林主编《法理学》,西南交通大学出版社,2012,第215-224页。
❷ 参见张文显主编《马克思主义法理学——理论方法和前沿》,高等教育出版社,2003,第196-219页。

律的运行"第三编中，除了探讨法律运行分论的内容外，还设专章探讨了法律运行总论问题——"法律运行的整体分析"。尽管该章强调"从法学角度看，提出法的社会运行问题，其目的就是要从过去的静态的、单一角度的、割裂式研究法律的制定、实施、遵守和修改的问题，向整体地研究法律运作问题转变，更好地从总体水平上研究法律规范在特定社会环境中的产生、适用和自我修正的问题"，强调"广义的法律运行概念优于狭义概念的地方，就在于它把法律运行看成是一个包括立法、执法、司法、守法、法律监督、法律运行评价和法律运行的修正等环节在内的、不断循环往复的过程"，但在探讨"法律运行环节"时，与第三本一样，还是分解、落实为对立法、执法、司法、守法和法律监督的探讨；在探讨"法律运行的修正"时，还是分解、落实为立法机构的法律运行修正、司法机构的法律运行修正和行政机构的法律运行修正；在探讨"法律如何回应新的社会变化"时，还是分解、落实为对立法途径和司法途径的探讨；在探讨"如何分析法律运行的成本"时，还是分解、落实为对立法成本、执法成本、司法成本、守法成本和法律监督成本的探讨。❶

从上述 4 本有关法律运行总论研究的法理学教材可以看出：尽管这些书的作者研究法律运行总论的意愿很强，认为法律运行是一个整合的动态的复向过程，明确要从整体上研究法律运行的有关问题，甚至告诫人们法律的外在运动过程不是机械遵循立法—守法—执法—司法—法律监督这样一个顺序，但实际研究的过程中，还是将法律运行研究分解、落实到对立法、守法、执法、司法

---

❶ 参见刘金国、蒋立山主编《新编法理学》，中国政法大学出版社，2006，第151－163页。

和法律监督等的研究，还是将一个上位概念（法律运行）直接分解、等同于几个下位概念（立法、守法、执法、司法和法律监督等）的研究，还是将整体的复向的法律运行过程直接分解、等同于几个静态的法律运行环节（立法、守法、执法、司法和法律监督等）的研究，依然停留在 1 + 1 + 1 = 3 的混合式法学范式的研究阶段；同样都没有做到在法律运行分论研究基础之上进行形而上的上升、提炼、归纳和总结，完成法律运行总论的研究，没有在法律运行总论研究上形成 1 + 1 + 1 = 1（法律运行总论）的化合式法学范式；一句话，这些法律运行实质总论的研究都没有超越上述物理性的混合而实现化学性的化合。

综上，在理论上，混合式法学范式并没有实现范式变革，实质上还是一种分解式法学范式，因此，无助于分解式法学范式在法律运行研究上存在的负面影响的解决。在这个意义上，混合式法学范式也是一个理论上毫无建树的法学范式，至少没有分解式法学范式追求的理论上的片面深刻。也因此，在实践中，混合式法学范式无助于分解式法学范式在法律运行实践中存在的负面影响的克服，只是一个好看、好听不好用的法学范式，甚至可能掩盖、扭曲人们对中国传统化合型法律制度（如中国特色法律运行体制）的认识和研究。

五、法律运行研究范式的转型

从上述研究可以看出，西方分解式法学范式较好地满足了西方"三权分立"式的法律运行研究的需要，但难以满足我国化合式法律运行研究的需要；即使是混合式法学范式，也无法满足我国化合式法律运行研究的需要。因此，为了满足我国化合式法律运行研究的需要，为了与我国传统化合型法律制度法律运行研究相适应，必须进行法学范式从西方分解式法学范式向中国传统化合式法学范式的转型，具体体现在以下四个方面。

(一) 研究路径：由分阶段研究路径转向整体研究路径

中国目前法律运行过程在理论和实践上出现认识上的问题，其中一个很重要的原因就是目前分阶段研究路径。因为它欠缺的是对总体动态过程的认识且对其内在机制的动态把握不够，得到的可能会是一种相对机械的、片面的甚至是错误的认识，尽管这种研究能使我们对各个环节的功能有一个较清晰的了解。❶ 因此，为了弄清法律运行过程的真实面目，改变目前分阶段研究策略，将各阶段串联起来，进行整体法律运行过程的研究，是一个较能接近客观真实情况的策略。设若进行整体过程的研究，我们就必须从局部跳出来，放宽我们的视域，扩大我们的视野，站在一个新的高度来观察、思考、认识，就必须对前人对法律运行各个环节的研究成果进行整合、提炼、抽象。❷

从主体来看（见图0.2），可以将法律运行各个阶段的主体即立法者、执法者、司法者、守法者（狭义的）用法律运行主体这概念统摄；而且立法者、执法者、司法者在法律运行中都是在履行法律赋予他们的职责，都是在遵守法律（包括具体的法规和抽象的法律观念）的要求。例如，税务征收人员在收税时，一方面，其是执法者，另一方面，其也是在依照法律的规定安排自己的行为，是一个守法者，只不过是其一个特殊主体有特殊内容的守法者而已；再如司法，法官是在按照法律规定的规则和法律

---

❶ 鲍禄：《法理学与比较法》，对外经济贸易大学出版社，2002，第166页。
❷ 本书所说的"整体"与整体主义的"整体"，两者虽然"词"相同，但"物"不同：后者的"整体"实际上就是"部分"，名不符实，详见本书第1章整体主义研究。

所负载的法律观念、价值等来安排自己的法律行为,扮演好自己的法律角色,对法官而言,这难道不是在守法吗?依此类推,立法者等法律工作者又何尝不是如此呢?在现代法治社会,守法主体包括一切社会成员,任何社会成员都不能例外。因此,在这个意义上,他们又可以用守法者(广义)这个概念加以涵盖。

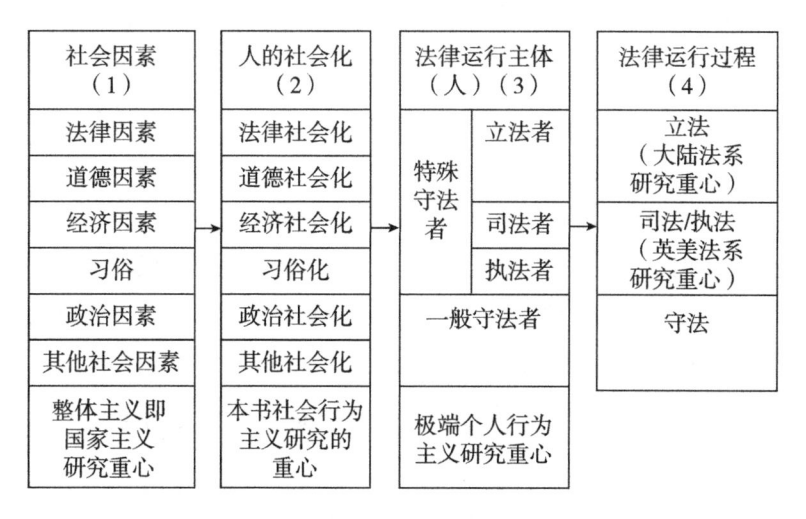

社会因素(1)	人的社会化(2)	法律运行主体(人)(3)		法律运行过程(4)
法律因素	法律社会化	特殊守法者	立法者	立法(大陆法系研究重心)
道德因素	道德社会化			
经济因素	经济社会化		司法者	司法/执法(英美法系研究重心)
习俗	习俗化		执法者	
政治因素	政治社会化	一般守法者		守法
其他社会因素	其他社会化			
整体主义即国家主义研究重心	本书社会行为主义研究的重心	极端个人行为主义研究重心		

图 0.2　法律运行过程及其横向的动态展开与本书研究的重心

从法律运行的阶段或整个过程来看(见图 0.2),运用同样的方法,我们也可以用法律运行或广义的守法行为对立法行为、执法行为、司法行为和狭义的守法行为加以涵盖和统摄。因此,设若是从整体法律运行的角度来研究,我们就不能只对立法、司法和执法的环节进行研究,要研究整体的法律运行,尤其是要将守法纳入我们研究的视野。因为,"守法是法律实施的最基本的形式","守法是法律实施的最终目的",守法也应该是整个法律运行的核心、标准、目标,其中的立法、执法、司法、法律监督等都是为它服务的；重要的是，还因为法律既是裁判规则，更是行为规则，它涉及的是全社会的广大民众，而不只是作为国家权力行使代表的立法者、司法者和执法者。一句话，我们要从整体的高度着重考察、研究法律运行过程的常态，关注大多数社会成员的法律运行情况，而不是只关注法律运行过程的反常现象和极少数人的法律运行情况，更不能将这种对少部分人的法律运行情况的研究混淆甚至代替对大部分人的法律运行情况的研究。即便我们承认知识与权力有紧密的联系，❶ 但在更大的视域范围内，守法不是与国家权力尤其是国家权力的根基（合法性而不是合法律性）有更紧密联系吗？❷

可见，法律运行的整体研究并不是法律运行各部分研究的机械而简单的相加之和，它是在从前对法律运行各部分或环节研究成果的基础上的一种提炼、概括、总结和抽象，是对有关法律运行各环节或阶段研究成果的一种有机整合。

（二）研究重心：由重视反常法律运行研究转向重视正常法律运行研究

"法律是使人的行为服从规则治理的事业"，❸ 因此最好的法律就是能得到人们普遍遵循的法律，就是较少被人们违背的法律，就是较少进入司法领域的法律，守法应该成为法律追求的最终目标。当然，人们为了实现这个目标既可以采取负激励的方式，更可以采用正激励的方式；既可以采取传统的强制、惩罚的方式，更应该采用引导、鼓励的方式。而且，随着现代市民社会的再度

---

❶ 福柯：《规训与惩罚：监狱的诞生》，刘北成等译，生活·读书·新知三联书店，1999，第29－30页。
❷ 科特威尔：《法律社会学导论》，潘大松等译，华夏出版社，1989，第160－205页。
❸ 富勒：《法律的道德性》，郑戈译，商务印书馆，2005，第113页。

发展和壮大，后一种方式在现代社会适用的范围更广，也更有效，表现在法律上就是法律的合意性会逐步增强，法律的强制性会逐步减弱。因此，我们不光要研究法律的反常现象——不遵守法律如何，更应该研究法律的正常现象——守法；我们不光要研究涉及社会中较少部分人的法律问题如司法，更应该研究涉及广大民众的法律问题如守法；而且，从注重效率的角度，我们不仅要研究有一定成本制约的司法、执法等问题，更应该研究成本较低的守法问题。随着法律、法学研究向纵深推进，以及我国市场经济和政府职能的转变与市民社会的发展壮大，守法问题会成为法律运行研究的重心和核心。

当然，这里的法律运行研究重心向守法的转移，还包括从守法的角度对立法、司法和执法的研究。不管是立法还是司法、执法，其最终目标还是使人们遵守法律，这是其一。其二，正如上面所言，我们还应该将立法、司法和执法本身也看作是守法的一种特殊情况，是一种特殊主体有着特殊内容的守法而已（见图0.2）。

（三）研究视角：由外在视角转向内在视角

国家主义法律运行观把法律运行单纯看成国家权力作用的结果，这种外在视角也因此将造成法律运行不畅的原因归结于外部因素，归因于外部力量使然。言下之意，就是把法律运行主体（人）看成是观念、环境的被动接受者，是"自动售货机"（韦伯语），忽视了法律运行过程中内部法律运行主体的积极作用。因此开出的处方就是加强外部国家权力，改善外部社会环境，其措施无非是在立法、司法、执法、法律监督等方面做文章。这是目前人们惯常的思路和做法，实质上是一种国家主义法律运行观的体现。法律运行除了受外部因素的影响和外部力量的推动外，更重要的还在于内部因素的影响和内部力量的驱动，因此，对法律运行不畅的原因除了从外部去寻找外,更重要的是还要从内部即法律运行主体自身去分析。❶ 为此,改换研究视角,采取微观的内在视角是必要的。这种研究视角——改用费孝通的话——"见社会更要见人",旨在强调问题的内在性,它所针对的是那些忽视了问题内在性的外在视角以及由此带来研究的盲点和法律实践的盲目;它还要求我们改变以往所习惯的自上而下看问题的方式,尝试着自下而上地了解和看待这个世界。❷ 本书将在第 2 章在梳理前人研究的基础上,进一步探讨这个问题。

(四) 最核心的观念层面:由国家主义转向行为主义

无论是分阶段研究路径和研究的外在视角,还是侧重于对法律运行非正常现象的研究,在本质上都是国家主义观念的流露,因此,法律运行研究的转向在最核心的观念层面上就是国家主义转向行为主义。换言之,在本质上就是不要把法律运行过程单纯看成国家权力运作的过程,而要把法律运行过程看成在本质上是法律运行主体人的法律行为或法律活动;不要把法律运行过程单纯看成是外部国家力量推动的过程,而要看成是法律运行主体人内部力量驱动为主、辅之以外部国家力量推动的过程。因此,我

---

❶ 具体内容,参见郭星华等:《法律与社会:社会学和法学的视角》,中国人民大学出版社,2004;张洪涛:《社会学视野中的法律与习惯》,载谢晖、陈金钊主编《民间法》(第 2 卷),山东人民出版社,2003;胡荣:《理性选择与制度实施——中国农村村民委员会选举的个案研究》,上海远东出版社,2001;福山:《大分裂——人类本性与社会秩序的重建》,刘榜离、王胜利译,中国社会科学出版社,2002;哈耶克:《个人主义与经济秩序》,邓正来译,生活·读书·新知三联书店,2003;库利:《人类本性与社会秩序》,包凡一、王源译,华夏出版社,1999;Tyler, *Why People Obey the Law* (New Haven and Londer Yale University Press, 1990); Ellen S. Cohn Susan O. White, *Legal Socialization——A Study of Norms and Rules* (Springer - Verlag New York Inc, 1990).

❷ 参见梁治平:《在边缘处思考》,法律出版社,2003,第 101 – 103 页。

们必须加强对法律运行主体人的理解，加强对法律运行主体人在整个法律运行过程中的法律行为或法律活动及其行为动机、目的等主观方面和影响其行为的社会环境因素等客观方面的研究。在这些主、客观因素中，法律运行主体人则是最关键、最直接的因素，他的态度、行为直接决定着法律运行的具体进程、状态和最后的结果如何；即使是最强大的国家外部力量也必须通过这个内部力量，才能对法律运行产生影响（见图0.2）。因此，我们必须从行为主义视野而不是国家主义视野中来研究法律运行。首先，我们要把法律运行主体作为一个普通而正常的人来看。从一般人的角度来看，法律运行主体正常的生理需要、物质需要以及精神需要如何，在这种需要的驱使下，其行为有什么特征，他们的常态行为如何；一句话，我们要从一般人的角度来关怀他、理解他、要求他。在这个方面，我们不能用一种反常态人的态度来无限制地拔高对他的要求，用一般人无法做到的行为标准来要求他做到；这是一种典型的反行为主义的态度。如我们在对我国法官的行为进行评价和要求时，习惯于一种大而化之的道德评价，习惯于从一个圣人、完人的角度来要求他们，根本不把他们当正常人看，任意拔高对他们的要求。其次，我们还要把法律运行主体作为一个法律人来看。诚然，对法律人的要求不同于对一般人的要求，对法律人的要求也高于对一般人的要求。但是，对法律人的要求至少不能与对一般人的要求相冲突；否则，对法律人的要求就会变成一纸空文，会受到法律人的规避、排斥，实际上，这也是一种更加反行为主义的态度。

因此，行为主义视野中的法律运行，实质上是一种常态意义上的法律运行，是一种常人角度中法律运行主体人的法律活动和法律行为，最基本的，是一种不与一般人的行为标准相冲突的法律运行主体人的法律活动和行为。

六、化合式法学范式下本书研究对象、思路与框架

（一）本书研究对象：法律运行及其含义

综上，笔者在此研究的法律运行是指整体视野中的法律运行，内在视角中的法律运行，常态意义下的法律运行，在最核心的观念层面上则是行为主义视野中的法律运行（而不是现在所流行的国家主义视野中的法律运行），有其特定含义，是指法律运行主体人（包括立法者、司法者、执法者、守法者等法律承担者）在法律运行过程（包括立法、司法、执法、守法等环节）中所体现出来的一种法律行为或法律活动（包括立法行为、司法行为、执法行为、守法行为等方面）。法律运行在实质上是一种人的行为，只不过是特殊主体人在一种特定环境下的一种特殊行为而已；既不是有关机关组织的行为，也不是国家权力运动。即使表面看来是有关机关组织和国家权力的运动，归根结底也还是人的行为的结果。法律运行的进程如何、结果如何，在最根本的意义上取决于法律运行主体的法律行为或法律活动。对法律运行的正确理解，就是对法律运行主体的目的、动机、需求等主观方面及其行动、行为结果和功能等客观方面的理解。当然，它也不是对法律运行主体人的一切行为和活动的理解和研究，而只是对其法律行为和法律活动的研究和理解。具体而言，它包括对其合乎法律规定的行为和活动与违反法律规定的行为和活动的研究和理解，即只研究与法律有关的行为和活动，对与法律无关的行为和活动（如单纯的政治行为、经济行为、道德行为等社会行为）不属于法律运行的范畴。

这种法律运行概念有利于我们对法律运行过程真实性的认识

和把握，是对目前研究的一种纵深推进。首先，目前，对法律实施、法律执行、法律适用含义的理解和认识，都是建立在一种国家主义、职权主义理论基础上，都把法律运行过程单纯地、机械地看成是一种国家机关和国家权力运作过程，忽视了法律运行主体人在其中的作用。而这里的法律运行含义，不只是包括法律运行的客观方面，还包括了法律运行的主观方面；不只是表面上看是一种国家机关和国家权力的运作过程，更是一种人的运动，是一种人的行为的结果。因此，它是对原有认识的一种继承与创新，是一种深化。正如法人的行为最终要由自然人来完成一样，国家机关和国家权力的运行过程最终也是由法律运行主体人来完成的，因此，对法律运行主体人的研究，比对国家机关和国家权力运作过程的研究，更具有根本性和基础性。其次，人具有主观能动性的一面，并不是法律规则的奴隶，也不是国家机关和国家权力忠实的载体，而是一个有血有肉、有情有义的主体，国家机关组织的行为和活动并不等同于法律运行主体的行为和活动。因此，对法律运行主体人的行为和活动的研究比对国家机关组织的研究，更具有真实性、客观性和丰富性，更能使我们客观真实地把握法律运行过程中的实际情况。最后，法律运行不只是包括法律实施、法律执行、法律适用和法的实现，还把立法环节纳入了其范围，更具有涵盖性、普遍性和客观性。人们把法律运行整个过程分为立法、司法、执法和守法等环节，是一种理念化、抽象化的结果，而不是一种客观真实社会现实的描述。在现实中，立法、司法、执法和守法等环节是难以截然分开的，如立法者在立法阶段应该考虑司法、执法和守法等问题，而司法、执法等阶段也有立法和守法的问题，它们之间是一种具有内在联系的整体，人们把它们人为地分开是一种理论研究的需要。我们不能将理论等同于客观真实情况，因此，我们在研究时，应该将立法、司法、执法和守法等环节放在一起来考察和研究，这样更科学一些。

（二）本书研究思路与框架

本书围绕法律运行这个研究主题，有明、暗两条线索。明线是围绕法律运行过程而展开。首先从方法论的视角对法律运行研究进行历史的纵向上的梳理，为下面法律运行过程的建构打下理论基础；接着对具体的法律运行过程进行社会学的建构，从中可看出，为了保障法律运行过程的顺畅，必须解决好法律运行内部问题即法律运行动力机制和法律运行外部问题即法律运行模式。可见，本书围绕法律运行过程，对其进行了纵向上的梳理和横向上的展开。

暗线是对国家主义法律运行观的建设性批判和对社会行为主义法律运行观科学性的阐述（这实际上是一个问题的两个方面）。这条暗线贯穿于全书的始终。不管是对法律运行观的直接比较研究，还是对法律运行过程的纵向和横向展开，以及对法律运行过程的外部问题和内部问题的研究，都在于说明推动法律向前运行的力量除了国家力量外，更重要的还在于内部力量，还在于其他社会力量，如习惯、道德的影响。与此同时，对当前世界各国不同程度存在的国家主义法律运行观进行了批评，指出了其现实中的法律实践问题的局限性和危害性，阐述了社会行为主义法律运行观的科学性。

围绕明、暗两条线索，本书研究了法律运行的基本理论问题，具体内容包括以下四个方面。

第一，法律运行观的研究，即理论进路的历史回顾。主要是以方法论为视角梳理了中西方法律运行研究的两大理论进路（整体主义和个体主义方法论进路）和三种法律运行观（国家主义法律运行观、个人行为主义法律运行观和社会行为主义法律运行观),并在比较和评价这两大理论进路和三种法律运行观的基础上提出自己所选择的研究进路和法律运行观。申言之,整体主义进路和国家主义法律运行观,侧重于法律运行的外部问题研究,认为法律运行过程是单纯国家权力运作的过程,法律运行的力量主要来自外部国家力量,忽视法律运行内部力量的作用,以及法律运行主体人在法律运行中的作用,把法律运行看成是一个机械的决定过程。相反,个人主义进路和个人行为主义法律运行观,侧重研究了法律运行的内部问题,认为法律运行过程单纯是一种法律运行主体人的法律活动或法律行为的过程,法律运行的力量主要来自内部力量,片面强调法律运行主体人的作用,忽视甚至完全否定法律运行外部国家力量的作用,把法律运行单纯看成是一个法律运行主体人的法律活动或法律行为。个人主义进路与社会行为主义法律运行观,在强调法律运行主体人和内部力量在法律允许过程中基础性地位的作用的同时,也不忽视法律运行外部力量尤其是国家力量的作用,认为法律运行过程是法律运行主体人与国家、内部力量与外部力量相互作用、相互影响的过程,法律运行的机制是一种内部力量驱动为主、辅之外部力量推动的法律运行机制。比较而言,国家主义法律运行观完全忽视法律运行主体的作用,单纯强调国家力量的作用;而个人行为主义法律运行观与此相反,片面强调法律运行主体的作用,完全否定国家力量的作用,把法律运行主体人看成是一个孤立于社会、独立于社会的人;社会行为主义法律运行观则认为人是一种有血有肉的社会中的人,在强调法律运行主体人的基础性、根本性作用的同时,并不忽视国家力量的作用,比较真实地反映了法律运行的实际情况,是一种比较客观而科学的法律运行观,因此,它也是笔者在这里所持的研究进路和法律运行观。

第二，法律运行过程研究。这一部分是本书的核心和理论基础，是笔者在上面研究的基础上提出的对法律运行过程的看法和观点：社会环境因素对法律运行的影响是通过法律运行的主体这个管道进入的，也就是说，社会因素对法律运行的影响是通过影响法律运行的主体（人）而实现的；而环境与人的互动在社会学看来是一个人的社会化过程，这是法律运行研究两大进路都没有涉及的，在笔者看来是一个较为重要的环节，它是主观与客观、人与法律、人与社会环境互动的过程。整体主义进路没有看到这一点，而将社会因素对法律运行的影响看作是一个机械的决定过程，忽视了法律运行主体的主观能动作用；同样地，个体主义进路只注意法律运行主体的研究，甚至将法律运行的研究变为心理学的分析。因此，科学的方法应该是将宏观与微观结合起来，既要研究法律运行的外部影响因素，也不能忽视法律运行的内部力量。从法律运行的内部来看，法律运行实质上是法律运行主体（人）的逐步向前推进和展开过程，法律运行要解决的主要是法律运行内部动力问题，就是法律运行动力机制问题。从法律运行的外部来看，要解决的是社会因素制度化地进入法律运行之中的问题，就是法律运行模式问题。

第三，法律运行机制研究，即法律运行动力机制问题，是对法律运行内部动力的研究。首先，对法律运行机制的一般问题进行研究。其次，对西方法律运行机制进行考察。西方法律的发展经历由义务本位向权利本位再向社会本位转变的历史阶段，相应地出现三种法律运行机制的理论模式：以外部力量为主的法律运行机制、以内部力量为主的法律运行机制以及内部力量与外部力量相结合的法律运行机制。最后，对中国古代法律运行动力机制进行了探讨。中国古代法律主要是一种国家本位的法律，因此形成了一种以外部力量为主导的法律运行动力机制。

第四，法律运行模式研究，即主要是探讨社会因素进入法律运行的制度化途径，是对法律运行外部问题的研究。首先，介绍了西方法律在解决法律运行的外部问题上的吸纳/排斥挑战机制和日本法律中的"官方法通向非官方法的法律原理"，认为它们都侧重于从文化观念的层面对法律运行中的机制或机理的研究与探讨，而缺少技术制度层面的研究。在此，笔者着重从技术层面对此问题进行探讨和研究，并将此称为法律运行模式。其次，从理论上比较研究了西方两种典型的法律运行模式。第一种典型的法律运行模式就是大陆法系选取的立法主导的法律运行模式，该模式是将社会环境因素进入法律运行的问题安排在立法环节加以制度化解决。第二种典型的法律运行模式就是英美法系选取的司法主导的法律运行模式，该模式是将社会环境因素进入法律运行的问题安排在司法环节加以制度化解决。再次，着重探讨了我国古代行政主导的法律运行模式，该模式是将社会环境因素进入法律运行的问题安排在行政执法环节加以制度化解决。最后，对上述三种法律运行模式各自的优缺点进行了理论上的功能比较研究。

CHAPTER 01 >> 第一章
法律运行观

尽管法律运行是法制或法治的核心问题，但对这一问题的认识经历了一个长期的历史发展过程。在古代西方，客观上，社会结构在长时间内变化较小，社会变迁较缓慢，法律和社会规范的变化和冲突很少发生；主观上，受古希腊罗马的哲学理念观念和逻辑演绎文化传统及其自然法、中世纪的宗教思想及其神学自然法，以及近代启蒙思想家的古典自然法等观念的影响，法律被看作为普遍有效和万古不变的"自然""神意""理性""人性""主权者的意志""基本规范"等观念形态的法，并以此为标准来考察法律运行。因此，人们都强调对法律"形而上"的研究，都不大注意考察现实中的法律运行状况，更谈不上从现实中的法律运行状况来检验、修正、完善观念形态中的法律。

进入19世纪以后，主观上，人们的观念发生了许多重大变化。在哲学上，黑格尔的哲学体系实际上已提出了一种发展的社会观和历史观；马克思主义的辩证唯物主义和历史唯物主义的创立，为现代社会的研究和理解开创了一个新纪元，进化的自然观和历史观不仅作为理论被许多学者提出，而且得到了大量实证材料的支持，马克思被西方学者公认为社会学、法律社会学的开创者之一。在法学上，历史法学派不仅提出了法律随时代发展变化的问题，而且提出了法律的民族文化传统问题；功利主义法学认为法律是人们对功利计算的结果，功利是评价法律的唯一标准。这些观念的变化和发展，不仅彻底打破了中世纪的神权法观念的桎梏，而且也打破了近代自然法思想的绝对的和先验的法律观念的束缚。社会日益走向对法律"向下的"历史的现实的理解。实证科学的发展也为法学和法律的"形而下"的研究提供了方向、手段和条件。总之，法律的参照标准不再是观念形态中的法，而是现实中的法律运行状况。

同时，客观上，由于社会的发展，西方各国制定的法律也大量增加，法律的自治化、形式化程度不断提高，法律与社会的距离不断扩大，此时甚至出现了大规模的法律传统的变革和移植，立法意图与社会中法律运行的矛盾和冲突也日益突出。这都要求法学工作者对现实的法律运行加以考察，使立法意图得以实现，也促进了对法律运行问题的重视。正是在这样的社会文化背景下，从19世纪后期开始，法律运行问题变成了法学尤其是法社会学研究的重点。

德国法学家莱宾德（M. Rehbinder）在其名著《法社会学》中指出，法社会学是关于法的现实科学，它着重研究两个问题：①发生的法社会学，它研究从社会生活中产生出法的过程，认为法是社会运动的产物；②操作的法社会学，它研究社会生活中的法的效果，认为法是社会行为的调整装置。❶法律运行问题是法律

---

❶ 转引自何勤华《西方法学史》，中国政法大学出版社，1996，第460页。

社会学研究的核心,广义的法律运行相当于狭义的法律社会学,几乎所有的法律社会学家都对此进行了研究,对法律运行的研究从不同的角度可以做不同的分类和梳理,如法学研究传统、学科渊源、社会学理论依据等等。❶ 下面笔者将从方法进路的角度对其进行梳理。

一、国外法律运行研究整体主义进路

(一)法律运行研究整体主义进路的开路先锋孟德斯鸠

在法学史上,整体主义方法论虽然可以上溯至"整体主义鼻祖"柏拉图及其弟子亚里士多德,❷ 但用整体主义方法论来研究法律运行的当首推孟德斯鸠。这不仅仅是因为他首次系统地提出了三权分立与制约的学说,特别是其中立法权、司法权和行政权应该由不同机关来行使的观点,后来演变成了法律运行过程中的三个环节或阶段,也为后来各国实践所证明了的这三者存在不一致或脱节的地方埋下了"伏笔";也就是立法的意图在法律实施过程中并没有得到完全彻底的贯彻,而是被执法者和司法者进行了不同程度的"修正",而这就是后来人们关注或研究法律运行的真正动因,❸ 在这个意义上,孟德斯鸠是最早意识到法律运行问题的学者。而且,"在法律科学方面,孟德斯鸠在方法上的贡献也是巨大的。孟德斯鸠以前的法律学者主要满足于法律条文的解释。孟德

---

❶ 参见赵震江主编《法律社会学》,北京大学出版社,1998;朱景文:《现代西方法社会学》,法律出版社,1994;洪镰德:《法律社会学》,扬智文化事业股份有限公司,2001;科特威尔:《法律社会学导论》,潘大松等译,华夏出版社,1989。

❷ 整体主义方法论的详细论述,参见胡玉鸿:《法学方法论导论》,山东人民出版社,2002,第208-214页。

❸ 参见赵震江主编《法律社会学》,北京大学出版社,1998,第333-337页。

斯鸠则在法律之外,从历史、生活、风俗习惯种种方面去研究法律的'精神',从社会的演进去探求这种力量在政制、法律方面所起的作用和一般的规律;这是一个伟大的尝试;它在社会理论的'前科学'时期,使法学向科学前进了一大步"。❶另外,孟德斯鸠从社会整体的演变来研究法律运行问题,他认为,"社会结构的一个因素的改变,便引起整个结构的改变",❷而且,"我们观察局部,不过是为了作整体的判断。我们研究一切的原因,不过是为了观察一切的后果"。❸换言之,作者孟德斯鸠研究法律与气候、地理、人口、经济、风俗习惯、宗教等社会局部因素之间的关系,不过是为了研究整体的社会对法律特别是法律的形成的影响,不过是为了"论法的精神",采取的是整体主义方法论进路。正因如此,学者评述其思想时认为,"孟德斯鸠的社会观是用整体论的而不是原子论的语言表述的;社会是自成一体的统一整体"。❹

(二) 法律运行研究整体主义进路的重要人物马克思

在世界所有的社会理论思想家中,几乎没有人能够与马克思相提并论。不论是在发达国家还是发展中国家,马克思及其马克思主义的理论在现代世界已经引起了很多社会变化。马克思虽然没有直接对法律和法律运行做系统而细致的阐述,但他的基本思想、世界观和方法论对后来的许多学者产生了深刻的影响,他们运用他的观点和方法对法律运行问题进行了考察,一般统称为马

---

❶ 张雁深:《孟德斯鸠和他的著作》,载孟德斯鸠:《论法的精神》(上册),张雁深译,商务印书馆,1963,"译者序言",第18页。
❷ 张雁深:《孟德斯鸠和他的著作》,载孟德斯鸠:《论法的精神》(上册),张雁深译,商务印书馆,1963,"译者序言",第19页。
❸ 张雁深:《孟德斯鸠和他的著作》,载孟德斯鸠:《论法的精神》(上册),张雁深译,商务印书馆,1963,"著者原序",第38页。
❹ 转引自胡玉鸿《法学方法论导论》,山东人民出版社,2002,第212页。

克思主义的研究。因此,我们有必要在此介绍马克思法律运行研究的进路。

马克思在他的许多著作中对资本主义社会中的法律运行问题进行了探索,如《关于林木盗窃法的辩论》等文章;其中对这一问题较系统的探索是在《论犹太人问题》一文中。自罗马帝国于135年强迫犹太人离开巴勒斯坦地区以后,大量犹太人流离到欧洲,受到当地人的严重歧视。直到18世纪后期,这种情况才有所改观,他们实际上获得了如同其他公民一样平等的法律地位,享有的法律权利有重大的改观,但这一时期的法律尤其是在英国并没有明显的变化。对这种法律运行变化的原因,通常是着眼于观念的变化,但马克思认为犹太人在欧洲地位的变化是与社会经济基础的变化即商品经济的发展相联系的。在《资本论》中,马克思认为,商品交换的前提是商品交换双方主体的自由和承认所交换商品的等值(平等)。正是由于商品交换的发展,废除了根据出生、社会等级、教育程度和职业对人的区分,所以平等代替了不平等,自由代替了不自由,这些原则渗透进了社会经济生活和法律运行之中,才有了西欧犹太人实际法律地位的变化。正是由于西欧犹太人大量从事商业经济活动,所以他们的个人自由平等才较早地在社会的法律运行中得到了事实上的承认。❶

那么,马克思分析法律运行的进路是如何的呢?这需要从他辩证唯物的世界观中去寻找。马克思认为,无论是处于历史发展的哪个阶段,每个社会的发展决定于它的经济基础,即他所称的生产方式,并由两个要素构成:经济活动中的物质或技术的安排和社会生产关系。"这些生产关系的总和构成社会的经济基础,在

---

❶ 参见赵震江主编《法律社会学》,北京大学出版社,1998,第343－346页。

这个基础之上产生了法律的和政治的上层建筑，并与一定的社会意识形态相适应。"❶ 马克思认为，生产方式是最终决定性的变量，它的变化必然引起与生产技术相适应的人们之间的关系的变化。根据这种学说，任何假定时代的政治的、社会的、宗教的和文化的规则都是由现存社会的生产系统决定的，并形成了在此经济基础之上的上层建筑。马克思认为，法律是上层建筑的一个组成部分，它的形式、内容和设定的功能与该社会的经济发展状况相适应。因此，法律运行的变化与社会经济的发展变化是不可分割的，不存在脱离经济基础的上层建筑，也不存在没有上层建筑的经济基础。经济基础和上层建筑是一对哲学范畴，强调的是社会的整体性。可见，马克思研究犹太人实际法律地位的变化是从构成社会整体的要素即经济基础和上层建筑之间的关系入手的，采用的研究方法是整体主义方法进路。

（三）法律运行研究整体主义进路的集大成者涂尔干

关于这种由孟德斯鸠首开的法律运行研究整体主义进路，欧洲法社会学先驱中的梅因、埃利希和古典法社会学家马克思在各自的法律运行研究中也有所运用，但他们都没有专门系统地论述过这个问题，一般只是将这种进路运用于自己的法律运行研究实践中。真正将整体主义方法论系统化并运用于法律运行研究中的，则是法国的社会学家涂尔干。众所周知，涂尔干对法律运行的研究尤其是关于社会分工对法律运行的影响的研究，主要体现在他的《社会分工论》中。而有关法律运行所运用的研究方法，涂尔干说："我新近出版的《社会分工论》一书已经隐含着这些成果

---

❶ Karl Marx, "A Contribution to the Critique of Political Economy," in Marx and Engles: *Basic writing on Political and Philosophy*, ed. L. S. Feuer (New York: Doubleday, 1959). p. 43.

(《社会学方法的准则》中的研究方法准则——引者注)。但我认为,再把它们从该书中摘出来,加以重新整理,并从该书和我尚未出版的一些著述中引用一些实例加以论证和说明,是不无裨益的。"❶ 因此,涂尔干研究法律运行的方法进路,在他的《社会学方法的准则》中得到了专门而系统的阐述。

涂尔干在批评个人主义方法论的基础上提出了自己的整体主义研究方法。他认为:"社会学家普遍采用的解释方法,基本上是心理学的、同时也是目的论的方法。这两种倾向是相互依赖的。实际上,如果说社会只是人们出于某种目的而建立起来的一套手段,则这种目的只能是个人的,因为在社会成立之前只存在着个人。因此,对社会的形成起了决定作用的观念和需要都只能来自个人。既然一切来自个人,所以一切解释也就必须由个人开始。况且社会中除了个人的意识以外,再无任何东西存在。因此,社会的全部进化的原因也只能存在于个人意识之中。由此可知,社会学规律只能是更为一般的心理学规律的一个分支。"❷ "但是,用这种方法去解释社会现象,只会歪曲社会现象。……既然社会现象的基本特性在于从外部对个人意识施加压力,这就表明社会现象不是产生于个人意识。……个人所受的这种外来压力不可能来自个人,所以也不用来自个人的东西来解释。……如果撇开个人,那就只剩下社会了。因此,必须从社会本身的性质中去寻找对社会生活的解释。……但人们会说,既然个人是构成社会的唯一要素,那么社会学现象的最初起源就只能是心理学的。"❸ 这种情况

---

❶ 迪尔凯姆:《社会学方法的准则》,狄玉明译,商务印书馆,1995,第22页。本书正文中的"引者注"在没有特别说明的情况下,都属于笔者所作的注解,以下不另行说明。
❷ 迪尔凯姆:《社会学方法的准则》,狄玉明译,商务印书馆,1995,第114页。
❸ 迪尔凯姆:《社会学方法的准则》,狄玉明译,商务印书馆,1995,第118页。

"在社会事实方面，人们有时不那么容易作出判断，而在其他自然领域里则通常可以做到。数个要素一经结合，都会因结合而产生新的现象，但我们必须想到，这些新的现象不是存在于各个要素之中，而是存在于随要素的结合而形成的新的整体之中"。[1] 将这种从自然现象中总结出的结论用于社会现象之中，就是"社会并不是个人相加的简单总和，而是由个人的结合而形成的体系，而这个体系则是一种具有自身属性的独特的实在。毫无疑问，如果没有个人意识，任何集体生活都不可能产生，但仅有这个必要条件是不够的，还必须把个人意识结合或化合起来，而化合还要有一定的方式。社会生活就是这种化合的结果。因此，我们只能以这种化合来解释社会生活"。[2] 也就是说，社会尽管是由个人组成的，但社会现象对于个人来说是外在的，社会并不是由无数个人的简单相加，而是具有自己独立的特质，是一个不同于个体的独立的整体，"为了理解社会对自身和其周围世界的表象方式，我们必须考察的是社会的性质，而不是个人的性质"。[3] 即使研究个人行为，也不能借助于个人行为本身来解释，而必须从约束其行为的社会整体环境中来解释。总之，"一种社会事实的决定性原因，应该到先于它存在的社会事实之中去寻找，而不应到个人意识的状态之中去寻找"；[4] "一切比较重要的社会过程的最初起源，应该到社会内部环境（社会的性质不同的成分结合后形成的一定的整体——引者注）的构成中去寻找"。[5] 这些就是涂尔干所说的"关于解释社会事实的准则"。

---

[1] 迪尔凯姆：《社会学方法的准则》，狄玉明译，商务印书馆，1995，第11页。
[2] 迪尔凯姆：《社会学方法的准则》，狄玉明译，商务印书馆，1995，第119页。
[3] 迪尔凯姆：《社会学方法的准则》，狄玉明译，商务印书馆，1995，第13页。
[4] 迪尔凯姆：《社会学方法的准则》，狄玉明译，商务印书馆，1995，第125页。
[5] 迪尔凯姆：《社会学方法的准则》，狄玉明译，商务印书馆，1995，第127页。

(四) 帕森斯及其影响

这种由孟德斯鸠开创而由涂尔干系统化的法律运行研究整体主义进路，得到了后世许多学者的继承和发扬光大。如塔尔科特·帕森斯将社会作为一个整体即社会体系，由承担适应功能的经济系统、承担目标达至功能的政治系统、承担整合功能的法律系统和承担模式维持功能的社会化系统（如家庭、学校等）四部分组成。同时，整个社会也是由许多层级的系统构成的，如超级系统、大系统、次级系统、小系统等，对这些系统也可以作类似于整个社会系统的结构功能分析，如他对法律系统所做的结构功能分析。令人遗憾的是，帕森斯只是将其理论建立在一个他自认为正确但不一定可靠的假设之上，对社会系统和法律系统只作理论上的推演，对法律系统功能的实际情况以及法律与社会体系其他次级体系的互动关系缺乏研究。尽管如此，帕森斯提出的抽象的分析框架、法律系统论和功能论对后世学者研究法律运行问题产生了深远的影响。

例如，美国学者 H. 布雷德姆尔（Bredemeiex）看到了帕森斯的不足，借助帕森斯的分析框架，并在修正了帕森斯部分概念的基础上，研究了法律系统与社会其他子系统（政体即国家组织、社会化子系统和适应性子系统）之间的互动关系。[1] 再如，德国著名学者卢曼也看到了帕森斯不足，利用帕森斯双重交换模型来阐释政治与法律之关联：政治体系为法律体系提供的是以条文为形式的决定议题，获取的是跨越法律之上，而为政治权力之实现；法律体系为政治体系暴力的动用提供的是使政治意志所塑造的自主与民主，不因政府的暴力使用而有所动摇，获取的是必要的强制可能性（行使公权力的暴力）。另外，卢曼在修正了帕森斯法律

---

[1] 科特威尔：《法律社会学导论》，潘大松等译，华夏出版社，1989，第 102–103 页。

体系论之后，还倡导新功能论，先把法律当成一般化、普遍化的规范期待之体系看待，继而把生物学自生、自导的观念引进法律体系当中，从而提出了"自生型法"学说。法律不只是自生、自导、自演、自我参照、自我指涉，还会自我观察、自我描述、自我修正，西方先进国家法律体系之自治化就是如此。❶ 又如，德国法兰克福大学教授屠布涅在帕森斯法律体系论影响下，综合当代学者诺内特与塞尔兹尼克"回应型法"理论、卢曼"自生型法"理论和哈贝马斯沟通理性法律理论基础上，企图用哈贝马斯与卢曼的法律与社会共变说，来修正与补充诺内特、塞尔兹尼克法律内在动力说，形成新的程序论——"反思型法"，提出了法律演化的新模型：形式法—实质法（类似诺内特和塞尔兹尼克所指的"回应型法"）-反思法，以及法律结构与社会结构共变的理论；最后又将"反思法"演进到"自生法"，演展出另一套不同于卢曼的自生法律观。❷

二、国内法律运行研究整体主义进路

整体主义进路对我国学者的法律运行研究也有深刻的影响，以致成为我国法律运行研究的"主流"。例如，我国20世纪三四十年代有关法律运行研究的开路先锋瞿同祖的《中国法律与中国社会》，是受梅因《古代法》中法律与社会同时进化的理论和赖克方夫·布朗、马林诺夫斯基等功能论❸人类学家的影响而写

---

❶ 详细论述，参见洪镰德：《法律社会学》，扬智文化事业股份有限公司，2001，第337-390页。
❷ 详细论述，参见洪镰德：《法律社会学》，扬智文化事业股份有限公司，2001，第391-446页。
❸ 功能论是以整体论的眼光来看待社会。参见洪镰德：《法律社会学》，扬智文化事业股份有限公司，2001，第214-215页。

成的；❶ 费孝通的《乡土中国》，是受到涂尔干"集体表象"的社会观和布朗、马林诺夫斯基等功能论的影响，运用"见社会不见人"的社区研究方法，从社会结构的角度对我国"乡土社会"中的法律运行情况进行的研究。❷ 而在当代有关法律运行研究的学者中，如苏力的《送法下乡：中国基层司法制度研究》、赵旭东的《权力与公正：乡土社会的纠纷解决与权威多元》、梁治平的《乡土社会中的法律与秩序》和黄建武的《法的实现：法的一种社会学分析》在研究进路上都不同程度地受到马克思、涂尔干、费孝通等整体主义进路的影响，从社会结构的角度对我国尤其是"乡土社会"的法律运行情况进行了研究。❸

（一）瞿同祖的《中国法律与中国社会》

正如瞿同祖在《中国法律与中国社会》（收入《瞿同祖法学论著集》，中国政法大学出版社 1998 年版，以下没有另加注明的都引自该书，不另加注释）的"自序"中所言，他作为一个学社会学的学生，对法律发生兴趣，是因为读了梅因的《古代法》和《早期的法律与习俗》两书，受其影响很大。在谈到写作该书的目的时，瞿同祖认为，该书主要目的在于研究并分析中国古代法律的基本精神及主要特征。并且，他认为，法律是社会产物，社会制度之一，是社会规范之一。它与风俗习惯有着密切的关系，它

---

❶ 瞿同祖：《瞿同祖法学论著集》，中国政法大学出版社，1998，"1947 年版序"，第 1 页。

❷ 费孝通：《乡土中国 生育制度》，北京大学出版社，1998，第 87 – 95、324 – 347 页。

❸ 详细论述，参见苏力：《送法下乡：中国基层司法制度研究》，中国政法大学出版社，2000，第 19 – 24 页；赵旭东：《权力与公正：乡土社会的纠纷解决与权威多元》，天津古籍出版社，2003，"导论"，第 8 – 12 页；黄建武：《法的实现：法的一种社会学分析》，中国人民大学出版社，1997，"引言"，第 6 页。

维护现存的制度和道德伦理等价值观念，它反映某一时期、某一社会的社会结构，法律与社会的关系极为密切。任何社会的法律都是为了维护并巩固其社会制度和社会秩序而制定的，只有充分了解产生某一种法律的社会背景，才能了解这些法律的意义和作用。瞿同祖认为，中国古代法律的主要特征表现在家族主义和阶级概念上；两者是儒家意识形态的核心和中国社会的基础，也是中国法律所着重维护的制度和社会秩序。因此，他用两章讨论家族、婚姻，用另外两章讨论社会阶级。瞿同祖又认为，宗教和意识形态对法律的影响很大，所以用一章来讨论巫术与宗教对法律的影响，又用一章来讨论儒家思想与法家思想对法律的影响。因为研究任何制度或任何法律，都不可忽略其结构背后的概念，否则是无法了解那个制度或那部法律的，至多只知其然而不知其所以然。并且从这些概念中，我们才能明白法律的精神，体会为什么有这样的法律。该书的第二个目的即在于讨论中国古代法律自汉至清有无重大变化。虽然各朝的法律不同，法典体制和内容、司法组织、司法程序、刑罚以及各种罪名的处分都有所不同，但没有重大变化，这不是该书所关注的。该书试图寻求共同之点以解释法律之基本精神及其主要特征，并进而探讨此种精神及特征有无变化。为此，他将汉代至清代2000余年间的法律作为一个整体来分析，在各章、节不同题目下进行比较、探讨。在谈到自己采用的研究方法和材料时，瞿同祖认为，研究法律自离不开条文的分析，这是研究的根据。但仅仅研究条文是不够的，我们也应该注意法律的实效问题。条文的规定是一回事，法律的实施又是一回事。某一法律不一定能执行，有可能成为具文。社会现实与法律条文之间，往往存在着一定的距离。如果只注重条文，而不注意实施情况，只能说是条文的、形式的、表面的研究，而不是活动的、功能的研究。我们应该知道法律在社会上的实施情况，是否有效，推行的程度如何，对人民的生活有什么影响等。在法律史的研究上，这方面的材料比较缺乏，该书除了利用古人的有关记事外，还引用个案和判例作为讨论法律实效问题的根据。

因此，该书有许多对我国古代法律运行问题的探讨，提出了许多有启发意义的见解和观点，如瞿同祖认为古代法律运行受到阶级、家族、宗教和意识形态等社会因素的影响，看到了我国古代"书本上的法"与"行动中的法"的距离，侧重关注法律运行的效果……既可以加深我们对我国古代法律运行问题的理解，也可以加深我们对我国目前法律运行问题的认识，对我国的现行法律运行的研究有借鉴作用。另外，瞿同祖注重对司法个案和判例的研究，以及将其放在整个社会中理解、分析、研究的方法，尤其值得我们借鉴。

(二) 费孝通的《乡土中国》

几乎是在同一时代、基于同一需要（出于授课的目的）、同一知识背景（都是学社会学的，都受到西方文化的影响）下，费孝通的《乡土中国》（北京大学出版社1998年版，以下没有另加注明的都引自该书，不另加注释）与《中国法律与中国社会》在同一年（1947年）出版。如果说《中国法律与中国社会》是对中国古代法律及其运行问题进行专门探讨，那么，《乡土中国》则是在自己有关社区调查研究的基础上进行社会学的理论抽象时，对当时中国法律运行问题有所涉猎。❶ 费孝通在《乡土中国》中将法律运行问题置于乡土社会（社会结构）背景中进行研究。瞿同祖认

---

❶ 费孝通：《乡土中国　生育制度》，北京大学出版社，1998，"重刊序言"，第4-5页。

为,"从基层上看去,中国社会是乡土性的"。生活在乡土社会的"乡村里的人口似乎是附着在土上的,一代一代地下去,不太有变动"。"当然,我并不是说中国乡村人口是固定的",而是有变化的,"可是老根是不常动的"。这种"不流动是从人和空间的关系上说的,从人与人在空间的排列关系上说就是孤立和隔膜。孤立与隔膜并不是以个人为单位的,而是以住在一处的集团为单位的"。因此,"中国乡土社区的单位是村落","乡土社会的生活是富于地方性的"。"乡土社会在地方性的限制下成了生于斯、死于斯的社会。""这是一个'熟悉'的社会,没有陌生人的社会。""在一个熟悉的社会中,我们会得到从心所欲而不逾规矩的自由。这和法律所保障的自由不同。规矩不是法律,规矩是'习'出来的礼俗。"因此,"在乡土社会中法律是无从发生的。'这不是见外了么?'乡土社会里从熟悉得到信任"。"乡土社会的信用并不是对契约的重视,而是发生于对一切行为的规矩熟悉到不假思索时的可靠性。""从熟悉里得来的认识是个别的,并不是抽象的普遍原则。"

总之,乡土社会是一个礼俗社会,而不是一个法理社会。为什么会如此呢?这是由乡土社会的社会结构决定的。相对于西洋社会的团体格局而言,乡土社会的社会结构是差序格局的,"好像把一块石头丢在水面上所发生的一圈圈推出去的波纹。每个人都是他社会影响所推出去的圈子的中心。被圈子的波纹所推及的就发生联系。每个人在某一时间某一地点所动用的圈子是不一定相同的"。"不但亲属关系如此,地缘关系也是如此。"在这种社会中,"以'己'为中心,像石子一般投入水中,和别人所联系成的社会关系,不像团体中的分子一般大家立在一个平面上的,而是像水的波纹一般,一圈圈推出去,愈推愈远,也愈推愈薄。在这里我们遇到了中国社会结构的基本特征了。我们儒家最考究的是人伦，伦是什么呢？我的解释就是从自己推出去的和自己发生社会关系的那一群人里所发生的一轮轮波纹的差序"。"在差序格局中，社会关系是逐渐从一个一个人推出去的，是私人联系的增加，社会范围是一根根私人联系所构成的网络。"而且"每根绳子被一种道德要素维持着。社会范围是从'己'推出去的，而推的过程里有着各种路线，最基本的是亲属：亲子和同胞，相配的道德要素是孝和悌……另一条路线推是朋友，相配的是忠信"。因此，"一个差序格局的社会，是由无数私人关系搭成的网络，这网络的每一个结都附着一种道德要素，因之，传统的道德里不另找出一个笼统性的道德观念来，所有的价值标准也不能超脱于差序的人伦而存在了"。"中国的法律与道德，都因之得看所施的对象和自己的关系而加以程度上的伸缩。""在这种社会中，一切普遍的标准并不发生作用，一定要问清了，对象是谁，和自己是什么关系之后，才能决定拿出什么标准来。"

在这种社会结构中，长出的是礼治秩序，这种秩序主要是靠老人的权威、教化以及乡民对于社区中规矩的熟悉和他们服膺于传统的习惯来保证。它是一个追求"无讼"的社会，也是"长老统治"的社会。在这种社会，无须"文字下乡"，也不需要体现着普遍主义原则精神的从西洋搬过来的，和旧有的中国传统差序格局中伦理观念相差很大的现代"法律下乡"。尽管"中国正处在从乡土社会蜕变的过程中，原有对诉讼的观念还是很坚固地存留在广大的民间，也因之使现代的司法不能彻底推行"。这使随同新的国家权力一起，开始推行到中国社会基层的新式法律在乡土社会中的运行出现了一种尴尬的局面："它破坏了原有的礼治秩序，但并不能有效地建立起法治秩序。""法治秩序的建立不能单靠制定若干法律条文和设立若干法庭，重要的还得看人民怎样去应用这些设备。更进一步，在社会结构和思想观念上还得先有一番改革。如果在这些方面不加以改革，单把法律和法庭推行下乡，结果法治秩序的好处未得，而破坏礼治的弊端却已先发生了。"

可见，《乡土中国》看到了乡土社会中新式法律运行的紧张、焦虑、困难和尴尬，它受到乡土社会中固有的礼治秩序的冷遇、排斥和抵抗。其认为法律运行受到整个社会结构的制约，如果乡土社会没有一番社会变迁即"涉及个人之间关系模式的社会结构的部分或全部的显著变化的话"，[1] 新式法律很难深入乡土社会。即使得到了新式国家权力的支持，新式法律在乡土社会运行的过程中也会面临着被改造、被异化、被扭曲甚至被打败的命运。更重要的是，在理论上，《乡土中国》在观察、总结中国社会现象、经验的基础上，提出了许多对中国社会颇具概括力、解释力的概念，如乡土中国、差序格局、礼俗社会、横暴权力、同意权力、教化权力、长老统治等。这些概念即使在现代中国也颇具生命力，成了目前我国学者研究中国法律运行和其他社会问题的分析性工具或学术研究的起点。

（三）《乡土社会的秩序、公正与权威》中的有关新乡土中国背景下的法律运行研究

首先，梁治平的《乡土社会中的法律与秩序》（以下简称"梁治平文"，集于王铭铭、王斯福主编《乡土社会的秩序、公正与权威》，中国政法大学出版社1997年版，以下没有另加注明的都引自本文，不另加注释）对乡土社会中法律运行的研究。梁治平文是从质疑费孝通先生针对中国20世纪40年代的社会现实而抽象出

---

[1] 李楷编《法律社会学》，中国政法大学出版社，1999，第268页。

的"乡土社会"概念,从中国社会经历了一些变迁后对当今中国社会是否仍具解释力开始的。梁治平研究发现,中国社会在最近60年里,发生了极具戏剧性的变化,中国社会结构出现了根本性的转变,国家与社会的关系更呈现出前所未有的局面。曾有一度,国家权力不仅深入社会基层,而且扩展到社会生活的所有领域,以至在国家权力之外,不再有任何民间社会的组织形式。这种情形在文化大革命的10年中达到极致,其结果是民间文化传统的大量灭失,以及改革开放至今乡土社会正在发生的翻天覆地的变化,乡土社会不断地处于蜕变之中,但所有这些变化尚不足以使乡土社会消失。近年出现的意义重大的乡村工业化并没有带来城市化,而是造就了一批"半工半农的村庄"。换言之,在变化了的历史条件下,"乡土社会"的轮廓依然清晰可辨,在很大程度上依然可以成为梁治平研究乡土社会法律运行的背景。

那么,在这种"变迁中的乡土社会"中,它的社会秩序是怎样的呢?梁治平从秩序的角度考察了乡土社会中的组织、规范以及乡民的知识与习俗。他在人类学、社会学、经济学等学者研究的基础上,通过考察乡土社会中的家族组织、村规民约以及非正式的婚姻和家庭制度,发现一个不同于正式制度所构建的乡村社会秩序是存在的。这种民间的秩序是先于正式制度,并且多少是在其有效控制之外生成和发展的。这是一种为乡民所了解、熟悉、接受乃至于视为当然的知识,受制于一种乡土社会日常生活的逻辑。相反,主要通过宣传和普及等方式自上而下灌输给乡民的国家法,远未内化为乡民自己的知识,而这些令乡民感觉陌生的新知识,也未必都是指导他们生活和解决他们问题的有效指南。对他们而言,国家法所代表的不但是另一种知识,而且,至少在许多场合,是一种异己的和难以理解的知识。可见,在一个仍然保有若干乡土社会特征的社区里面，日常生活所固有的逻辑，与体现在一种处处以个人为单位的现代法律中的逻辑，这二者之间往往不相契合。费孝通先生在20世纪40年代提出的"差序格局"的社会结构和法律运行与乡土社会现实脱节的问题在现代中国社会依然阴魂不散，依然以不同的形式不同程度地存在着。

在这种社会背景下，国家法的命运如何呢？与民间社会秩序的关系如何呢？梁治平通过考察一些国家正式制度与民间非正式制度遭遇的案例，看到各种不同的规范性知识，看到与这些规范性知识紧密相关的多重秩序的存在，以及在国家权力深入社会的过程中，不同规范性知识之间的相互作用和相互渗透。他发现，那些正式法上最基本的概念、范畴、分类和原则，并不具有不言自明的合理性。同样地，民间通行的规范与观念，也不是迷信、落后一类说法能够恰当地说明的。事实是，民间秩序的发生，有属于它们自己的历史、传统和根据，早在我们讨论的那套正式法律制度深入乡村以前，它们就已经存在了，并且有效地提供了一套使得乡村社会生活得以正常进行的框架。可以肯定，这套知识是正式制度所不熟悉的，但是对于生活于其中的乡民来说，它们却是生活常识，是人们之间进行社会交往和解决他们所共同面临的问题的重要手段。因此，我们必须重新思考、定位民间知识、民间秩序，重新思考、定位国家政权深入乡土社会的意义和正式制度与非正式制度之间的关系。梁治平研究发现，我们如果摆脱了传统与现代的二元对立模式，如果不再居高临下地看待和评判农民的思想、行为和生活方式，我们就必须承认，正式的法律并不因为它们通常被认为是进步的就必然的合理；反过来，乡民所拥有的规范性知识也并不因为它们是传统的就一定是落后的和不合理的。正因为认识不到这一点，所以以往的社会改造运动才在历史上造成较大的破坏，今天正式法在进入乡村社会时才遇到如此多的问题，并且在解决这些问题的同时又造成新的问题。要解决乡土社会中的法律问题，单靠国家力量在农民当中普及法律教育和加强基层司法力量是不够的，我们必须重视对传统资源的利用，重视对农民的生活世界的了解，努力理解和尊重他们的自主选择，相信他们秉承较强的实用理性，善于灵活地运用各种可以利用的资源去追求自己的目标，相信他们对传统资源的利用和再造能力。只要这样，我们才能找到国家法进入乡土社会的契合点和渠道。

其次，强世功的《"法律"是如何实践的》（以下简称"强世功文"）、赵晓力的《关系/事件、行动策略和法律的叙事》（以下简称"赵晓力文"）和郑戈的《规范、秩序与传统》（以上文章均集于王铭铭、王斯福主编《乡土社会的秩序、公正与权威》，中国政法大学出版社1997年版，以下没有另加注明的都引自该书，不另加注释）围绕"一项法律实践事件的评论"而开展的乡土中国背景下的法律运行研究。从梁治平文中，我们不仅看到了乡土社会中多种知识和多重秩序并存的局面，而且也看到了法律与乡土社会固有秩序的脱节、断裂和不和谐，同样也看到了法律运行的紧张、焦虑、困难和尴尬。对这一点，强世功、赵晓力、郑戈等学者通过一个"依法收贷"个案的透视，从各自研究的角度对"乡土社会"中法律运行的情形进行了生动形象的展示。❶

如果说《乡土中国》和梁治平文对法律运行的研究置于乡土社会宏观的社会结构背景下进行，那么强世功文、赵晓力文则将法律运行的研究置于乡土社会微观的具体场景（炕上或关系网络）中并通过个案来展开。以强世功文为例。按照正式制度的设计，

---

❶ 王铭铭、王斯福主编《乡土社会的秩序、公正与权威》，中国政法大学出版社，1997，第488–562页。

法庭无疑是法律运行的理想场景，体现在场景成员的空间布局上，就是法官高高在上，凸显在法庭的中央，而两方当事人则位于两侧与法官形成相等的适度距离。这种法律关系的空间布局与庄严凝重的法庭建筑风格浑然一体，再加上象征神圣权力来源的国徽、法官制服，所有法庭成员肃穆的表情，他们所遵循的法庭纪律、程序化的语言，依照法言法语就事实和法律问题展开的有序论辩等，都使法律关系的展开依照法律面前人人平等、法律神圣不可侵犯的逻辑运行。然而，现实中法律运行的具体社会场景不是在法庭上，而是在"炕上"。法律关系赖以展开的场景从法庭转移到了炕头上，法律运行就要服从炕上这一戏剧化的场景本身固有的逻辑，即乡村社会里尊卑等级秩序中所形成的主人和客人之间的相互关系。权力运行的场景一旦组织起来，它就规定了权力运行的逻辑，即使同一种权力关系，在不同的场景中所遵循的权力运行的逻辑、策略和技术也不同。在炕上这一场景中，法律运行无疑受到这一场景所规定的权力运行逻辑的制约。也就是说，法官、原告和被告之间的法律关系受到主人和客人在乡村社会里形成的尊卑关系的制约。因此，在这一场景中，法律上的权利义务关系（村民应当还贷款）的展开必须转化为一种道德上的合理性，而不仅仅是合乎法律的规定。这样，人情、道理和法律一同进入法律运行的过程中。从这个具体的炕上审理的过程来看，法律不仅是一种总体的战略部署，同时它也将此转化为一套法律技术，如讯问技术、剪裁事实的技术、案件制作技术等；与此同时，法律还要利用种种乡土社会的日常权力技术，如摆事实、讲道理、一打一拉、说服诱导、欺诈胁迫、利用人情面子等等。正是由于国家法律在实际运行中运用了乡村社会固有的习惯、规矩、礼仪、人情面子机制和摆事实、讲道理这样日常权力技术，法律才获得了乡村社会的认可，才在有意无意之间渗透到乡土社会之中。

但是，人情、道理和法律在具体场景中的水乳交融，并不能排除它们本身固有的矛盾和紧张。中国古代传统的法律文化中，情、理和法是有机地结合在一起的，这种结合不仅体现在具体的司法实践中，而且得到了国家和法律的支持，其原因在于中国古代国家与社会处于相互融通之中，并没有出现截然的分离。但是，随着近代国家转型以来国家所采取的法律移植的整体性战略，人情、道理和法律之间的关系变得紧张起来，基于乡村社会的人情、道理和礼俗的民间习惯法为国家法律所排斥和禁止。于是"法律规避"才成为乡村社会所选择的解决这种矛盾与紧张的策略。作为国家权力的法律并不像光一样畅通无阻地直射于社会生活，而是在具体场景的权力关系网络的复杂运作中，在种种冲突和妥协中，以迂回曲折的方式触及我们的社会生活。

（四）苏力的《送法下乡：中国基层司法制度研究》

沿着费孝通先生的路径对当代中国乡土社会的法律运行问题进行了专门而系统地探索的，则是苏力的《送法下乡：中国基层司法制度研究》（中国政法大学出版社 2002 年版，以下没有另加注明的都引自该书，不另加注释）。据苏力自称，该书集中对我国法律运行中的问题尤其是中国基层司法问题进行了原创性的探索。

在研究进路上，该书与 20 世纪三四十年代费孝通先生开始我国乡土社会法律运行研究是相同的，甚至与瞿同祖先生的研究在精神上也是基本相通的，都是采用的整体主义方法论研究进路。如瞿同祖先生是将中国古代法律放在中国古代整个社会背景（以家族主义和阶级观念为核心，同时受到巫术、宗教和以儒、法为主的意识形态的影响）中来研究的；而费孝通先生是将法律放在乡土社会的差序格局的社会结构的背景下，来说明中国当时的法律运行的艰难；梁治平文将中国当代法律运行放在"变迁的乡土社会"中进行透视；强世功、赵晓力、郑戈等学者将中国当代法律运行放在"炕上开庭或关系网络"（实际上是中国当代乡土社会"差序格局"的一个缩影）的背景下进行透视。该书也采取了相同的分析进路，"它力求将中国当代基层司法制度放在中国20世纪的背景下予以考察，放在当代中国社会条件下予以考察。它的基本理论框架是马克思的历史唯物主义，即认为不能从法律和司法本身来理解法律，不是从人类的一般发展来理解司法制度，而是强调其根源于社会的物质生活关系"。这是该书的理论主线。围绕这根理论主线，将该书分为制度、知识、法律人与研究方法四编。

从第一编开始，从历史的宏观层面，通过考察中国当代基层司法制度发生的政治历史性背景，从个案研究中发现，中国当代的基层司法制度及其"送法下乡""巡回审判"的司法实际，是中国100年前启动的中国现代民族国家建设的继续，也是其重要组成部分，因此，司法在中国一开始就具有一种政治功能，即一种独立于人们通常理解的强调司法的解决纠纷和确认规则之外的功能。在这种影响下，中国当代的基层司法制度一方面要回应民族国家建设的政治功能和解决纠纷、确认规则的司法功能，另一方面还要回应乡土社会固有的需要。这样，该书一开始就把对中国基层司法制度的研究置于一个新的、更为广阔的理论和政治实践层面去分析。不管是中观层面的法院内审判制度和行政管理制度之间关系的错位，微观层面作为回应这种并不一致甚至相互冲突的需要的制度安排的审判委员会制度的相对合理性的功能分析，中国基层法院法官在处理事实争议和法律争议还是纠缠于事实与法律之间以及穿行于制定法与习惯法之间等问题上面临的困难、困惑及其创造性地运用的司法知识和技术表现出来的中国独特的面貌，以及乡土社会中法律人尤其是法官的专业化、职业化面临的难题及其实现途径（以退为进的"准司法化"方案）都是放在这一背景下进行考察、分析、思考的，也只有放在"送法下乡"这一历史政治背景下，才能理解苏力的用意。因此，"送法下乡"是全书的主线、纲领，这也许是苏力将书取名为《送法下乡——中国基层司法制度研究》的根本原因吧。更有启发意义的是苏力以"学术下乡"来结束全书，❶ 以便再次提醒读者对中国式的"下乡运动"的深刻理解，并在该书的导论部分告诉读者也可以从研究方法的角度来阅读、理解该书的内容，这些都是苏力的良苦用心。

然而，该书的这种逻辑关联不是靠单纯的逻辑推理得来的，而是苏力在大量而扎实的社会调查、细致而严密的个案分析研究以及借鉴了社会学的研究成果特别是在费孝通先生、法国的福柯和布迪厄等的思想理论成果的基础上，"尽量采取一种'冷静又热烈'的'同情的理解（包括批评）'的态度，尽可能设身处地考察自己所研究的对象"，通过对"就在那里"的知识的客观研究的过程中呈现出来的一种内在联系。因此，笔者认为本书在结构上似乎是比较松散的，但"形散而神——'送法下乡'——不散"。

同时，苏力也借鉴了马克思主义肯定人的主观能动性的作用的理论，人在整个社会结构制约下，也不是被动的，而是主动的。因此，正如苏力所言，也运用了个人主义方法论进路研究法律问题的制度经济学和法律经济学的一些理论，这主要表现在对个案

---

❶ 苏力在反思了自己的法律社会学的研究方法时，认为"法律社会学调查中的权力资源"（含物质资本、社会资本和文化资本）是有局限性的，"我们就必须重新理解我们可能获得的知识之边界"，"因此，对于这些学科来说，田野工作也许是不可避免的。在这个意义上，田野工作未尝不可视为另一种通过解除研究对象之警惕与抵抗，保证支配性关系之建立，保证研究对象的合作手段"。这难道不是"学术下乡"吗？也许是笔者对苏力本意的一种误解和杜撰。

的研究上。如在该书的第七章，在分析法官、当事人等所有参与案件的当事人为什么"穿行于制定法与习惯之间"的原因时，认为是各个参与案件的当事人在追逐自己最大化利益下"公共选择"的结果。即使如此，苏力也是将这样的个案放在整个社会环境（中国基层社会）尤其是"送法下乡"的历史政治背景下进行分析。因此，在总体上，苏力表现出来的是整体主义方法论的研究进路。

另外，苏力也表现出与前面几位学者研究的不同。如果说瞿同祖先生、费孝通先生以及梁治平文是在宏观层面研究整体法律运行问题，强世功、赵晓力、郑戈等学者是在微观层面通过具体个案的分析来研究法律运行的问题，那么，该书是在中观层面（中国基层司法制度）研究法律运行的问题。而且该书对中国基层司法制度进行了系统而详细的研究，按照从宏观到微观的顺序即从社会背景到司法制度到法官的司法知识和技术再到法律人的顺序来展开对中国乡土社会法律运行问题的研究。

最后，该书不仅"从根本上改变了目前学者对这一问题的理解和研究进路"，而且在有些方面进行了原创性的研究，如该书的第二编对中国基层法官在处理事实和法律争议上独特的司法知识和技术的探索，这是国外学者不可能触及而国内学者没有触及的领域。苏力还以自己的实证研究对我国法学研究的方法（本质主义的方法、从概念原则出发的研究方法）提出了挑战和批评，力求"能给阅读者一种智识性的挑战和愉悦"。

（五）赵旭东的《权力与公正：乡土社会的纠纷解决与权威多元》

赵旭东的《权力与公正：乡土社会的纠纷解决与权威多元》（天津古籍出版社2003年版，以下没有另加注明的都引自该书，不另加注释），从法律人类学的角度，运用人类学的研究方法，在对处于中国北方乡土社会中的一个乡村的纠纷解决的田野调查和相关文献资料研究的基础上，从中国权力格局的历史变迁的角度，对中国乡土社会纠纷解决及其现代中国法律在乡土社会运行的情况进行了探索。赵旭东研究发现，中国乡土社会存在着权威多元的情形，即制度化的权威包括村委会的权威和法庭的权威，属于韦伯所分出的科层的权威之列；以及非制度化的权威包括村庙的权威和民间的权威。前者类似韦伯所分出的卡理斯玛式的权威，具有神圣意味的合法性，但却游离于国家制度之外，后者是指非官方的权威人物的权威，有时这两种非制度化的权威可能集于一身。这四种权威在乡土社会的纠纷解决中，都以各自的逻辑和对乡民的不同功能需要起着各自的作用。当一起纠纷发生时，四种不同的权威会转变成为作为第三方的调解人的角色而参与到纠纷解决中来。但人们诉诸这四种权威是有先后顺序的。最先出场的是民间的权威，即在村民看来是能够说"理"的人；当民间权威无法解决的时候，村委会的权威便会出面调解，即村委会的成员；由于经济上的考虑，人们一般会先通过民间权威和村委会的权威调解，调解失败后才会到法庭，当然法庭也是以调解为主的，只有在无法调解的情形下才做出裁决；当人们认为自己受了冤屈想去告状而又告不赢的时候，人们常常会诉诸村庙的权威，以使自己的冤屈在"另一个世界"得到宣泄，使对方受到"神"的处罚。

乡土社会中法律运行必须放在这四种权威背景下来理解。纠纷一旦上了法庭这个场域，大家便试图遵守法庭的游戏规则，把"合国法"当成是共同争夺的目标，使纠纷获得有利于自己一方的解决。这个时候，每个人都在运用自己的智谋来和法庭场域里的对手较量。恰恰是在终审判决之前，大家才采用互相让步的方式，使纠纷得到真正的解决。因而，作为纠纷解决最后程序的法庭判决，可能并非完全是依照法律条文做出的"对"与"错"的判定，而可能只是经由法庭调解后，当事人双方做出一定让步后的文字表述而已。这使乡土社会中的大量习惯得以渗透进法律运行的全过程，它们之间既合作又竞争，既一致又有冲突，共同影响着纠纷的解决。国家依照所谓"现代性的法治观念"所建构的法律体系，在乡村的固有文化中被缠绕得不能够也不可能超然地独立于乡土社会的文化网络之外而运作。赵旭东还提出了许多发人深省的见解，如乡土社会中乡民对国家法律有自己生活体验上的看法，法律与习惯的问题，人们对习惯单向度研究的问题，在社会结构发生了实质性变化的条件下，乡土社会的法律运行依然与孙中山100年前描写的情形一样没有实质性的变化的问题，乡土社会中人们对正义的经验式的期盼和表达——差序的正义等问题，这些问题是我们的法学研究者和法律实践者不得不对当代中国法治建设进行深刻的反思并加以认真研究的问题。

在研究方法上，赵旭东试图将自己的研究方法定位在"微型社会学"研究这个取向上，也就是把自己的研究视野框定在一个小小的、自己可以切实把握的研究单元上。但是，他遵循的是"小地方大社会"的思考逻辑，是把这个"小地方"放在"大社会"的背景（随着整个民族国家目标的逐步实施，国家权力在向乡村不断渗透）下进行研究的，以便从一个村落的小地方来感受整个国家的权力运作，通过细致入微的研究来把握国家权力与民间生活之间相互影响的关系，来把握国家法律与民间秩序的互动关系。赵旭东认为，倘若看不到村落社区的开放性，或者只从宏观的层次上看待农民的生活，而看不到村落社会的自足性，这两种方法论取向，都有可能将研究的视角拉入狭窄或偏激的轨道上去。因此，赵旭东在方法论上力求既能超越上述局限，又能综合两者长处的研究方法——社区研究法，"使社区研究既具有社区研究的特点，同时又能够反映复杂社会的特点"。具体而言，就是"作为一个置身当代社会场景中的微小的村落社区，从历史的角度看，其历程又是与近现代中国的民族国家建设方案的构想同步进行的。通过对一个村落社区发展历史的叙述，可以展示出现代国家权力不断地向乡村社会渗透的过程，换言之，这也就意味着在'小'的乡土社会中，同样有'大'的国家权力的影响"。

以上学者都是从"乡土社会"的社会结构的角度对法律运行问题进行了研究，都看到了乡土社会中多种知识和多重秩序并存的局面，也看到了法律与乡土社会固有秩序的脱节、断裂和不和谐，同样也看到了法律运行的紧张、焦虑、困难和尴尬。而且都在不约而同地把乡土社会法律运行不畅的原因归结于乡土社会的社会结构，都在或隐或现地承认费孝通先生在20世纪研究得出的结论："法治秩序的建立不能单靠制定若干法律条文和设立若干法庭，重要的还得看人民怎样去应用这些设备。更进一步，在社会结构和思想观念上还得先有一番改革。如果在这些方面不加以改革，单把法律和法庭推行下乡，结果法治秩序的好处未得，而破坏礼治的弊端却已先发生了。"如果这个结论成立的话，那么，在中国目前的城市社会基本上已经变成了一个工商社会，一个市场经济基本确立的社会，社会结构和人们的思想观念也进行了一番改革，法律运行应该是很畅通的。但是实际的情况如何呢？

（六）黄建武的《法的实现：法的一种社会学分析》

以上学者都是从法律在现实社会中运行的层面对法律运行问题进行研究，而从纯理论层面对法律运行问题进行探索和研究的则是黄建武的《法的实现：法的一种社会学分析》（中国人民大学出版社 1997 年版，以下没有另加注明的都引自该书，不另加注释）一书。"本书是我国法学界第一部较系统地探讨法律实现问题的专著"，对我国法律运行问题进行了拓荒式的理论探索。正如该书"序"所言，"这本书是以利益和行为为核心展开的"；正文部分对"法的实现的含义"（即第一章）、"法的实现过程"（即第二章）、"法律实现的行为动力——利益"（即第三章）、"法的实现的形式"——守法即"合法行为"（即第四章）和"法的适用"（即第六章）、法的实现的效果——"法作用结果的评价"（即第七章）等问题进行了探索；也对法的实现机制进行了探索。黄建武还意识到"我国法学界关于法的实现的研究，在理论上的非系统状况，不仅与关于法的形成的理论——立法学相比，在理论上显得落后了一步，而且，由于理论上的缺陷，使现实中一些法律调控效率低下，一些法律几乎被搁置的现象得不到科学的解释，因此也找不到适宜的法律对策"。为此，黄建武力求超越"分割研究具体问题的状态，而有必要以法的实现过程为对象，进行一般性的研究，以便揭示法的实现的一般规律"，为解决法律实践中的问题提供"良方"。同时，他也意识到"对法律实现的研究，不应当从规范出发……不应局限于规范分析的领域"，而应当从法的实现的主体（人）出发，但这里的人不是抽象的人，而是现实的人，注重他们的活动和他们的物质生活条件，必须遵循历史唯物主义研究的出发点和方法。他的这些理论追求，是否随着该书的展开而"实现"了呢？

  总体而言，黄建武的这些理论追求基本得到了贯彻，但不够彻底。不知是他的理论视角的问题，还是由于他的"实践取向"、"对策意识"和"现实意识"，都影响了该书理论追求，至少使该书的理论追求没有完全实现。甚至给人一种将理论探索变成了一种对策研究的感觉，不禁在该书最后的第八章谈起了"完善立法""改善法的执行机构""改进法律监督机制""改善法律实现的社会环境"，这似乎与整部书的理论探索不和谐，从而降低了该书的理论含量。或许两者兼而有之吧。在此，笔者想结合黄建武的这两个方面，谈谈个人的一些看法，以便为笔者的研究提供一些启发和借鉴之处。主要包括以下几个方面。

首先，关于黄建武力求超越"分割研究具体问题的状态，而有必要以法的实现过程为对象，进行一般性的研究"问题。他认识到分阶段研究的不足，必须转换研究的视角，要将分阶段研究的路径转换为对法律运行过程的研究。这种理论追求，在该书的第一、二、三章得到了较好的贯彻，这是值得我们借鉴的。但是，当文章行进到其分论部分（合法行为和法的适用）时，就又落入了"分阶段研究路径"的俗套，脱离了他"以法的实现过程为对象，进行一般性的研究"的理论追求。当然，笔者并不是单纯从形式上反对对这两个方面的关照，根本的原因可能是黄建武没有将守法和法的适用放在一般的法的实现的过程中进行研究，如合法行为的一般过程、法的适用过程与法的实现的一般过程有脱节、断裂、不和谐之处，更谈不上总论与分论的相互融通、相互说明、相互支持。将法的实现过程描述为：法律规范—法律事实—法律关系—权利义务行为（结果）。而合法行为的过程是从社会学和行为科学入手相当于人的行为的一般过程：需要—动机—目标（结果）—满足—新的需要。法的适用过程又是从规范层面分为：查清需要进行法的适用的事实状况—选择适用于该情况的法律规范—结合事实对法律规范做出解释—做出把法的一般要求适用于具体事实的判决、决定，并送达有关人员—直接执行文件中的要求或采取措施保证文件要求的实现。再如，利益是法律实现的行为动力，而在论述合法行为的制约因素时除了利益外，还有法律意识、社会规范等因素的影响，这就说明黄建武提出的"一般"理论并不具有一般性，把法律实现的动力机制只归结为利益至少是不全面的，从而降低了理论对现实的涵盖力、解释力。另外，该书的有些章节如第六章的第二、三节，由于缺乏一般理论的关照而使其论述落入俗套，缺乏新意，也缺乏理论创新。

其次，黄建武意识到了法的实现机制对推动法律实现的整个过程的重要性，认为"法律机制是与法的实现过程分不开的，因此我们有必要结合法的实现过程来一并探讨"。但是，他把法律运行的机制又分为法律机制和社会机制，认为"不同法律手段（法律规范、法律事实、权利义务行为、法的适用）发生作用的不同过程，它们的总和构成了法的实现的法律机制，也构成了法的实现的总过程。因此，我们在整体上认识了这些手段的作用及过程，也就认识了法的实现的法律机制，认识了法的实现的总过程"。"法的实现的社会机制，是指在法的实现过程中，各种社会因素与法的实现所具有的正常联系，及其对法的实现所发生的支持和维护作用。"这些社会因素包括经济因素、政治因素、精神文明因素、社会组织活动因素等方面。然后将两者相加成"一个一般性的定义"："法律实现的机制，是各种相互联系的法律手段与社会中各种有益于法律实现的因素相结合，所产生的推动法的要求转化为社会现实的过程和作用。"这似乎给人把法律运行机制等同于法律运行的手段，也等同于法律运行的过程的错觉，有造成概念混淆的嫌疑，也脱离了"机制"一词的本义——机理，指机器的内部构造和工作原理，主要是指机器运转的动力来源问题。在这里，就是指法律运转的动力来源问题，该书第三章也论述了这个问题，但从上面来看，似乎另有所指。另外，黄建武只把利益归结为法律实现的行为动力机制失之偏颇，除了利益因素以外，还有其他因素，在第二章和第四章又谈到这个问题，利益与这些因素到底是什么关系，该书没有说明。造成这些问题的根源也许与上面所谈的问题有联系，笔者认为，是黄建武没有将法律运行的整个过程作为研究的对象的理论追求贯彻到底所致。

再次，黄建武对法律运行中的守法环节给予了应有的关注。如黄建武赞同国外学者将法的适用作为法的实现的一个"机动阶段"，言下之意，法的适用不是法律运行的一个必备阶段，而只有守法才是法的实现的一般状态，也是正常状态，这才是法的实现研究应该重点关注的地方。与法的适用相比，黄建武也花费了较大篇幅研究这个问题，并认为"合法行为"是"法的实现"的唯一途径，甚至认为，"法的适用过程，只能是一个合法行为的过程，只有法的适用活动是合法的，法才能通过这一形式或措施转化为现实；也只有这一活动过程符合程序法的要求，对具体社会关系的调整符合实体法的要求，才能说这种活动是法的适用"。但是，黄建武没有将它放在整个法律运行过程中进行探讨，以致错过了一次理论创新的机会。

另外，在研究的切入点上，黄建武认识到了从规范切入分析的危险，必须从现实生活中的人切入进行分析。这是值得借鉴的。例如，在该书第四章，在论述制约合法行为的直接因素时，是从法律运行的主体入手，并从主体因素、客体因素和行为方式因素方面进行了细致的分析。在论述其间接因素即社会因素时，也是从法律运行的主体入手的，并将这些主要社会因素分为五个方面。但对应该重点论述并有可能看到另一番"景色"的地方（这些社会因素是如何通过影响法律运行的主体进而影响法律运行的过程）却避而不谈，而是大谈特谈这些社会因素，其论述又落入俗套。

可见，黄建武并没有把上述的理论自觉贯彻到底。再如，在论述法的适用时，采取的是规范研究的进路，而不是从法的适用的主体人入手进行透视，使这一章的论述也缺乏新意。

最后，谈谈黄建武的研究方法问题。正如该书副标题所示，黄建武追求的是对"法的一种社会学分析"，力图对法律运行的研究冲出"另一条血路"，开辟"另一片天地"，从他所运用的社会学的有关理论特别是行为学的有关理论，以及一些法社会学家如布莱克、庞德、科特威尔等的研究成果来看，他进行了这方面的努力，也收到了一些效果。但在研究方法的意义上，还是不够的。最为明显的是，该书每一章以至每一节都是从定义、含义或概念的论述开始的，然后在这些概念的基础进行演绎推理。而且对这些概念或定义是毫无质疑地接受，这使黄建武的研究从一开始就建立在一种"先验"的基础上，而不是建立在"社会事实"上，至少是不符合涂尔干的"社会学方法的准则"。这难道不是概念法学的研究思维和方法吗？这难道算是社会学的研究方法吗？严格的社会学的研究方法是从问题、材料入手，进行实证研究。目前在我国法学研究中，似乎有一种将社会学的研究方法泛化的趋势，给人以法社会学不过如此的错觉。

总之，尽管该书存在一些遗憾，但它作为第一部对法律运行问题进行理论研究的专著，对我国法律运行问题进行了拓荒式的系统的理论开垦，取得了一定的成就，有许多在今后的研究中值得借鉴的地方：它意识到分阶段研究的不足，试图从法律运行的整个过程进行研究；它认识到了研究法律运行从规范切入分析进路的危险，提出了从现实生活中的人切入的研究进路；它注意到了守法在法律运行中的重要地位，主张对守法的重视；它意识到法律运行机制对法律运行的影响至关重要。当然，该书也存在一些不成熟的地方，这是我们今后研究法律运行问题应该避免的。

三、法律运行研究个人行为主义进路

（一）庞德的"著名法律人的解释"

法律运行研究个体主义进路在法律运行研究整体主义进路忽视的地方开始自己研究，在法律运行研究整体主义进路惜墨如金的地方用墨如泼。它从构成社会整体的个体出发，突出了在法律运行过程中的法律运行主体的作用，并对社会环境对法律运行主体影响的这个过程进行了细致的研究，形成由个体到整体，由具体到抽象的分析理路。❶ 因此，个体主义进路对法律运行的研究表现出细致入微、有血有肉和纵向上的深度描述的特征，甚至进入了其心理分析的层面，这是整体主义进路难以达到的。这首先典型而集中地表现在英美法系尤其是美国法学对司法的研究中。在美国主流的法哲学中，不论是初期社会法学派的庞德，初期实用主义法学的小奥利弗·温德尔·霍姆斯、约翰·奇普曼·格雷、卡多佐，初期现实主义法学的卡尔·卢埃林、杰姆·弗兰克，还是后来的行为法学的唐纳德·布莱克、格伦登·舒伯特，他们都反对法律的形式主义，怀疑规则的确定性，认为法律规则对法律判决的形成作用很小，对法律运行中的法律规则制定的研究兴趣不大。他们一般认为法律生命不在逻辑、不在规则，而在经验，在行为尤其是法官的行为，因此，对法律运行中的司法活动尤其是法官行为的研究表现出了浓厚的兴趣，甚至认为法官行为就是法律的全部，是法学研究的核心，也几乎是法律运行研究的全部。

---

❶ 法学研究个人主义进路的详细论述，参见胡玉鸿：《法学方法论导论》，山东人民出版社，2002，第188－320页。

在美国，这种重视对法律运行主体在法律运行中作用的研究，首先是由庞德明确倡导并由与他同代（典型的如卡多佐）或后来学者（典型的如弗兰克、舒伯特、布莱克等）身体力行并发扬光大。

庞德通过历史研究发现，在"法律史解释"中，不论是历史解释、伦理解释和宗教解释、政治解释，还是人种学解释和生物学解释、经济学解释，这些"19世纪的各种解释把人这个因素都给遗忘了，至少是忽略了人的特性。历史法学家根本就不考虑行为人，他们至多只考虑整个种族，而且至多只是把人作为具有民族精神的某类民族的一个特殊范例加以考虑。所有这些解释都经由各自的方式根据行为的条件而非根据行为人本身去解释法律，亦即根据外在于行为人的某种东西去解释法律，因为在他们看来，行为人的行为实质上仅仅是遮盖背后真实运动的一种表面现象。19世纪各种解释所思考的都是抽象的人，而不是具体的人"，❶ 不是有血有肉的现实社会生活中的人，也不是有欲望、愿望和要求的人。实际上，正是"这些欲望、愿望和要求通过人们本身而使人们感到它们的存在，并使它们在司法过程中、在撰写法学著作的过程以及在立法的过程中发挥作用。因此我们可以肯定地说，如果我们没有想充分理解它的话，那么我们就不能无视在这个过程中发挥积极作用的人"。❷ 庞德以历史上大量的司法案例、法律人（法官、律师、法学家等）、法律制度（如衡平法）等事实对上述观点进行了论述。❸ 至于那些显而易见的人或事如罗马法中的拉别奥、朱利安、帕比尼安、特里波尼安以及科克、约瑟夫·斯托

---

❶ 庞德：《法律史解释》，邓正来译，中国法制出版社，2002，第174页。
❷ 庞德：《法律史解释》，邓正来译，中国法制出版社，2002，第175-176页。
❸ 庞德：《法律史解释》，邓正来译，中国法制出版社，2002，第183-207页。

雷、布兰代斯、衡平法和自然法的拟制等姑且不论,❶ 就是那些原始法律阶段的"神法"或"宗教法"也是如此,至少有这种倾向——一种"与人类倾向于在所有的现象背后发现一种与我们自己极为相似的人格(即神或先知或圣人——引者注)本能有关"的倾向。❷ 因此,"我们不能把律师、法官和立法人员仅仅视作是实现观念的被动工具。我们必须承认,伟大的心智和强劲的性格至少可以帮助我们解释法律史中的许多事情"。❸ 庞德后来甚至认为:"法律的实现常常依赖于某些与法制工作无关的利害关系人来开动它的机器。它需要一些出于某种动机而求助于法律规则和法律程序的人,即要求法律来保护自己利益的人。在刑法领域通常是由国家机关以王国政府或国家的名义向犯罪提起公诉,即使这样,法律的实施主要依靠公众向执行机构如警察提供罪行报告。而其他许多法律的实施则取决于受害者个人、法人或个人团体为要求赔偿而提出的民事诉讼。"❹ 既然如此,"我们是否可以根据那个为19世纪的论者所忽视的因素去解释法律和法律史呢?是否有可能对法律史给出一种著名法律人的解释呢?我们是否可以围绕着法官、法律制定者和法学家的个性展开讨论呢?如果我们可以这样做的话,那么这种解释究竟在多大程度上是有效的呢?"❺

(二)卡多佐的围绕法官行为的法律运行问题研究

就在庞德明确倡导"著名法律人的解释"理论的同时,学者兼大法官卡多佐以自己的实际行动"暗合"了庞德的这一理论,

---

❶ 庞德:《法律史解释》,邓正来译,中国法制出版社,2002,第201–205页。
❷ 庞德:《法律史解释》,邓正来译,中国法制出版社,2002,第185页。
❸ 庞德:《法律史解释》,邓正来译,中国法制出版社,2002,第184页。
❹ 科特威尔:《法律社会学导论》,潘大松等译,华夏出版社,1989,第60页。
❺ 庞德:《法律史解释》,邓正来译,中国法制出版社,2002,第183–184页。

尤其是其中的"司法经验主义"即司法能动主义,❶ 并回答了庞德上面提出的问题。卡多佐根据自己丰富的司法实践经验以及自己细致地观摩、细心地体认、同情地理解和换位思考,试图通过一层一层地"剥"出一个法官独特的法律世界,使整体法律运行过程得以浮现,并且浮出社会生活的水面。他集中研究、凸显法官在整个法律运行即司法过程中的作用,甚至包括法官的"下意识因素",如困惑、迷惘、焦虑、畏惧、压抑、沮丧、死亡的折磨、诞生的煎熬、信仰、激情、希望、追求、责任和心智的求索❷;以及影响法律运行主体即法官从而影响法律运行的各种因素,包括有意识的因素和下意识的因素——遗传本能、传统信仰、后天确信,而且常常正是由于这些下意识的力量,法官才保持了自己的前后一致,并保持了与他人的不一致。❸ 他还着重探讨了在这种错综复杂因素影响、干扰下,指导法官走完伴随着其整个艰难心路历程的整个法律运行过程的各种方法,即"一个原则的指导力量也许可以沿着逻辑发展的路线起作用,我将称其为类推的规则或哲学的方法;这种力量也可以沿着历史发展的路线起作用,我将称其为进化的方法;它还可以沿着社区习惯的路线起作用,我将称其为传统的方法;最后,它还可以沿着正义、道德和社会福利、当时的社会风气的路线起作用,我将称其为社会学的方法",❹ 以及各种方法能引领法官走多远,即各种方法的局限性,也就是庞

---

❶ 尽管庞德的《法律史解释》(1923 年)晚于卡多佐的《司法过程的性质》(1921 年)发表,但"司法经验主义"的观点在他1921年发表的《普通法的精神》中已经明确提出和专门论述。"司法经验主义"的详细论述,参见庞德:《法律史解释》,邓正来译,中国法制出版社,2002,第197页;庞德:《普通法的精神》,唐前宏等译,法律出版社,2001,第116-135页。
❷ 卡多佐:《司法过程的性质》,苏力译,商务印书馆,1998,第89-113页。
❸ 卡多佐:《司法过程的性质》,苏力译,商务印书馆,1998,第2-3页。
❹ 卡多佐:《司法过程的性质》,苏力译,商务印书馆,1998,第16页。

德上面提出的这种解释究竟在多大程度上是有效的问题。

（三）弗兰克、舒伯特的个人行为主义法律运行观

沿着庞德开启的个体主义进路走得更远的则是弗兰克和舒伯特。他们把被庞德视为只是其中一种被19世纪论者忽视而重要的解释（"著名法律人的解释"）看作他们全部解释中的几乎唯一的解释。换言之，他们把对法律运行过程的分析和研究不只是转变为对法官行为的分析和研究，而且直接转变为对法官心理活动的分析和研究，将法学研究转变为心理学的研究。例如，弗兰克认为，人们对法律规则确定性的确信，正如儿童对父亲的信任和依赖，是一种儿童的心理状态使然，是一种"基本的法律神话"；又如，他对法官判案的整个过程进行了纯心理学的分析，认为法官是通过规则和原则等外部刺激形成预感来审理案件的，其中法官的个性即法官的特征、性情、偏见和习惯等对法律运行的最终结果有举足轻重的作用。❶ 再如，舒伯特在《司法心态》中对美国联邦最高法院大法官的司法心态的研究。❷ 这些都偏离了庞德和卡多佐为法律运行主体（著名法律人或法官）在法律运行中的作用所确定的轨道——"司法经验主义"。❸ 借用庞德的话说就是："我根本就不主张把著名法律人的解释视作是法律现象的唯一阐释，亦即撰写法律史的唯一方法。我真正主张的乃是根据那些参与各种法律史事件的人以及他们的个性、性格和偏好（将其视作是各种法律史事件之结果中的一个因素）来看待各种法律史事件这种

---

❶ 沈宗灵：《现代西方法理学》，北京大学出版社，1992，第328－347页。
❷ 沈宗灵：《现代西方法理学》，北京大学出版社，1992，第374－395页。
❸ 庞德认为："司法经验主义一般是通过谨慎的方式——只是偶尔运用创造性的归纳方式——逐个处理案件的。"参见庞德：《法律史解释》，邓正来译，中国法制出版社，2002，第197页。

方法所具有的重要性";[1] 借用卡多佐的话说就是:"仅仅承认它们的力量并没有穷尽这一题目。在意识的深层还有其他一些力量,喜爱和厌恶、偏好和偏见、本能、情感、习惯和信念的复合体,这一切构成了一个具体的人,而无论这个人是诉讼者还是法官。"[2] 而弗兰克和舒伯特把这些法律运行主体的个性心理因素在法律运行过程中的作用无限扩大,完全否定社会环境因素对法律运行主体的制约作用进而对法律运行过程的影响,最终陷入了主观唯心的法律运行观的泥潭,是一种极端的个人行为主义法律运行观,借用哈耶克的话说,就是一种"伪自由主义"的法律运行观。

四、法律运行研究社会行为主义进路

(一)布莱克的研究:从宏观法社会学到微观法社会学

整体而言,个人主义进路也存在一些共同的缺陷。例如,它过分强调实用色彩,过分顾及法律知识的一致性和法律实践的需要,其理论色彩不浓或者说相对整体主义进路而言理论水平不高,缺乏对现实的批评;它强调对司法实践进行纵向上的深度描述,使其视野和横向上的广度相对整体主义进路而言较为狭窄,等等。当然,它已经认识到这些缺陷,目前有吸取整体主义进路长处的趋势。例如,在美国,个人主义进路在近半个世纪的经验研究的基础上,也开始注重其理论的提炼和上升,并逐渐发展出自己的宏观理论来配合其经验研究,以弥补自己理论上相对于整体主义进路而言的不足。如美国当代著名学者布莱克从人的行为出发,

---

[1] 庞德:《法律史解释》,邓正来译,中国法制出版社,2002,第206-207页。
[2] 卡多佐:《司法过程的性质》,苏力译,商务印书馆,1998,第105页。

从社会宏观构成角度第一次系统地提出了"法的运作机制的理论结构"——分层、形态、文化、组织、社会控制等社会生活的五个方面对法律运行的影响,❶ 并力图将这种从微观的角度建构起来的宏观的"法律运行"理论运用于微观的"法律运行"理论——"案例社会学"❷——之中,其理论既具有个人主义进路注重实用的特色,又具有整体主义进路注重宏观理论建构的特征。

（二）韦伯的社会行为主义法律运行研究

布莱克这种研究方法的思想渊源,从社会科学方面可以追溯到韦伯,❸ 但不是庞德。实际上,比庞德稍早,韦伯就开始注意法律运行主体在法律运行中的作用,而且将法律运行主体并不只是局限于"著名法律人"甚至"法律人"。❹ 在韦伯看来,法律运行主体不仅指一般的"法律人",还包括"社会中的人",并将它们统称为"法律的承担者"（前者为狭义的法律承担者,后者为广义的法律承担者）。韦伯的"法律承担者（即此社会行动的行动者）"的概念也远比参与法律工作的"法律人"来得宽广得多。从某个意义来说,"社会中的人"进行法律的社会行动的时候,他就应该算是一个法律的承担者。❺ 因此,韦伯的"法律承担者"概念几乎涵盖了法律运行过程中所有的法律运行主体,即所有参加或参与

---

❶ Black Donald. *The Behavior of Law* (New York: Academic Press, 1976).
❷ Black Donald. *Sociological Justice* (New York: Oxford University Press, 1989, introduction).
❸ 布莱克：《法律的运作行为》,唐越、苏力译,中国政法大学出版社,1994,"序言",第5页。
❹ 庞德只是由于语言的障碍、实用主义的学术倾向等使他对韦伯理论漠不关心,错过了韦伯学术思想的影响。参见张乃根：《西方法哲学史纲》,中国政法大学出版社,1997,第292页。
❺ 林端：《儒家伦理与法律文化》,中国政法大学出版社,2002,第55页。

法律活动的人，包括立法者、司法者、执法者、守法者等。❶ 也比布莱克的法律运行主体概念涵盖面要宽，他仅指的参与诉讼过程中的所有的人，局限于司法范围，而将没有参与诉讼过程而进行法律活动的人排除在外。❷ 因此，有学者称韦伯开创了"法律人的社会学"研究的先河，确实当之无愧。❸

其次，在重视法律运行主体在法律运行中的作用上，韦伯与庞德、布莱克也不同。韦伯认为，与四种法律运行模式相适应的是不同的法律承担者，法律运行模式的理性化发展最终要落实到法律承担者行为的理性化发展上，因为"法律的发展有赖于法律不同的承担者来加以实践，初民法律时是法律先知，然后靠法律名望家，最后到现代形式的—理性的法律由法律专家来执行"。在所有影响法律运行模式朝着理性化方向发展的因素中，又以对法律实务工作者的训练，即法律教育的方式最重要，而一般的经济、社会条件只是起间接作用。❹ 因此，在社会经济、政治、文化等社会环境几乎相同的欧洲，产生了在法律概念、思维方式、推理方式等方面截然不同的两种法系，其中最根本的原因是它们迥然不同的法律教育以致形成了不同的法律工作者，也导致了它们法律理性化程度的不同。❺ 即使是在同一国家法律的继受过程中，也存在这种情况。例如，他在研究德国继受罗马法的历史时发现，对

---

❶ 参见韦伯：《论经济与社会中的法律》，张乃根译，中国大百科全书出版社，1998，第65-98页。
❷ 布莱克并没有直接触及这个问题，笔者是从他的"案件的社会结构"理论推断出的。参见布莱克：《社会学视野中的司法》，郭星华等译，法律出版社，2002，第1-26页。
❸ 林端：《儒家伦理与法律文化》，中国政法大学出版社，2002，第52页。
❹ 林端：《儒家伦理与法律文化》，中国政法大学出版社，2002，第51页。
❺ 参见韦伯：《论经济与社会中的法律》，张乃根译，中国大百科全书出版社，1998，第198-224页。

罗马法的继受，一方面是理性化、科学化、知识化与专业化，另一方面则是法律承担者取代交替的过程——1400年至1550年间业余的法律人被法律专家取而代之。伴随而来的，是一个新的理性的法庭程序与行政程序以及一套新的法律，因此，法律承担者换血的过程成了法律继受过程中核心的社会学现象。❶ 根据后来学者的研究，韦伯在当时发现的这种现象，在世界其他地方也存在，成了一种较普遍的现象。❷ 可见，在韦伯看来，不论是法律的理性化还是法律运行模式的理性化发展，归根结底就是法律承担者行为的理性化发展，只有在实现了法律承担者行为的理性化之后，法律和法律运行模式的理性化才能实现。法律承担者的理性化发展是法律和法律运行模式理性化发展的微观社会基础，因此，他把法律运行主体在法律运行过程中的作用提高到了主导的地位。如前所述，在庞德的眼中，法律运行主体只是所有影响法律和法律运行的社会因素中的一个重要的因素而已。在布莱克看来，尽管他是将其理论建立在原子化的个人行为之上，但由于他强调价值中立，固守纯粹法社会学的立场，仅研究法律行为，而不涉及行为的动机；也许他是为了急于纠正个人主义进路尤其是弗兰克和舒伯特将法学研究几乎变成了纯粹心理学的分析的缺陷，因此，在他的《法律的运作行为》中，没有法律运行主体的地位，只有社会因素（分层、形态、文化、组织、社会控制）的身影，并从宏观层面构建出了法的运行机制的理论结构。因此，学者评价他的理论是行为法律社会学而不是法律心理学。❸ 但他这种观点

---

❶ 林端：《儒家伦理与法律文化》，中国政法大学出版社，2002，第53－54页。
❷ 参见大木雅夫：《比较法》，范愉译，法律出版社，1999，第263－360页；林端：《儒家伦理与法律文化》，中国政法大学出版社，2002，第64－87页。
❸ 沈宗灵：《现代西方法理学》，北京大学出版社，1992，第388页。

并没有坚持到底，在他后来出版的《社会学视野中的司法》中，提出了"案例的社会结构"（参加案件所有人的社会特征）理论，突出了人及其社会特征对案件审理结果的影响；而且他在这个理论中明显地隐含着影响法律运行的社会因素是通过法律运行主体人这个管道进入法律运行过程之中，从而影响法律运行的最终结果即案件的判决。这是布莱克对法律运行过程研究做出的最重要的贡献，也是其他学者没有涉及至少没有从理论上涉及的地方。

更为重要的是，韦伯将这种研究社会宏大问题的最终落脚点置于微观的人的社会行为上的方法特征，与他的整个社会学理论和研究方法是一脉相承的。他认为，不只是法律领域的法律发展、法律继受、法律运行等的理性化归根结底在于法律承担者行为的理性化，而且在经济领域、政治领域等也是如此，甚至整个社会的理性化方向发展也要建基于构成整个社会的细胞的人的社会行为的理性化。因此，韦伯在建构自己宏大的社会学理论大厦之前，对人的社会行为进行了奠基性的研究，它是韦伯社会学理论大厦的基石。在韦伯看来，要深入而全面理解人类社会，必须首先深刻理解清楚人的社会行为，必须对人的社会行为的意义和动机有深刻、透彻的认识和理解，因此韦伯的社会学是"理解社会学"；也因此决定了他在研究具有主观意义的人的社会行为的时候必须采取个人主义进路，这是由研究对象决定的。❶ 在这一点上，涂尔干与韦伯是一致的。只是在社会科学（包括人文科学）研究对象上两人的认识不同，才使他们选择了截然不同的研

---

❶ 韦伯：《经济与社会》（上卷），林荣远译，商务印书馆，1997，第 39 - 84 页。

究进路。❶ 但韦伯研究的是具有社会性的"社会行为",❷ 而不是孤立的纯粹个人的行为;是社会中真实的人的行为,而不是真空中人的行为,因此"从某种意义上说,社会科学在方法上的优点远胜于自然科学。社会科学中,观察者所观察的是类似于自己的人。由于观察者和被观察对象之间、主体与客体之间有可能存在这种'移情作用',因而研究者不仅可以记录下他所观察的社会主角的行为和态度,而且也能理解社会行动者的动机并弄懂社会行为对从事这种行为的人的意义。……社会行为者的行为构成了社会现象,因此,观察者能够或应该设法从他们的观点出发去理解这种社会现象"。❸ 换言之,韦伯的个人主义进路也优于涂尔干追求的像自然科学那样研究社会科学以致将自然科学的研究方法直接移植到社会科学研究之中的整体主义方法,因为后者没有注意社会科学研究对象的特殊性。不仅如此,而且韦伯也主张价值中立,尽管在实际研究中并不一定得到了贯彻;也主张研究对象是具有社会性的"社会行为",并不必然排除对整体主义关注的社会宏观现象的关注。因此,他的整个理论(当然包括法律理论)在更根本的方法论意义上是个人主义进路,而在内容上关注的是社会宏观现象。在这一点上,他也优于涂尔干,更优于庞德。因为他强调的法律运行主体在法律运行过程中的基础性作用,具有方法论上的意义,是他的个人主义进路的具体体现;而庞德的"著

---

❶ 涂尔干认为,"出于事物本身的需要,我不得不制定出一套更为明确的,而且在我看来是更切合社会现象的特殊性的方法"(迪尔凯姆:《社会学方法的准则》,狄玉明译,商务印书馆,1995,第22页),也就是说研究方法的选择取决于所研究的具体对象。涂尔干是把先于且高于个体生命而存在的社会事实作为社会科学的研究对象,而韦伯认为社会科学的研究对象是有主观意义和动机的人的社会行为。
❷ 韦伯:《经济与社会》(上卷),林荣远译,商务印书馆,1997,第40页。
❸ 科特威尔:《法律社会学导论》,潘大松等译,华夏出版社,1989,第13-14页。

名法律人的解释"理论只不过相对于当时人们对法律运行主体在法律运行中的作用的忽视而提出并加以强调,只具有兼收并蓄的特征,不具有方法论上的意义。[1]

最后,韦伯的理论和方法具有主观与客观、微观与宏观有机结合的特征,对后世的研究产生了深远影响,在法律社会学领域如帕森斯、哈特、科特威尔、大木雅夫、布莱克、托克维尔、哈贝马斯、波斯纳、费孝通、苏力、哈耶克等学者,都不同程度地受到韦伯理论和研究方法的影响。在此,笔者想着重谈谈哈耶克。这不仅是因为他提出了有关法律形成与进化的"自生自发的社会秩序"理论,更重要的是,"他和韦伯等人还发起并推动了哲学从本体论向方法论的转换……对那些因认为自由主义是一种立基于虚构的人性和社会的理论而对之大加批判的社会思想家,给出了自韦伯以来最为持久且最为全面的回应"。[2] 正是在这个过程中,哈耶克第一次区分了真个人主义和伪个人主义,也更明确地区分了个人主义和整体主义,从而也坚持和发展了韦伯的方法论个人主义,对法律运行研究个人主义进路做出了重要贡献。

(三)哈耶克的真自由主义法律运行研究

在本体论上,哈耶克是从批判整体主义或集体主义开始的。

---

[1] 根据学者研究,庞德的法律理论是功能主义的,其方法是整体主义的,因此,从严格的意义即方法论意义上说,庞德的"著名法律人的解释"实质上不属于个人主义进路范畴。笔者在此将他选入,是因为如前所述,他与其他学者不同,他的理论具有兼收并蓄和实用主义的特征;并在美国首次明确提出和强调了被19世纪遗忘的人的因素在法律研究中的重要作用和意义,唤起了人们对法律运行主体在法律运行过程中作用的关注和研究,对美国法律运行研究个人主义进路产生了深远影响。

[2] 哈耶克:《个人主义与经济秩序》,邓正来译,生活·读书·新知三联书店,2003,第10页。

哈耶克认为，整体主义认为社会科学研究的是客观的社会事实，是将自然科学研究有关给定的物理性事实的知识的观念外推至社会科学领域的结果。那么社会科学研究的社会事实是不是像自然科学那样是给定的物理性事实呢？"社会科学各个部门无一例外地都在关注人们在应对他们环境——亦即其他的人或其他的事物——的时候所采取的行为方式；或者，我们也可以这么说，这些行为方式乃是社会科学各个部门据以建立众人间关系模式的要素。"[1]为此，我们首先必须对这些人们活动的客体如工具、食物、药品、武器、词语、语句、通信和生产活动等进行定义或界定、分类，但显而易见，所有这些概念（更为具体的事例亦复如此）所指涉的并不是这些事物所具有的某些客观的特性（或者观察者能够从它们那里发现的特性），而是某个其他人对这些事物的看法。人们甚至无法从物理方面对这些客体进行定义，因为根本就没有一种单一的物理特性是某一种类中的任何一个成分所必定具有的。我们甚至还可以说，所有这些客体都不是根据它们所具有的"实在的"特性加以界定的，而是根据人们对它们的看法进行定义的。简言之，在社会科学中，事物乃是人们认为的事物。钱之所以是钱，词语之所以是词语，化妆品之所以是化妆品，只是因为某人认为它们是钱、词语和化妆品。[2]对社会科学研究客体的分类也是如此，它所依据的并不是作为观察者的我们所拥有的关于这些客体的知识，而是我们认为被观察者所拥有的有关这些客体的知识——我们通过某种方式附加给被观察者的有关客体

---

[1] 哈耶克：《个人主义与经济秩序》，邓正来译，生活·读书·新知三联书店，2003，第89页。
[2] 哈耶克：《个人主义与经济秩序》，邓正来译，生活·读书·新知三联书店，2003，第90-91页。

的知识。❶ 因此，社会科学研究的并不是人之行为所指向的环境，而是人之行为本身，如上面提到的词语、语句、通信和生产活动就是这样的事例。

同样地，对人之行为本身的研究之前也存在一个界定、分类，这种界定和分类所依凭的并不是什么物理特性，而是行动者的意见或意图。例如，当我们说某人有食物、钱或者讲了某个词语的时候，其中肯定包含了这样的意思：他知道食物能吃、钱可用来买东西、语词能够为人们所理解。那么我们究竟如何才能够知道一个人对其所处的环境持有某些特定的看法呢？我们一般会采用类推的方法，亦即根据自己的理解去理解他们的行动；也就是说，我们会把其他人的行动以及他们行动的客体归入我们只是根据我们自己的知识而知道的那些类型或范畴中去；也会将我们所知道的那种客体分类系统投射到某个其他人的身上，所依据的并不是我们对其他人的观察，而毋宁是因为我们就是根据这些类型来认识自己的。毋庸置疑，我们大家通常都是依凭这样一种假设行事的，即我们能够用这种方法根据我们自己的理解去解释其他人的行动；而且在绝大多数情形下，这种做法也是极为可行的。❷ 因此，我们之所以能够理解并适应一种"有意义"的行动方案，就是因为我们渐渐地不再把它视作一种具有某些物理特性的东西，而是把它视作一种与我们自己有目的的行动的模式相符合的东西。由此当然可以推知：我们所观察的人与我们自己的差别越大，我们所能够理解的东西也就越少；我们不仅不可能认识一种与我们自己心智不同的心智，而且就连谈论一种与我们自己心智不同的

---

❶ 哈耶克：《个人主义与经济秩序》，邓正来译，生活·读书·新知三联书店，2003，第92页。
❷ 参见哈耶克：《个人主义与经济秩序》，邓正来译，生活·读书·新知三联书店，2003，第95-97页。

心智都会变得毫无意义。❶ 因此，我们在社会科学中称为"社会事实"的东西，与个人行动或者它们的客体一样，都不是自然科学中特殊意义上的那种事实即给定的物理性事实，而是一些我们根据我们在自己心智中发现的那些要素建构起来的心智模式；而我们之所以要建构这些假设性模式，实是为了再现或重构我们所知道的存在于我们周遭世界中的那些社会关系模式，把日常言说中所遮蔽的和含混不清的东西阐释清楚。换言之，那种认为诸如"社会"或"国家"（乃至任何特定的社会制度或社会现象）等社会集合体在任何意义上都要比可理解的个人行动更加客观的观点和那些认为他们可以通过模仿自然科学模式而使社会科学变得更加"科学"的人所持有的信念，纯属幻想。❷

正因为如此，"我们唯有通过理解那些指向其他人并受其预期行为所指导的个人行为，方能达至对社会现象的理解"。❸ 换言之，这种哈耶克所称的"真个人主义"并不是研究所有人的行为，而是一种可能会对他人发生影响的、具有互动性的社会行为；明显地区别于"伪个人主义"所认为的"个人主义乃是一种以孤立的或自足的个人的存在为预设的（或者是以这样一项假设为基础的）观点，而不是一种以人的整个性质和特征都取决于他们存在于社会之中这样一个事实作为出发点的观点"。❹ 真个人主义认为，"通过对个人行为之综合影响的探究，我们发现：第一，人类赖以取

---

❶ 哈耶克：《个人主义与经济秩序》，邓正来译，生活·读书·新知三联书店，2003，第100页。
❷ 哈耶克：《个人主义与经济秩序》，邓正来译，生活·读书·新知三联书店，2003，第105页。
❸ 哈耶克：《个人主义与经济秩序》，邓正来译，生活·读书·新知三联书店，2003，第12页。
❹ 哈耶克：《个人主义与经济秩序》，邓正来译，生活·读书·新知三联书店，2003，第11页。

得成就的许多制度乃是在心智未加设计和指导的情况下逐渐形成并正在发挥作用的;第二,套用亚当·弗格森的话来说,'民族或国家乃是因偶然缘故而形成的,但是它们的制度则实实在在是人之行动的结果,而非人之设计的结果';第三,自由人经由自生自发的合作而创造的成就,往往要比他们个人的心智所能充分理解的东西更伟大"。❶

这种我们在人类事物中所发现的绝大多数秩序都是个人行动所产生的先前未预见的结果的观点,与那种把所有可发现的秩序都归之于刻意设计的观点之间所存在的区别,实乃是18世纪英国思想家所信奉的真个人主义与笛卡尔学派所主张的所谓的个人主义之间所存在的最大区别。但这个区别只不过是下述两种观点之间所存在的更广泛区别当中的一个方面而已:"一种观点在一般意义上认为,理性在人类事物中只具有相当小的作用;这就是说,这种观点主张,尽管人类事实上只在部分上受理性的指导,尽管个人理性是极其有限的而且也是不完全的,但是人类还是达到了他所拥有的一切成就;另一种观点则认为:第一,所有的人都始终可以平等且充分地拥有理性(Reason,亦即用大写字母开头的'理性');第二,人类所达成的每一项成就都是个人理性控制的直接结果,因而也受着个人理性的控制。我们甚至还可以这么说:前一种观点乃是人们敏锐地意识到个人心智之局限性的产物,因此它促使人们对那些有助于个人创造出远比他们所知道者更伟大的成就的非人格的且无个人特征的社会过程采取一种谦卑的态度;而后一种观点则是人们过分相信个人理性之力量的产物,因而也是他们蔑视任何并非理性刻意设计之物或任何为理性无法充分理

---

❶ 哈耶克:《个人主义与经济秩序》,邓正来译,生活·读书·新知三联书店,2003,第12页。

解之物的产物。"❶ 简言之，真个人主义的"个人理性"观实际上就是他一贯主张的"个人有限理性"观，而伪个人主义是一种"个人理性无限或个人理性至上"观。但归根结底，这种伪个人主义的个人理性观点乃是一个极具误导性的著名假定，即每个人都清楚自己的利益之所在。对真个人主义而言，这是站不住脚的，也是没有必要的。因为真个人主义认为："第一，任何人都不可能知道谁知道得最清楚；第二，我们能够据以发现这一点的唯一途径便是一种社会过程，而在这个过程中，每个人都可以自由地去尝试和发现他自己所能够做的事情。实际上，个人主义的基本假设认为，人之天赋和技艺乃是千差万别的，因此从整体上讲，任何一个个人对于所有其他社会成员所知道的绝大多数事情都处于一种无知的状态之中。如果我们用另一种方式来表达这个基本的主张，那么它就意味着，人之理性（即大写的'理性'）并不像唯理主义者所认为的那样是以单数形式存在的，亦即对于任何特定的人来讲都是给定的或者说是可资获得的，而必须被理解成一种人与人之间相互作用的过程；在这个过程中，任何人的贡献都要受到其他人的检测和纠正。显而易见，这一论辩假定，所有的人在其天赋和能力方面都是不尽相同的，因此任何人都没有资格对另一个人所具有的能力或被允许表现的能力做最终的判断。"❷

根据对个人知识的局限性的认识，以及根据任何个人或任何一小群人都不可能知道某个其他人所知道的所有事情这个事实，

---

❶ 哈耶克：《个人主义与经济秩序》，邓正来译，生活·读书·新知三联书店，2003，第 13 页。

❷ 哈耶克：《个人主义与经济秩序》，邓正来译，生活·读书·新知三联书店，2003，第 21-22 页。

个人主义还得出了一个极具实践意义的重要结论,即它要求对所有的强制性权力或一切排他性权力都施以严格的限制。换言之,在很多人看来唯有经由刻意决策才能做到的众多事情,实际上可以通过个人之间自生自发和自愿达成的合作而做得更好。因此,坚定的个人主义者应该是一个热心主张自愿合作的人士。[1] 当然,真个人主义并不是无政府主义,并不否定强制性权力的必要性,而是希望对这种权力施以限制,亦即把这种权力局限在那些必须依靠其他人来阻止强制的领域之中,并且期望把强制现象减少到最低限度。[2] 为此,我们必须对政府的活动范围与政府不得干预的活动范围作出明确的界分。以此为标准,政府的活动可分为:一种政府治理的活动乃是依据规则而展开的,而这些规则的主要目的就在于告知个人什么是他必须在其间进行活动的责任范围;另一种政府治理的活动则是依据那些旨在强行设定具体义务的命令而展开的。实际上,这种区分无异于"法律下的自由"与运用立法机器(而不论它是不是民主的立法机器)取消自由的做法之间所存在的那种区别。[3] 如果政府不是被限制在某些特定种类的行动范围之内,而是能够按照任何有助于特定目的的实现的方式任意使用它的权力,那么也就不可能有任何自由可言了。

因此,个人主义的秩序必须以抽象原则的实施为基础,而不得以具体命令的实施为基础,但这依旧没有解决我们所需要的一般性原则究竟是何种规则的问题。个人主义秩序虽说把强制性权

---

[1] 哈耶克:《个人主义与经济秩序》,邓正来译,生活·读书·新知三联书店,2003,第23页。
[2] 哈耶克:《个人主义与经济秩序》,邓正来译,生活·读书·新知三联书店,2003,第23页。
[3] 哈耶克:《个人主义与经济秩序》,邓正来译,生活·读书·新知三联书店,2003,第25页。

力的运用主要限制在了一种方式上,但它还是在设计一套最有效的规则方面为人的独创性留下了几乎无限广泛的领域。❶ 换言之,个人主义理论肯定有助于我们建构一种适当的法律框架,而且也肯定有助于我们改进或完善那些以自生自发的方式衍生而成的制度。也就是说,能够或应当被视作人之理性刻意型构之物的那部分社会秩序只是全部社会力量当中的一小部分而已。换言之,国家,作为对刻意组织起来的和有意识指导的力量的体现,应当只是我们所谓的"社会"这一极为丰富的有机体当中的一个很小的部分;此外,国家所应当提供的也只是一种能够使人们自由地(因而不是"有意识指导"地)进行最大限度之合作的框架而已。❷ 从上述观点中,我们可以推出两项推论,再一次洞见到真个人主义与唯理主义的伪个人主义之间的尖锐对立。首先,法国大革命所旨在实现的那种目标主张,应当用刻意的方式压制所有的居间性安排和结社,并且把刻意组织起来的国家视作一方而把个人视作另一方,但是真个人主义却认为,这根本就不是现实世界中的全部真实情况,因为社会交往过程中的非强制性惯例或约定也是维系人类社会有序运行的基本要素。其次,个人在参与社会进程的时候必须做好准备并自愿根据日益发生的变化调整自己的行动,而且还必须做好准备并自愿遵循那些并非智性设计之结果的惯例或约定,尽管这些惯例或约定的正当性在特定的情形中很可能是无法辨识的,而且这些惯例或约定对于个人来说也常常是难以理解的和理性不及的。与上面两点相关,真个人主义与唯

---

❶ 哈耶克:《个人主义与经济秩序》,邓正来译,生活·读书·新知三联书店,2003,第27页。
❷ 哈耶克:《个人主义与经济秩序》,邓正来译,生活·读书·新知三联书店,2003,第30页。

理主义的伪个人主义之间的尖锐对立还体现在以下几个方面：前者肯定家庭的价值及小群体之共同努力的价值，信奉地方自治和自愿结社，并在很大程度上将人们通常诉诸国家强制性行为的许多事情实际上可以经由自愿合作的方式而做得更好的观念作为其主张的基据；后者则把所有上述较小的群体全都分解成一些不存在任何内在凝聚力而只有国家强行设定的强制性规则对其适用的孤立的原子，试图对所有的社会交往关系都做出规定，而不是把国家主要当作一种保护个人的手段以防较小的群体僭越强制性权力。❶

对于一个个人主义社会的正常运行来说，这些传统和惯例是极其重要的。这些传统和惯例不仅自己是在自由社会中进化生成的，而且还在没有强制实施的情况下确立起了一些较有弹性的但却往往会得到人们遵循的规则；而一如我们所知，正是这些规则使得人们的行为有了一种很高程度的可预见性。人们自愿遵循这类规则的意愿——不仅是在人们知道遵循这些规则的理由的情况下，而且也是在人们没有明确的理由去违背这些规则的情况下依旧自愿遵循它们的意愿——实是社会交往规则得以逐渐进化和不断改善的一项必要条件。此外，如果人们想使废弃强制成为可能的话，那么他们在日常生活中随时准备服从或遵循那些并非出自任何人之设计的而且其理由也是任何人都可能无法理解的社会过程之产物的意愿，也是一项不可或缺的条件。如果一个群体有着共同的惯例和传统，那么该群体中的成员就可以在甚少组织和强制的情况下顺利开展有效的合作。更有甚者，与那种没有这种共同惯例和传统的群体相比较，这种群体所需要的正式组织和强制

---

❶ 哈耶克：《个人主义与经济秩序》，邓正来译，生活·读书·新知三联书店，2003，第30–31页。

也要少得多。反之也是正确的,即唯有在传统和惯例使得人们的行为具有很高程度的可预见性的那种社会里,人们才有可能把强制减少到最低限度。❶

对于第二项推论,哈耶克认为,在任何人的行动的影响都远远超出其可能的知识范围的复杂社会中,个人服从那些非人格的且看似理性不及的社会力量乃是极为必要的。在这里,"服从"不仅意指把行为规则作为有效的规则接受下来(亦即个人在不考虑什么样的问题在特定情形中将取决于人们遵循这些行为规则的情况下就把这些规则接受下来),而且还必须意指个人愿意根据那些会深刻影响到其财富和机会的各种变化以及他本人有可能完全不理解其原因的各种变化去调整自己的行动。在这个复杂的社会中,人们只能在服从社会力量和服从上级的命令之间进行选择。比较而言,接受服从社会力量如市场戒律至少给他留下了某种选择的余地,而接受其他人的指导则不会给他留下任何选择的余地;此外,可以在若干不尽如人意的可供选择的方案之间进行选择,也要比在强制下只能接受一种方案好得多。令人遗憾的是,人们一般都不愿意容忍或尊重那些无法被视作智性设计之产物的社会力量;而相信在科学的时代,唯有一种人造的道德制度、一种人为杜撰的语言,甚或一种人造的社会,才能够被证明是正当合理的;此外,人们也越来越不愿意遵循他们无法经由理性证明其功效的任何道德规则,或者越来越不愿意遵循他们并不知道其理据的那些惯例。实际上,这是唯理主义的"个人主义"观念(让所有的事情都变成有意识的个人理性,将所有的社会活动都必须成为一个设计严密的且得到人们公认的计划的一部分)的产物,它使个

---

❶ 哈耶克:《个人主义与经济秩序》,邓正来译,生活·读书·新知三联书店,2003,第 31-32 页。

人主义自由制度的运行变得极为困难或变得不可能。在这个问题上，个人主义哲学告诉了我们一个极为重要的道理，即尽管摧毁作为一个自由文明不可或缺之基础的那些自生自发的制度安排也许并不困难，但是这些基础一旦被摧毁，那么我们根本就不可能通过一种刻意的方式再重新构造出这样一种自由的文明了。[1]

总之，哈耶克的真个人主义的本质特征在于：它首先是一种社会理论，亦即一种旨在理解各种决定着人类社会生活的力量的努力；其次，它才是一套从这种社会观念中衍生出来的政治准则；并在此基础上发展出了"社会秩序二元观"（内部秩序或自发秩序与外部秩序或人造秩序或设计的秩序）和"法律二元论"（内部规则即自由的法律与外部规则即立法的法律）的理论，从而实现了从社会理论向自由理论再到法律理论的转换。在他宏大的社会理论中，哈耶克强调了内部秩序、内部规则等自生自发社会秩序的基础性和根本性，认为那些人造的秩序和人为设计的规则（包括立法机关制定的规则）必须以此为基础，否则社会就会处于混乱无序状态。只有在这个意义上，我们才能理解哈耶克所追求的社会理论的整个任务，乃在于这样一种努力，即在理论上重构存在于社会现象中的各种自发秩序。[2] 而且这些自生自发社会秩序都是人之行动而非人之设计的结果，我们只能从内部加以理解，采取个人主义的进路，因此，哈耶克强调的自生自发社会秩序在整个

---

[1] 参见哈耶克：《个人主义与经济秩序》，邓正来译，生活·读书·新知三联书店，2003，第32-34页。后来许多学者的研究从不同侧面验证了哈耶克的这一洞见，详细论述参见福山：《大分裂——人类本性与社会秩序的重建》，刘榜离、王胜利译，中国社会科学出版社，2002；帕特南：《使民主运转起来》，王列等译，江西人民出版社，2001；李惠斌、杨雪冬主编《社会资本与社会发展》，社会科学文献出版社，2000；等等。

[2] 韦森：《社会秩序的经济分析导论》，上海三联书店，2001，第41页。

社会秩序中的基础性和根本性，与韦伯强调的法律承担者行为的理性化的基础性和根本性一样，都具有方法论上的意义。

五、两条方法进路和三种法律运行观的比较与评价

（一）整体主义进路和国家主义法律运行观

与研究进路相联系，整体主义在研究对象上，强调"社会事实"的研究，因为一个社会事实的原因只能从另一个社会事实身上寻找，这就是涂尔干自称的他为"社会学研究规定的方向"。❶怎样进行社会事实的研究呢？他认为，首先"要把社会事实作为物来考察"；其次，"必须始终如一地摆脱一切预断"，但这条准则还没有说明社会学家应该怎样去抓住事实做客观研究；再次，"只应取一组预先根据一些共同的外在特征而定义的现象作为研究的对象，并把符合这个定义的全部现象收在同一研究之中"，但这些现象的外在特征是通过感觉而呈现在我们面前的，而感觉很容易是主观的；最后，当社会学家试图研究某一种类的社会事实时，他必须努力从社会事实脱离其在个人身上的表现而独立存在的侧面进行考察。❷这些被涂尔干称为的"观察社会事实的准则"，有强烈的科学主义、实证主义倾向，表现在法律运行研究上，就是强调从整体角度研究影响法律运行的外在社会因素或社会因素的某个方面，忽视或完全否定法律运行主体的研究。涂尔干的这些为社会学也是为法社会学，同时也是为法律运行研究提供的研究方向及其准则，不仅在他之前的学者研究中得到了不自觉的体现，而且也在他之后的学者研究中得到了自觉遵循。如对法律运行产

---

❶ 迪尔凯姆：《社会学方法的准则》，狄玉明译，商务印书馆，1995，第22页。
❷ 参见迪尔凯姆：《社会学方法的准则》，狄玉明译，商务印书馆，1995，第35－65页。

生影响的"社会事实",孟德斯鸠认为是政治、经济、风俗习惯、自然环境等社会因素,梅因认为是社会变迁,马克思认为是经济基础与上层建筑中的其他因素,帕森斯认为是经济系统、政治系统和社会化系统,诺内特与塞尔兹尼克认为是社会组织,卢曼认为是政治体系和"社会上适当的复杂性"即社会分工的发达,我国学者瞿同祖、费孝通、梁治平、苏力、赵旭东等则主要指社会结构,一般概括为政治、经济和文化等方面。

法律运行研究整体主义进路强调从整体上来研究影响法律运行的外在社会因素,主张将法律运行过程放在宏观社会环境中来进行考察,放在一个较长的时间间距和/或较宽的空间间距来透视影响法律运行过程的社会因素,尤其是对影响法律形成和发展的社会因素或社会条件的研究更是他们涉及较多和擅长的领域。这不仅体现在来自法学知识渊源的法社会学学者如孟德斯鸠、梅因、埃利希、屠布涅、苏力、梁治平等人身上;而且更突出地表现在来自社会学知识渊源的法社会学学者如马克思、涂尔干、帕森斯、卢曼、诺内特和塞尔兹尼克、吴景耀、瞿同祖、费孝通、赵旭东等人身上。他们尤其是国外学者一般是在自己宏大的社会学理论上来建构或论述自己宏大的有关法律运行的理论的,强调在社会学理论的基础上对"法律社会学"理论的重构,带有社会学考察与探索的色彩,并受到社会学复杂而隐晦的理论传统影响,有利于人们对法律运行进行多维度、多层次、多角度的思考,使法律运行研究带有玄妙、思辨的色彩,呈现出异彩纷呈的面貌,建构的法律运行理论也具有恢宏气势的特征。

法律运行研究整体主义进路表现出对法律运行研究有横向上的广度的优势和特征,同时也存在对法律运行研究有纵向上的深度的不足,忽视或缺乏对法律运行主体的研究,很少有像卡多佐、弗兰克等实用主义法学家对法律运行主体尤其是法官进行细致入微的深入研究。正如我国著名学者费孝通先生在总结自己的社区研究方法时所言，❶ 这种带有涂尔干式的社会观的研究进路具有"'见社会不见人'的缺点，我着眼于发展的模式，但没有充分注意具体的人在发展中是怎样思想，怎样感觉，怎样打算。……原因是我的注意力还是在社会变化而忽视了相应的人的变化"。❷ 以致使费孝通先生在自己下半生的学术研究实践和认识上，力求"不仅要看到社会结构，而且还要看到人，也就是我指出的心态的研究"；❸ 力求"既承认个人跳不出社会的掌握，而同时社会的演进也依靠着社会中个人所发生的能动性和主观作用。这是社会和个人的辩证关系，个人既是载体也是实体"。❹ 表现在法律运行研究整体主义进路上，就是只注重对影响或制约法律运行的社会因素、社会条件和社会结构的研究，忽视对法律运行主体的研究，忽视甚至完全否定法律运行主体在法律运行过程的作用。这是法律运行研究整体主义进路本身所持的"观察和解释社会事实的准则"必然带来的结果，也是它所持的科学主义、实证主义观念使然。

对于这种否定或忽视法律运行主体在法律运行过程中作用的观念，正如庞德所言："19世纪的法学家都试图把人的因素从司法中切割掉；他们试图把所有的个体化因素都从法律适用中切割掉；他们还信奉一种按照刚性的逻辑机械地建立并实施的封闭的规则体系。在这一封闭的规则体系的起源或运作过程中确认一种人格

---

❶ 这种社区研究方法也是一种整体主义进路。详细论述参见费孝通：《乡土中国　生育制度》，北京大学出版社，1998；赵旭东：《权力与公正：乡土社会的纠纷解决与权威多元》，天津古籍出版社，2003。
❷ 费孝通：《乡土中国　生育制度》，北京大学出版社，1998，第344页。
❸ 费孝通：《乡土中国　生育制度》，北京大学出版社，1998，第347页。
❹ 费孝通：《乡土中国　生育制度》，北京大学出版社，1998，第342页。

的创造性因素，在建构和确立这一规则体系的各种制度中确认一种人格的创造性因素，乃是极其困难的。因此，这种创造性因素便遭到了人们的无视，而且人们在机械自动的法律的假设后面又提出了一种自我发展的法律史的假设。"[1] 这种"自我发展的法律史的假设"被当代学者如哈耶克、[2] 诺内特和塞尔兹尼克、卢曼、屠布涅等人空前发挥，演绎出各种"自生法"说，都不同程度地存在着忽视对法律运行主体的研究。最为典型的如卢曼，不论是在他早期的法律体系论还是在他后期的沟通的自生体系说，欠缺对个人（法律体系的使用者、居住者、占据者）的关怀，成为一个人不在现场，人缺席的法律体系。[3] 尽管他后期的自生的法律观有重视个人和个体的倾向，如受哈贝马斯的影响，强调沟通的重要性并引入自己的自生法律学说之中，但他的这个个人不是构成社会的诸个人，却是构成法律界的体系。换言之，卢曼把一个团体（法律体系）的个体性，包括自生、自主、自导归诸或赋予一个首尾封闭的法律体系，而忘记或是故意疏忽这个体系的居民——法律体系中的诸个人（法官、律师、立法者、法律学者、法律相关人士）。他只见林而不见木，只见木而不见枝干树叶。这是只重制度，而忽视运用制度的诸个人的理论之通病。其原因是卢曼把自生体系看作超个人生物体的社会体系来看待，由是把个人边缘化，乃至造成个人的缺席。虽然他借用了哈贝马斯的沟通理论，但对哈贝马斯而言，他在体系与沟通行动之间宁取后者而放弃前者；对卢曼而言刚好相反，他偏好体系，舍弃沟通行

---

[1] 庞德：《法律史解释》，邓正来译，中国法制出版社，2002，第187页。
[2] 哈耶克与其他学者不同之处在于他研究"自生的法"采取的是个人主义进路，重视人的作用。
[3] 洪镰德：《法律社会学》，扬智文化事业股份有限公司，2001，第358页。

动。[1] 在组成社会的个人成为 20 世纪开端诸科学考察与研究的切入点，并被韦伯、弗洛伊德和哈贝马斯的方法论（强调个体的探究）提升了个人在社会和科学研究上的重要性的时代潮流下，卢曼逆潮流而动的研究方法遭到了许多学者的质疑和批评。如哈贝马斯认为，他是以体系的合理性来取代了传统主体为中心的理性，是不以人为中心，甚至是反行为主义的世界观。

更为重要的是，在这种主张（强调对影响法律运行的客观社会因素的研究，甚至将此等同于整个法律运行过程的研究，极力排除法律运行主体在法律运行过程的作用）的背后，流露的是一种机械的法律运行过程论：认为对影响法律运行的社会因素研究清楚了，整个法律运行过程就迎刃而解了；将社会因素对法律运行过程的影响视为一个机械的决定过程，忽视或完全否定法律运行主体在整个法律运行过程中的作用；认为法律运行主体只是国家权力作用于法律运行的载体，只是一部"自动售货机"；有将法律运行过程简单化、理想化的倾向。这种法律运行观与国家主义法律运行观在精神上是相通的。不同的是，前者包括的范围更广，除了国家权力外还包括其他社会因素，而后者仅仅或主要指国家权力；但在对法律运行主体在整个法律运行过程中作用的认识上两者是一致的，都忽视或完全否定法律运行主体在整个法律运行过程中的能动作用，都认为法律运行主体只是国家权力作用于法律运行的"载体"，而不是"实体"，实质上是一种国家主义法律运行观。

（二）个人主义进路和行为主义法律运行观

如果说整体主义进路形成的是一种国家主义法律运行观，那

---

[1] 洪镰德：《法律社会学》，扬智文化事业股份有限公司，2001，第 375 页。

么，个人主义进路形成的是一种行为主义法律运行观；如果说国家主义法律运行观强调社会因素（含国家权力）在法律运行过程中的作用，忽视甚至完全否定法律运行主体在其中的作用，并把法律运行过程实质上视为国家权力简单而机械的运动过程，那么，行为主义法律运行观则强调对法律运行过程中的法律运行主体的研究，强调法律运行主体在整个法律运行过程中的作用和地位，强调对法律运行主体行为的研究，并认为法律运行过程的实质是法律运行主体即人的行为的过程。

当然，在个人主义进路形成的行为主义法律运行观中，根据对人的行为侧重关注的内容不同，还可以进一步细分为个人行为主义法律运行观和社会行为主义法律运行观。

个人行为主义法律运行观侧重关注的是人的行为中"人之个人行为"，如弗兰克、舒伯特等，极端强调法律运行主体人尤其是法官在法律运行过程中的作用，将个人的行为尤其是法官的个人行为（个性、心理活动等）直接等同于法律或法律运行过程，甚至将法律运行过程的研究直接等同于人特别是法官的心理活动的分析，认为内部力量是驱动法律运行的唯一力量，完全否定外部力量尤其是国家力量在法律运行中的作用，极力排除社会因素对其个人行为的影响，主张把孤立且独立于社会的个人作为一切法律活动的出发点，最终陷入了主观唯心主义的泥潭。这种法律运行观表面上看是一种极端的个人行为主义法律运行观，实质上是一种伪行为主义法律运行观，也是一种伪自由主义的法律运行观。

比较而言，社会行为主义法律运行观侧重关注的是"人之社会行为"，如韦伯、哈耶克、布莱克、卡多佐等，不仅认为社会科学研究的对象是人的行为，是具有主观意义的人的行为，使之与整体主义法律运行观的观点（研究对象是社会事实）区分开来，而且认为社会科学并不是研究人的所有的行为,而只是其中的人的社会行为,使之区分于伪个人主义所持的只研究孤立且独立于社会的个人行为的观念。社会行为主义法律运行观在主张把人作为一切法律活动的出发点的同时,认为人不是孤立且独立于社会的,而是受社会因素的影响,是历史与社会现实中的人,不是真空中的人。因此,社会行为主义法律运行观在强调法律运行主体人在整个法律运行过程中的主导作用和基础性地位的同时,并不完全排除社会因素对法律运行主体人的社会制约作用,并不完全排除社会因素对整个法律运行过程的影响;在强调内部力量基础性地位的同时,也不完全否定外部国家力量的推动作用,认为法律运行过程是一个内部力量驱动为主、辅之以外部力量推动的过程,是一个主观与客观、微观与宏观、内部与外部相互作用的过程。可见,社会行为主义法律运行观在剔除了上述国家主义法律运行观和个人行为主义法律运行观的不合理因素的同时,吸收了两者的合理性成分,是一种较接近于社会真实的法律运行观,相对而言是一种较客观、较科学的法律运行观,是一种真行为主义法律运行观,是一种真自由主义的法律运行观,是一种应该倡导和实践的法律运行观,也是本书所持的一种法律运行观。

CHAPTER 02 >> 第二章

法律运行过程

不同的法律运行观,对法律运行过程建构的侧重点及其思路不同。整体主义进路在法律运行过程的认识上,由于强调对影响法律运行的客观社会因素研究,甚至将此等同于整个法律运行过程的研究,将社会因素对法律运行过程的影响视为一个机械的决定过程,极力排除法律运行主体在法律运行过程的能动作用,将法律运行主体视为国家权力的"附庸""载体",其背后流露的是一种机械的法律运行过程论,实质上也是一种国家主义的法律运行观。相反,极端的个人主义进路只注意法律运行主体的研究,甚至将法律运行的研究变为法律运行主体尤其是法官的心理学的分析,将法律运行主体尤其是法官的个性心理因素在法律运行过程中的作用无限扩大,忽视甚至完全否定社会因素对法律运行的制约作用,最终陷入了主观唯心的法律运行观的泥潭,实质上是一种"伪自由主义"法律运行观。由韦伯开启和其他学者运用和发展的方法论个人主义进路,虽然从根本上强调法律运行主体在法律运行过程中的主导作用，但它并不排斥宏观社会环境因素对法律运行过程的作用和影响，认为法律运行过程是主观因素和客观因素、微观与宏观共同影响、作用的过程，有吸收整体主义进路和极端个人主义进路与国家主义法律运行观和"伪自由主义"法律运行观各自的优势和避免各自缺陷的倾向，其方法进路和法律运行观较为客观、科学，是一种真自由主义法律运行观，也是一种社会行为主义法律运行观（见图0.2）。

但由于社会行为主义法律运行观的理论兴趣和研究题域不同，❶ 对具体法律运行过程尤其对这个主观因素和客观因素、微观与宏观共同影响、作用的过程都没有专门而详细地展开和论述，给人的印象好像法律运行过程是它们简单的机械的相加过程，是一个(1)+(3)=(4)的过程，而不是一个有机融合的过程，即(1)+(3)=(2)的过程（见图0.2）。因此，其主观与客观、微观与宏观的结合也不够彻底，在这个意义上，它也是一种机械的法律运行过程论；尽管哈特、布莱克、卡多佐、科特威尔等学者从不同的角度涉及或提出了这样的问题，❷ 但他们都没有专门而具体地论述这个过程，至少没有从理论上论述这个过程，而这正是本

---

❶ 如韦伯、哈贝马斯、哈耶克等主要兴趣是宏大社会学理论的建构。

❷ 关于布莱克和卡多佐前面已涉及。对于科特威尔，他在论述他将从法律的社会学功能理论转向"法律的接受及其合法性"的研究的原因时，提出了这个问题："怎样来发展一种这样的社会理论（完全适合法学理论的需要），它既不会流于对复杂的个人生活过分简单的描述，即不把个人看作仅仅是体系中的一个单位，其行为是由完全独立于他自己而存在的社会体系结构所决定；也不会把个人看作是一个除了其在社会经济结构中所处的地位外，在社会分析中没有任何意义的漫画式人物？"但他也没有从理论上专门论述这个过程。参见：科特威尔：《法律社会学导论》，潘大松等译，华夏出版社，1989，第160页。哈特提出的将公民守法的理由分"内在观点"和"外在观点"的理论，就涉及这个问题。参见哈特：《法律的概念》，张文显等译，中国大百科全书出版社，1996，第84-92页。

书的主旨所在（见图0.2）。本书力图在韦伯、哈耶克等的方法论个人主义进路及其社会行为主义法律运行观的指引下，在布莱克、卡多佐、科特威尔、哈特、川岛武宜、罗尔斯等学者对这个问题的有关研究和中国学者近来有关此问题的大量实证研究的基础上，❶ 从社会学中人的社会化理论角度，对具体法律运行过程加以阐述，并从横向和纵向两个方面加以动态的展开（见图0.2）。

一、法律运行过程建构的理论：人的社会化与法

（一）前人研究概况

首先对人的社会化与法律的关系问题进行探索的是著名结构功能主义大师帕森斯。帕森斯首先是一位社会学家，然后是一位法社会学家。他受到涂尔干、韦伯等学者的影响，提出了他的社会体系论，并在此基础上论述了他的法律理论，这主要体现在1951年出版的他的最重要也是最著名的《社会体系》一书中。帕森斯认为，任

---

❶ 这些实证研究主要包括：王铭铭、王斯福主编《乡土社会的秩序、公正与权威》，中国政法大学出版社，1997；苏力：《法治及其本土资源》，中国政法大学出版社，1996；苏力：《送法下乡：中国基层司法制度研究》，中国政法大学出版社，2000；苏力：《制度是如何形成的》，中山大学出版社，1999，第83－99页；苏力：《道路通向城市：转型中国的法治》，法律出版社，2004；梁治平：《在边缘处思考》，法律出版社，2003；赵旭东：《权力与公正：乡土社会的纠纷解决与权威多元》，天津古籍出版社，2003；郭星华等：《法律与社会：社会学和法学的视角》，中国人民大学出版社，2004；朱景文：《比较法社会学的框架和方法》，中国人民大学出版社，2001；强世功：《法制与治理：国家转型中的法律》，中国政法大学出版社，2003；李楯主编《法律社会学》，中国政法大学出版社，1999；张洪涛：《社会学视野中的法律与习惯》，载《民间法》第2卷，山东人民出版社，2003，第56－72页；杨柳：《模糊的法律产品》，载《北大法律评论》第2卷第1辑，法律出版社，1999，第208－225页；贺卫方：《通过司法实现社会正义：对中国法官现状的一个透视》，载夏勇主编《走向权利的时代》，中国政法大学出版社，1995，第209－284页；赵旭东：《习俗、权威与纠纷解决的场域》，《社会学研究》2001年第2期，第74－84页。

何社会体系之所以能够存续与发展，靠的是下述四个功能：适应（adaptation，A）；目标达致（goal attainment，G）；整合（integration，I）；模式维持（pattern maintenance，P）或潜势力（latency，L）。社会体系的这四个功能要素主要由社会中的四个系统要素来承担：适应功能主要由经济系统承担，目标达致功能主要由政治系统承担，整合功能主要由法律系统承担，模式维持主要由社会化系统承担如家庭、学校等。所谓模式维持，就是指涉社会体系中的个人们如何来遵守大家同意的规范性期待，而成为他们行动的动机。由于社会期待其成员遵守与符合传统的行为模式，所以会订立各种制度化的价值，让其成员透过社会化的过程，潜移默化为个人行事的依据。教育的、家庭的和宗教的体系都能符合模式维持的功能。

那么它们之间又是怎样的关系呢？也就是法律在现代社会中的位置如何？为此，必须明晰它的规范性结构与四大功能之间的纽带联系。也就是弄清楚价值观、社会规范、集体活动、个人角色同适应、整合、目标达致和模式维持之间的关系。当某一社会的功能任务之间相互分离，以及规范性结构的要素之间相互分离达到一定程度时，就必然导致法律与社会其他方面、其他制度的脱钩，也就是法律独立自主之始。在现代西方社会，随着功能和结构上的分化趋势，规范性结构的四个层次（价值、规范、集体、个人）日益紧密地与功能上四个次体系（适应、整合、目标和模式）产生了一一对应的关系。因此，在由规范性结构所决定的控制与适应（自上而下由价值到规范、由集体到个人的控制运动，加强体系对其成员之约束，以求社会的稳定；自下而上地，反方向地适应运动，产生压力，促进社会变革）等级中，最能感受来自适应方面求新求变压力的是经济领域，其次是政治领域中的行政规划与行政组织方面，再次是法律层次上的社会共同体，最后是感觉比较迟钝、应变弹性低的社会价值层次上的模式维持，即潜势力部分。由此导致的结果是，法律最终必须反映与仰赖于社会的价值观，但在西方社会，却是由法律来普遍控制政治和经济活动模式或类型，即法治成为高于一切的制度。这就是法律在西方现代整个社会体系中的地位，也是法律与其他系统尤其是社会化系统之间的关系——法律必须仰赖于社会化系统的支持，同时必须反映社会化而形成的社会的价值观。

然而，帕森斯的观点却是以一个靠不住的假设作为前提的，对社会、法律系统只做理论上的推演，对法律系统的功能以及法律与社会体系其他部分的互动关系的实际情况没有进行研究。美国社会学家 H. 布雷德姆尔看到了帕森斯的这个不足，借助帕森斯的分析研究框架，并在三个方面修正了帕森斯的概念：他认为把法律关系看成社会一个必要的次级体系，而不像帕森斯把法律等同为社会其他控制机制；他认为现代社会适应性的次级体系不限于经济，而应该把适应环境的任何难题乃至科技问题也包括进来；解决争端是法律整合功能的主要工作，所以对法律的分析，主要围绕法庭的活动来进行，才能收到实效。

他研究发现，社会的四个次级体系之间的相互依赖，有待彼此之间的"交换"。其中，法律系统与政治系统，由国家权力合法化需要联系起来，其基础是法治观点和用法律表述政治目标，从而使政治目标具体化；而政治系统为法律系统提供指导方针，为法律的实行提供保证。法律对社会化系统的贡献是：通过在案件判决中发扬和运用公正观念，从而维护、加强基本的社会价值观念；反过来，法律也依赖于公民的社会化，使他们接受、运用法律并愿意依靠法律的力量。法律有助适应性子系统中社会和经济活动的高度组织化，同时从适应性子系统中吸取关于社会生活条件和社会生活环境的知识、信息和资源（养分）。这样法令与裁判才能令人民信服，而维持其有效性。否则，立法规定和司法判决对未来社会关系的引导和制约作用就无从谈起。

另外，帕森斯前述把社会体系赖以维持的规范和价值观的接受问题看成是"人的社会化"（human's socialization）问题，即社会体系通过某种机制再塑社会成员相应的动机和态度的作用过程。所以，有效的社会化是维持一个社会体系正常运转和发展所必需的功能，其作用是适当地培养和形成个体的态度和观念，以确保社会体系健康、协调地发展。帕森斯的社会化概念后来被广泛地运用到对社会体系的各个子体系（包括政治体系、经济体系、法律体系、道德体系、科技体系、教育体系、文化体系等方面）的社会学分析研究之中，形成了政治社会化、经济社会化、道德社会化、科技社会化、教育社会化和习俗化等理论。在此，特别需要进一步说明的是，还有许多学者在人的社会化理论基础上进一步发展了法律社会化（legal socialization）的思想，并试图阐明在个体中信赖法律的思想发展过程和机制。

（二）人的社会化和法律社会化的过程与程度

美国社会心理学杰出学者琼·塔帕（June Tapp），在认识发展理论家皮亚杰和劳伦斯·科尔伯格（Lawrence Kohlberg）的道德发展理论研究的基础上，提出了自己的法律发展理论，即人类个体从童年开始对法律规则的态度的发展方向有顺序的几个阶段和三个层次：第一层次是惯例前阶段，包括遵守法律只是为了避免惩罚的阶段和遵守法律以获得利益的"享乐主义"阶段；第二层次是惯例阶段，遵守法律规则，仅仅是因为它们是规则而已，最初表现是为了讨好他人,随之是为了履行自己的义务或者对权力的尊重;第三层次是惯例后阶段,是与来自权力的任何要求无关的对道德准则的支持的层次,包括"社会契约"阶段即涉及拥护立宪主义和保证社会稳定及其变迁有秩序进行变革阶段和最后阶段,即只有当法律完全反映道德标准,人们才自觉地遵守法律的阶段,但大多数人无法达到这一境界。尽管对法律的态度的发展阶段做明确划分并与道德发展联系起来,有明显的牵强附会之嫌,但它为我们认识人们法律态度发展和法律社会化勾勒了一个有益的理论研究框架。由于社会中的每个成员所处的家庭环境、所受的学校教育和其他社会环境不同,法律社会化的程度也不同——借用哈特的"内在观点""外在观点"说——有的达到了对法律的遵守是持"外在观点"的程度,即人们遵守法律是因为存在外部强制力,而有的达到了持"内在观点"的程度。有的还甚至出现法律社会化失败的问题——犯罪,要进行再法律社会化;有的只是停留在法律知识获得的较浅层次,只是将法律知识的获得作为达到自己某种目的的工具,一旦与自己的目的相冲突或无关,法律就会被抛弃;有的不只是要获得法律知识,而且将法律知识内化,并转化成自己的行为模式,不因外在压力的消失而失去对法律遵守的动力;有的还要进一步形成自己的法律角色意识,将法律角色规范——与角色相对应的法律权利与义务规范——根植于个人的内心深处,形成对法律的信仰和情感。❶

(三)人的社会化和法律社会化的机制

那么,为什么人的社会化呈现出程度上的差异呢?回答这个

---

❶ 参见饶艾、张洪涛:《法社会学:社会学视野》,西南交通大学出版社,2002,第100-102页。

问题必须进一步弄清人的社会化的机制问题。在个体中信赖法律的思想发展机制（法律社会化机制）研究方面，一般认为，人的社会化的动力主要来自外部的强制和人类自然的生理根基。其区别在于有的强调外部的强制即社会环境的作用和力量，而有的突出内部的人类自然的生理根基，目前大致形成了两大理论流派。[1]

1. 内在观点

内在观点把研究的重点放在一个人生命过程中的不同阶段的成长或发展经验上，他们认为，在人的发展成长过程中，虽然外来因素和学习经验很重要，但主要是由内部生理因素决定的，这主要包括美国社会学家库利（C. H. Cooley）的"镜中我"理论、皮亚杰的认知发展理论、米德（G. H. Mead）的符号互动理论、奥地利精神分析学家弗洛伊德的人的心理结构理论、科尔伯格的道德发展理论和上述塔帕的法律发展理论，甚至还包括早期的美国心理学家詹姆斯（William James）的"自我"理论。其中最为典型的是弗洛伊德的理论，在此加以说明。

法律社会化的理论是在人的社会化理论的基础上提出来的。对个人而言，人的社会化的最终结果就是自我概念即自我角色的形成。最早将"自我"概念引入社会化研究并对其做出出色研究的是美国社会学家库利，提出了"镜中我"的理论。米德在总结前人研究的基础上，提出了自己的社会化理论——符号互动理论。库利和米德虽然都注重社会化过程中个体因素的作用，但也没有完全忽视社会因素的影响，认为自我是个人与社会互动的结果。而奥地利精神分析学家弗洛伊德则否定社会因素的作用，强调生

---

[1] Ellen S, Cohn Susan O, White, *Legal Socialization—A Study of Norms and Rule* (New York: Springer - Verlag New York Inc, 1990), p. 27 - 49.

物因素特别是性的因素在社会化过程中的作用。

弗洛伊德把人的心理结构分为本我（id）、自我（ego）和超我（superego）三个部分。本我是最原始的本能欲求，为人所本有，其行为表现均在于满足生物本能的冲动。本我受本能驱动，奉行唯乐原则，往往同外部社会发生冲突。自我则是后天发展的，它根源于本我，由于本我的各种需要在现实中不可能立即和全部得到满足，所以个体必须接受现实的限制，学会在现实中获得需求的满足。于是，这一服从现实的一部分即从本我中分离出来，成为自我。其行为表现则能顾及外界要求，控制本我的冲动，奉行的是有节制地满足本我需要的现实原则。超我是从自我中分离出来的，是人格结构中的最高部分。它是把外部世界人们的价值选择、道德倾向和行为准则内化而形成的心理部分，服从社会的道德要求，在整个人格结构中居于管制地位，对人格的其他部分进行审查和监控，遵循完美原则。它反映社会对个人本我这种生物本能、生命冲动和生活欲望的约束，以理性和良知的形成支配自我，指导自我，实现对本我的压抑。在三者中，自我和超我属于意识层次，本我属于潜意识层次。后者长期处于前者的压抑和控制之下，处于无意识状态。人的心理结构的三个组成部分既有矛盾的一面，又有协调一致的一面，这种协调一致主要是通过自我来实现的。在超我在压抑本我的同时，奉行现实原则的自我将可能把压抑到无意识之中的本我的心理能量通过一种迂回的、社会可接受的以及不与代表社会规范、行为准则的超我冲突的方式引发出来，使本我的需要得到满足。因此，那些社会性较强的需要是有其先天的自然根基的，是人的本我能量以另一种可为社会接受的形式表现出来的宣泄和释放。当社会规范包括社会的风俗习惯最终与人的生存需要相一致时，这种规范就易于内化，易于与人的生存需要相连接而成为人的心理结构中深层潜意识中的信仰需要。反之，这种社会规范就不易内化，不宜与人的生存需要相连接，不易成为人的心理结构中的深层需要。作为社会规范的风俗习惯能够进入人的行为和心理，与人难解难分并流传至今，就是因为它的存在是有其先天的自然根基的，是与人的生存需要一致的，易于与人的生存需要相连接而成为人的心理结构中深层潜意识中的信仰需要。当然，与人的生存需要最终相背离的社会规范（含风俗习惯）也不是绝对不可以内化的。但这有两个代价：一是长期的灌输，严格的社会控制和对人行为的有力监视；二是当这种与生存需要不一致的社会规范最终内化之后，必然以压抑人的生物本能和生命原始冲动为代价，使有血有肉的独立的人变成为一种失去自我、失去生命冲动的模式化的社会工具，即异化了。但这种情况是社会的一种极端状况，不是社会的常态，对于在民间自然而然形成的社会风俗习惯是不可能出现的。

2. 外在观点

与持内在观点的人刚好相反，持外在观点的人则强调其外部力量对人的行为的影响，重视其外因。最为典型的是激进的行为主义理论，认为人类的行为模式为刺激→反应。在最广泛的意义上，该模式并不区分人与动物的行为，将社会环境概念化为各种人类感官对其做出反应的刺激物，分为先时的和随后的，反应分为合目的的、应答的和操作性的。实际的社会行为是非应答的，而是在很大范围内是需要一个刺激→反应→刺激的顺序而把结果影响纳入学习过程。[1] 社会学习理论研究可观察到的人或动物的行为。如鲁特尔认为，行为可能性是期待和增强的函数，[2] 这种外在

---

[1] Ellen S, Cohn Susan O, White, *Legal Socialization—A Study of Norms and Rule* (New York: Springer - Verlag New York Inc, 1990), p. 40.

[2] J. B. Rotter, *Social Learning and Clinical Psychology* (New York: Prentice - Hall, 1954), p. 108.

的增强分为连续增强和间歇增强，负增强（如惩罚）和正增强（如酬赏）。[1] 行为主义者主要强调了这种外在增强值对行为可能性的影响，认为所有的行为皆是经学习而获得的，他们主要研究学习行为的过程以及刺激学习的动机。人们之所以采取与社会风俗、习惯一致的行为，是因为当人们违反它时就会造成惩罚（如孤立、排斥、嘲笑等），遵守它时就会得到酬赏（如接纳你、尊重你、给你面子等）。人们之所以采取与风俗、习惯一致的行为而不愿遵守国家法律，是因为违反风俗、习惯的负增强值比违反国家法律的负增强值要大。

3. 比较与评价

外在观点在目前犯罪学研究中受到了质疑。古典犯罪学研究者认为，犯罪行为是犯罪者从犯罪活动中可能获得的利益和因触犯法律而受到法律制裁所可能遭受的损失之间比较的结果。而当代犯罪学的研究，尤其是关于激情性犯罪行为的研究表明，罪犯者对其行为所引起的法律后果并未做认真的考虑，其着重研究犯罪行为的心理动机的领域。而且，由于因果关系的复杂性，导致这一领域（如死刑与杀人罪的犯罪率的关系）的所有研究几乎都充满矛盾，不同类型犯罪中，法律的威慑作用有很大的差别。这一切都使通过法律制裁而达到遵守法律的传统观点陷入了困境。尽管如此，在一定条件下，外在力量对人们遵守法律的行为显然起着潜移默化的作用，即使很难确定在怎样的环境下及用哪一类制裁措施更有效果。但是，外在观点对人们遵守法律行为的解释，存在很大的局限性，尤其是研究者本人没有能力辨别实现假定惩

---

[1] C. B. Ferster, B. F. Skinner, *Schedules of Reinforcement* (New York: Appleton-cenrnty-Crofts, 1957). 转引自陈奎熹：《教育社会学》，三民书局股份有限公司，1998，第51页。

罚的作用的社会心理过程，而使这种研究大为逊色，并且这种社会心理过程根据不同的社会环境和人的个性而不同。当然，重视内在力量和个人心理、生理因素也并不是要将此变为纯心理学的分析，如上述弗洛伊德的研究，而是承认社会现象——法律、政治结构、社会规范和经济制度——并不仅仅是从外部对个人发挥作用，而且本身也是个人与社会交互作用的结果和具体表现。

那么，"怎样来发展一种这样的社会理论（完全适合法学理论的需要），它既不会流于对复杂的个人生活过分简单的描述，即不把个人看作仅仅是体系中的一个单位，其行为是由完全独立于他自己而存在的社会体系结构所决定；也不会把个人看作是一个除了其在社会经济结构中所处的地位外，在社会分析中没有任何意义的漫画式人物？"❶ "在强调个人行为与动机时，是否有可能与探索法律和社会的一般理论方法协调起来？换言之，即是否有可能产生一种折中的方法：既能在社会学中保留理解的优点，充分考虑到复杂的个人经验和主观性，同时又能在理论上承认和阐述法律作为法学家熟悉的学说和规章的客观体系的实在性？"❷ 在这个方面做出重要探索的是前面所说社会行为主义法律运行观，尤其是韦伯和哈耶克的法律社会学的研究。他们有一个共同的地方就是，在强调内部力量的根本性、基础性作用的同时，并不忽视外部力量的作用和影响，这是我们进行法律运行过程研究的出发点和基本构架。

（四）本书的理论建构

由于结构功能主义侧重于研究社会的协调发展，强调社会的稳定；由于它是以西方现代社会作为它研究和思考的社会标本，

---

❶ 科特威尔：《法律社会学导论》，潘大松等译，华夏出版社，1989，第160页。
❷ 科特威尔：《法律社会学导论》，潘大松等译，华夏出版社，1989，第173页。

而西方社会的法律是内生于社会内部的，法律与社会形成了一个共同发展的整体，因此，它们较少研究社会的冲突方面，特别是法律与社会的不和谐问题，尤其是其中最重要的价值不一致甚至冲突问题。正如科特威尔所指出的，帕森斯理论中最有问题的部分是涉及社会价值的概念。社会价值是维持西方社会凝聚力的共同目标，曾经是涂尔干苦心焦虑未曾解决的问题。这个问题同样困扰着帕森斯。但他只是指出，法律只有在社会中对基本的社会价值毫无争议，以及执行无异议时，才得以蓬勃发展。共同价值的存在，被他适当地用来说明复杂的社会环境。这些价值观曾经是西方社会工业化进程的精神支柱，时至今日仍旧是社会秩序的基石。深藏于法律之内的价值观的根源和本质，无论如何也是法律的社会学分析要解决的中心问题。相比之下，帕森斯在著作中把当代西方社会的产生和维持说成仅仅是机械性的系统调节问题，而不是迫切需要分析的问题；他通过把社会设想为一个系统结构，并指出什么是社会全部需要的"正常"或可预见部分，就可以鉴别"非正常"部分，并按众口一词的价值观念做社会学上的分析，而对实际社会需要是否与他的理论所假设的社会需要一致的问题，不做实际的具体分析，较少把这些社会现象放在一个复杂的、变动的社会环境中加以考察，也忽略把它们与其内在复杂的历史进程相互联系。这不仅表现在前面提到的法律系统与社会化子系统之间具体关系的实际考察上，也表现在它对人的社会化具体内容的实际考察上。具体而言，由于他假设社会价值是铁板一块的，因此，他也不可能考察人的社会化具体内容的差异性问题，更不可能考察这个问题对法律系统的影响，也更加不可能考察在法律外生于社会的国家中，人的社会化具体内容的差异性问题对所在国法律运行的影响，以及与此相关的社会化程度的差异性、对法律社会化机制认识的不同对法律运行的影响。即使是后来的学者对这个问题也没有注意,因为西方国家的法律是内生于社会的,法律与社会的差异甚至冲突不是那么显著,尽管他们也在一定程度上实际存在这个问题(如法律多元)。

因此,在人的社会化与法律之间的关系上,美国社会学家布雷德姆尔通过研究得出结论认为:"法律对社会化系统的贡献是:通过在案件中的判决中发扬和运用公正观念,从而维护、加强基本的社会价值观念。反过来,法律也依赖于公民的社会化,从而使他们普遍接受法律并愿意依靠法律的力量。"[1] 但是,他的这个结论,与帕森斯一样,存在着一个共同的假设前提,即人的社会化的内容(法律、政治、经济、道德、习俗等社会因素)是一致的,对公民的社会化是怎样使公民普遍接受法律并愿意依靠法律的力量的问题也不做具体的研究。因此,他的这个人的社会化与法律之间关系的结论有其局限性,特别是对法律外生于社会的国家如我国,必须做语境化的理解。

在此,笔者将以法律与习惯为例,将这个问题放在中国目前正在进行的法制现代化建设的大背景下进行具体的考察。但由于笔者关注的是理论问题,因此并不限于习惯与法律,也包括法律与道德、政治、经济等社会因素,这些可能分散在文章的其他部分。同时,笔者还要考察社会化内容的差异性及其带来社会化程度的差异性和社会化机制的差异性对法律运行的影响。

社会学的研究认为,人的社会化的内容包括外显的行为模式(风俗习惯等)和内隐的行为模式(价值、信仰等)。而民俗学的研究认为,人的社会化就是人的习俗化。这种习俗包括三个方面:

---

[1] 科特威尔:《法律社会学导论》,潘大松等译,华夏出版社,1989,第 102 – 103 页。

使用工具获取产品的生产习惯、社会生活的习惯和语言交流的习惯。正是这三个方面构成人类婴儿出生于此的既定的习惯模型。婴儿出生之时就是人的习俗化、社会化开始之时,个人从此融入了充满人类社会的习俗体系,难解难分。人的社会化是一个持续终身的过程,人的习俗化也是一个持续终身的过程。❶ 另外,人的社会化也是一个价值内化的过程,只不过存在于民间社会的价值观念是依据习俗来界定,通过习俗来表达。❷ 人类社会的风俗、习惯正是通过人的社会化、习俗化而流传下来的,离开了所有个人的负载,习俗则毫无意义。❸

然而,人的社会化、习俗化又是如何使他们普遍地接受法律并愿意依靠法律的力量的呢?除非法律的发展主要是社会习惯的演进,所有的法律都是习惯。❹ 在这种情况下,人的社会化、习俗化在某种意义上就是人在法律方面的社会化即法律社会化。人的社会化、习俗化越成功,法律社会化就越成功,而法律社会化的成功进行就会促进人们普遍地接受法律并愿意依靠法律的力量,最终使法律内化成为人们的信仰需要。相反,当法律与习惯断裂、不一致甚至冲突时,人的社会化、习俗化就与法律社会化出现断裂和冲突,即人的社会化、习俗化越成功,人们离法律的距离越远,就会阻止、破坏人们对法律的信赖、遵守和适用,法律就难以内化成为人们的信仰需要。中西方法律和法学的发展史恰好从正反两个方面验证了这一点。

---

❶ 参见乌丙安:《民俗学原理》,辽宁教育出版社,2001,第32-133页。
❷ 赵旭东:《乡土社会的"正义观"——一个初步的理论分析》,载王铭铭、王斯福主编《乡土社会的秩序、公正与权威》,中国政法大学出版社,1997,第563-607页。
❸ 乌丙安:《民俗学原理》,辽宁教育出版社,2001,第32页及以下。
❹ 刘全德主编《西方法律思想史》,中国政法大学出版社,1996,第113页。

首先，让我们来看看西方的情形。从西方法律的源头《十二铜表法》甚至更早的《汉谟拉比法典》到古罗马法典再到法国民法典、德国民法典以及瑞士民法典，它们无不是或多或少地对已存在的习惯的采录、归纳、提炼或对历史上存在的习惯的承接或通过开放性条款对未来的习惯加以吸纳。至于说非官方的编辑成册的习惯法更是林林总总，如法兰西的《诺曼底古习惯法》（1200年）、《诺曼底大习惯法典》（1225年）、《波瓦西习惯集》（1283年）、《法兰西主要习惯法或查理六世的习惯法》（13世纪）、《商法典》（1673年）、《海上法典》（1681年），德意志的《萨克森法典》（1230年）、《德意志人之法鉴》，英格兰的《论英国的法律和习惯》（亨利二世）、布莱克顿的《英格兰的法律与习惯》（亨利三世）等等。❶ 英美法系，通过遵循先例的原则运用司法判决的方式保证了对习惯的最有效、最广泛地吸纳。❷ 以致使亨利·莱维·布律尔认为："习惯法在暗中制定新的法律，它是法律规则的生命力，它的适用范围是无限的。它并非法律各种渊源的一种，可以毫不夸张地说，它是法律的唯一渊源。"❸

那些源于西方社会的原生状态的弥散的非形式理性化的习惯之所以能成为西方形式理性化的法律渊源，一个重要的原因是西方历代的法学家、法律家非常重视对习惯法的研究。从西方法律思想的源头亚里士多德到英格兰的布莱克顿、柯克、布莱克斯东（Blackstone）再到古典自然法学派的著名人物孟德斯鸠、卢梭和历史法学派的萨维尼、梅因、卡特再到社会法学派的埃利希、狄骥、

---

❶ 参见由嵘主编《外国法制史》，北京大学出版社，1992，第143-154页。
❷ 千叶正士：《法律多元——从日本法律文化迈向一般理论》，强世功等译，中国政法大学出版社，1997，第115页及以下。
❸ 亨利·莱维·布律尔：《法律社会学》，许均译，上海人民出版社，1987，第39页。

韦伯再到当代的萨姆纳、卡多佐、恩格斯、霍贝尔、哈耶克等，他们无不论述习惯法的重要，论述制定法对习惯法的吸纳和尊重。总之，"在西方，官僚法（制定法——引者注）与习惯法没有进行短路式的结合，两者之间通过程序、法解释学技术以及职业法律家等的媒介作用而统一成为有机的整体"，❶ "法律、习惯和惯例属于同一个连续统一体，即它们之间的演变难以察觉"。❷

而中国的情形与此形成了鲜明的对照。作为有5000多年文明史的文明古国，作为一个造纸术和印刷术的发明古国，传承下来的古代文献可以说无与伦比，但是，无论是官方的还是非官方的专门的习惯法的汇编及其对习惯法的专门论著，从目前的考古发现的史料来看，都不禁令人感到囊中羞涩！以致现代研究中国习惯法的学者如果按照传统研究理论和研究方法，必然面临着研究资料的欠缺，因此，迫使他们必须来一个传统研究理论和研究方法的转变，必须把研究的目光投向地方官府档案和一些地方志的记载以及一些诉讼文书中。❸ 这种状况直到清末民初《民事习惯调查报告录》❹的完成才有所改观。但是，这些丰富的本土资源却未

---

❶ 季卫东：《现代法治国的条件（代译序）》，载昂格尔《现代社会中的法律》，吴玉章，周汉华译，中国政法大学出版社，1994，"代译序"，第3页。
❷ 韦伯：《论经济与社会中的法律》，张乃根译，中国大百科全书出版社，1998，第20页。
❸ 梁治平：《清代习惯法：社会与国家》，"自序"，中国政法大学出版社，1996，第2页。另见滋贺秀三：《清代诉讼制度之民事法源的考察——作为法源的习惯》，载王亚新、梁治平编《明清时期的民事审判与民间契约》，王亚新等译，法律出版社，1998，第54-96页。
❹ 滋贺秀三认为，尽管此书具有前所未有的开创性价值，但在严格意义上，如其书名所示，仍然只是有关事实的调查报告，而非把习惯作为规范命题表述出来的书籍。参见滋贺秀三：《清代诉讼制度之民事法源的考察——作为法源的习惯》，载王亚新、梁治平编《明清时期的民事审判与民间契约》，王亚新等译，法律出版社，1998，第54-96页。

能注入20世纪上半叶的中国立法尤其是民事立法实践中,使当局的"准诸本国习惯"的立法理念流产了。究其原因,是在中国历史上没有像西方那样对习惯法进行系统的整理和研究,缺少对习惯法研究的学术累积。❶ 这种"自动"产生的不大可能自动达到较高程度的形式理性化的民间社会秩序,必须通过诉讼程序、法解释学技术和职业法律家阶层等媒介才能达到形式理性化,这些在中国的社会历史上正是我们所缺乏的。因此,中国的国家制定法与习惯法在客观实际上尽管有分工配合,甚至在长期演进和互动过程中彼此渗透,❷ 但是,由于国家关心习惯法是出于对国家制定法实施的关心,并非这些习惯的内在机理,它们并不是被从其内部予以注意、观察和探究,而主要被从外部加以统摄,使习惯法与制定法这两种不同的知识传统之间缺少一种内在和有机的连接,因此,在此基础之上形成的习惯法与制定法之间的"分工",实具有"断裂"性质。❸ 而且,在我国目前的法治建设中,两者的冲突、断裂可以说是史无前例的。❹

---

❶ 前南京国民政府司法行政部编《民事习惯调查报告录》(上),中国政法大学出版社,2000,序言,第15页;梁治平:《清代习惯法:社会与国家》,中国政法大学出版社,1996,第134页。
❷ 梁治平:《清代习惯法:社会与国家》,中国政法大学出版社,1996,第129页。
❸ 梁治平:《清代习惯法:社会与国家》,中国政法大学出版社,1996,第139-140页。
❹ 在目前的西方社会,随着法律形式化、自治化的发展,法律与社会也出现了某种程度的断裂和脱节。但在西方存在的法律日益脱离民众生活和民俗民德的问题与我国目前存在的法律脱离习俗习惯的问题是两个根本性质不同的问题。前者是西方历时性出现的问题,即它是西方法律形式化、自治化后出现的一个后现代性的问题;后者是一个共时性的问题,即它是我国正在进行的法律形式化、自治化的过程中或之前出现的问题,是我国法律现代化中又要顾及法律后现代化的一个问题。因此,在这个意义上,我国的制定法和习惯法的冲突、断裂是史无前例的。

因此，布雷德姆尔的有关人的社会化与"法律的普遍接受并愿意依靠法律的力量"的关系的结论只是对西方国家法律演化历史的理论总结，只符合法律是内生于社会的国家的事实，只适用于法律与习惯融为一体的情况。相反，在我国，由于法律与习惯的断裂、不一致甚至冲突，所以他的这个结论并不适用于我国的情形。也就是说，在我国，人的社会化并不必然促进人们对法律的信赖、遵守和适用；相反，人的社会化的成功进行在一定程度上会阻止、破坏人们对法律的信赖、遵守和适用，这种情况在我国的农村社会及偏远地区表现得尤为突出。可想而知，在我国，国家制定法的实施面临着多大的来自人的社会化而带来的习惯、习俗的巨大阻力。人的社会化是一个生物人能为社会成员接纳所进行的必经"工序"，是从出生的那天开始并伴随终身的事情，是时时刻刻、无处不有并按自己特有的逻辑发展的过程。而且人与人之间的社会化是相互影响、相互渗透、相互传递、相互验证、相互加强的，只要他们生活的社区"老根是不常动的"，❶ 只要他们有相同或相似的社会经济环境、职业生涯、生活经历、传统文化、自然环境，不论他们是男是女，是老是少，识字的还是目不识丁的，他们都会以相同的内容、相同的方式，在不同的时间和地域完成各自的社会化，最终达到相同的社会化结果——分享共同的社会规则、社会风俗习惯，形成共同的语言表达习惯、共同的思维习惯、共同的道德信仰、共同的生活目标和追求，最终形成一个同质的共同体即习惯共同体（中国的绝大部分农村社会都是如此）。当这个同质的共同体受到一种异质的外来的东西如国家制定法的侵扰时，就会自动地、本能地顽强地进行不同形式的反

---

❶ 费孝通：《乡土中国　生育制度》，北京大学出版社，1998，第8页。

抗，就会使组成这个同质共同体的成员感到紧张、诚惶诚恐、焦躁不安，最终爆发出一股无形的力量去抵抗外来的侵扰，抵抗国家制定法的实施。

当然，人的社会化内容的差异性并不必然影响到法律正常的运行，只是为其他社会因素影响法律正常运行提供了可能性；只有当两者即法律因素与其他社会因素社会化的程度出现差异时，才能将这种可能性变为社会现实。具体而言，还是以法律与习惯为例，当法律社会化的程度高于习俗化的程度时，也就是当法律与习惯相遇时由于法律社会化的程度高于习惯而使法律的力量大于习惯的力量的时候，尽管这时法律与习俗存在其差异，但它并不会改变法律正常运行；相反地，只有当法律社会化的程度低于习俗化时，进而法律的力量小于习惯的力量的时候，法律与习惯的差异性才会影响到法律正常的运行，使法律运行的航向偏离。而且，在现实社会生活中，后一种情况出现的可能性更大，因为习惯之所以能流传下来并存活于社会现实，是因为习惯的社会化程度即习俗化程度都比较高，甚至渗透进了人们的无意识行为之中，成了人们内心的信仰需求。

与这种社会化的程度紧密相连的是社会化的机制即社会化的动力问题。根据上述有关学者的研究尤其是发展成长理论的研究发现，人的社会化最根本的动力源于人的自身内部的生理需要。当社会规范与人的生理需要相一致的时候，这种社会规范的社会化的动力就较大，社会化的程度就较高；反之，当社会规范与人的生理需要不相一致甚至冲突的时候，其社会化程度就较低，这种社会规范就容易为人们在一定情况下所放弃，尽管这时存在着一种外部的强制力量如国家强制力，也是如此。

二、法律运行过程横向的动态展开

(一) 法律运行过程的横向展开

一切社会现象都是社会行为的结果,对社会现象的解释都必须建立在对社会行为的理解基础上,法律或法律运行作为一种规则性的社会行为,也是如此。[1] 因此,法律运行过程实质上是人的行为的过程,由处于法律运行过程中的法律运行主体的行为逐步向前推进的过程。因此,加深对法律运行过程中法律运行主体的研究和理解,特别是对其行为的意义和动机的理解,是我们能否科学地研究法律运行过程的关键。我们能否细致地观摩、细心地体认法律运行中的主体——人,并同情地理解和移情地思考法律运行中人的行为的意义,都直接影响我们对法律运行过程的认识和理解。社会学中的人的社会化理论尤其是法律社会化理论,有助于我们对法律运行过程中的"社会人"尤其是"法律人"的理解。因为,这个理论告诉我们,现实社会中的人是从人出生开始不断进行社会化的结果,是在长期的历史发展过程中逐步形成的,从而使我们对现实中人(社会人和法律人)的理解能够放在历史发展中进行理解,达到对法律运行中的人(既是社会人又是法律人)的理解,能够实现历史与逻辑的统一。另外,由于"社会人"与"法律人"的可相互转换性和共通性,所以我们可以在法律运行的内部和法律运行的外部、人的社会化和人的法律社会化之间自由地切换,从而也保障了法律运行中狭义的法律承担者(法律人)的法律行动与广义的法律承担者(社会中的人)的法律行动

---

[1] 参见韦伯:《经济与社会》(上卷),林荣远译,商务印书馆,1997,第54-68页;哈耶克:《个人主义与经济秩序》,邓正来译,生活·读书·新知三联书店,2003,第1-51页。

一定程度的一致性,[1] 也相应地保证其法律行为和法律运行的有效性与正当性。因为,法律运行的有效与正当与否,不是由"法律人"单独保证的,而是由社会中所有的人所共同保证承担的。[2] 可见,从社会学中人的社会化理论的角度来研究法律运行过程特别是对法律运行过程中法律运行主体的理解,也许是一条有效的途径。

  法律运行过程本身也适合我们从这个角度来理解。我们研究的这种行为,不是单纯的个人行为,而是一种社会行为,即一种不仅与行为者或行为者们自己的主观意向息息相关,而且根据行为者所认为的行为的意向,它还关联着别人的举止,并在行为的过程中以此为取向的行为,并不排除外部社会因素的影响。[3] 因此,对法律运行的理解和研究必须放在人与人互动的整个社会环境中来进行,研究社会因素(含法律因素)怎样通过影响人达到对法律运行的影响;否则,就不是法社会学的研究。由于社会因素的丰富而又复杂,因此适宜借鉴整体主义的研究方法,以使我们对社会因素的把握更全面、更清晰,也具有一定的开放性。但只是停留在对社会因素的宏观把握是远远不够的。静止地看,社会因素与法律运行并不必然发生关系,也不会自动地进入法律运行的内部并对其发生影响,只有当社会因素影响了人或为人所接受并进入人的体内,从而影响人的行为的时候,社会因素才影响了法律运行的方向、过程和最后的结果(见图0.2)。这又要求我

---

[1] 某种意义上说,社会中的人进行法律的社会行动的时候,他就应该算是一个法律的承担者。
[2] 林端:《儒家伦理与法律文化》,中国政法大学出版社,2002,第55页。
[3] 韦伯:《经济与社会》(上卷),林荣远译,商务印书馆,1997,第54-68页;哈耶克:《个人主义与经济秩序》,邓正来译,生活·读书·新知三联书店,2003,第1-51页。

们从微观的层面来审视、研究法律运行过程，使宏观层面的把握和微观层面的透视得到紧密结合。可见，法律运行主体——人——是沟通宏观与微观的桥梁，既是法律得以正常运行的真正主体，又是一切社会关系的总和。

法律运行主体在社会环境的影响面前，并不是消极被动的。在某种程度上，在一定的条件下，他总是会修改法律运行的最终结果。不论是法律因素还是其他社会因素，都必须经过法律运行主体的"过滤作用"、"修正作用"❶和"化合作用"，❷才能对法律运行产生影响。同时，这个"化合物"生产的过程也不是法律因素与其他社会因素简单相加的过程和结果，而是一个"化学反应"的过程，是产生新物质的过程。这就是庞德总结的"创造性立法和创造性司法"的过程，即"耶林曾用化学法理学（juristic chemistry）这一极富启发性的称谓去称呼创造性法理科学。这就是说，创造性法理科学乃是一种对那些经过挑选的法律因素进行组合以创制出某些新的复合物的科学。但是，创造性法律科学却往往走得更远，经常从外界吸纳新的因素，并用类比的方法发展这些新因素或者将这些新因素与现有的法律因素相结合以创制出更新颖的复合物。这些新的复合物一般来讲并不是某种渐次展现的结果，而是人们努力规定某一具体案件的结果——这种努力导致人们适用一种具体的解决方法，而在此之后，其他人则着手进行尝试性的概括，直至人们在最后构设出一种更具包容性的秩序"。❸不管是法律因素还是其他社会因素，它们并不必然地、自动地发生互动，也并不必然地对法律运行的最终结果产生作用，只有

---

❶ 朱景文：《现代西方法社会学》，法律出版社，1994，第219-226页。
❷ 卡多佐：《司法过程的性质》，苏力译，商务印书馆，1998，第2页。
❸ 庞德：《法律史解释》，邓正来译，中国法制出版社，2002，第200-201页。

当——借用卡多佐的话——"法官并非安坐在法官席上,而是插手了这一酿制"的时候,只有当这些"成分"影响了法官并通过法官这个"导管"进而被法官投入法院的锅炉(在笔者看来最根本的应该是法官的大脑)中,它才发生作用,才能对法律运行的最终结果产生影响。❶

社会因素和法律因素是通过法律运行主体人这个管道进入并被人认同、接受而影响法律运行主体的行为(含法律行为),进而影响法律运行过程的(见图0.2)。那么这些社会因素和法律因素又是怎样被法律运行主体认同、接受并进入其体内甚至"肉体化"的呢?

第一,看看社会因素。任何人首先是作为一个生物人而存在的,为了成为一个被社会承认、接纳的合格社会成员,必须成为一个合格的社会人。这个从"生物人"向"社会人"转化的过程,就是社会学所称的人的社会化的过程,是个体与社会互动过程中个体被动学习社会的文化与主动对社会文化的选择和调适的统一过程。❷ 这些社会因素作为社会文化的重要组成部分,就是通过人的社会化过程来影响人或为人所接受并进入人的体内甚至"肉体化"。习惯上,人们将这些社会因素理念化地分为政治因素、道德因素、经济因素、习惯等方面。因此,政治因素影响人或为人所接受并进入人的体内的过程,就是人的政治社会化的过程;❸ 道德因素影响人或为人所接受并进入人的体内的过程,就是人的道德

---

❶ 卡多佐:《司法过程的性质》,苏力译,商务印书馆,1998,第2页。
❷ David A. Goslin, *Handbook of Socialization Theory and Research* (Chicago: Rand Mc. Nally. & Company, 1969).
❸ 洪伟:《论政治社会化》,《浙江大学学报(人文社会科学版)》1995年第1期。

社会化的过程;❶ 经济因素影响人或为人所接受并进入人的体内的过程,就是人的经济社会化的过程;❷ 习俗惯例因素影响人或为人所接受并进入人的体内的过程,就是人的习俗化的过程。❸

第二,看看法律因素。与人们以前对人的社会化的认识(人在社会文化面前只是被动地吸纳、吞食社会文化)一样,人们在法律面前只是而且只能是被动地吸纳、执行国家法律规则和法律文化。这种情况在法律领域更为突出,因为与其他领域不同的是,它有日益强大的国家强制力作为保障。因此,在国家主义法律运行观色彩浓重的时期和国家更是如此,这种情况即使是有自由主义传统的英美也不例外。人在法律面前也不是消极被动的,即使是身处法律运行过程中的法律运行主体也不例外,甚至还包括大陆法系作为法律运行的机器而设计的法官,他们都有一个"过滤""修正"的过程,至少有一个"法律解释"的过程,有一个"自由裁量"的问题,改用社会学的话说,他们也有一个选择和调适法律的过程,尽管这个选择和调适的空间相对而言较狭小。❹ 因此,这种法律因素影响人或为人所接受并进入人的体内的过程,是一

---

❶ 陈秉璋、陈信木:《道德社会学》,桂冠图书股份有限公司,1988,第113 - 140页。
❷ Peter Lunt, Adrian Furnham, *Economical Socialization* (Cheltenham: Edward Elgar Publishing Limited, 1996).
❸ 乌丙安:《民俗学原理》,辽宁教育出版社,2001,第72 - 125页。
❹ Black Donald, *The Behavior of Law* (New York: Academic Press, 1976); Black Donald, *Sociological Justice* (New York: Oxford University Press, 1989); 庞德:《法律史解释》,邓正来译,中国法制出版社,2002;卡多佐:《司法过程的性质》,苏力译,商务印书馆,1998;张洪涛:《社会学视野中的法律与习惯》,载谢晖、陈金钊主编《民间法》(第2卷),山东人民出版社,2003,第56 - 72页;苏力:《送法下乡:中国基层司法制度研究》,中国政法大学出版社,2000;苏力:《制度是如何形成的》,中山大学出版社,1999;赵旭东:《权力与公正:乡土社会的纠纷解决与权威多元》,天津古籍出版社,2003;杨柳:《模糊的法律产品》,载《北大法律评论》(第2卷第1辑),法律出版社,1999。

个法律运行主体与法律互动的过程,也是一个法律社会化的过程(见图0.2)。[1]

(二) 法律运行过程横向的动态展开

为了能在动态中来更好地把握对法律运行过程的认识和理解,我们可以将静止存在的法律因素和其他社会因素对法律运行过程的影响,转化成动态的人的法律社会化和人的社会化对法律运行过程的影响问题。又由于这种法律社会化理论也是在人的社会化理论基础上发展而来的,是人的社会化理论在法律领域的应用,并试图阐明在个体中信赖法律的思想的发展的机制和过程,也是人的社会化理论的一个组成部分,因此,我们还可以将法律社会化与其他人的社会化放在人的社会化理论的同一框架体系来加以动态的考察 (见图0.2)。

首先,从人的社会化的内容来看,主要考察法律因素与非法律因素、法律社会化与其他的人的社会化之间的关系及其对法律运行过程和结果的影响。作为参与法律活动的人,都有一个法律社会化的问题;而作为社会中的人,又有一个人的社会化的问题,包括政治社会化、道德社会化、习俗化、经济社会化等方面。[2] 当这些作为人的全部社会化的内容的法律因素与非法律因素一致或基本精神一致或者至少不相互冲突的时候,法律社会化与其他的人的社会化就相应地保持一致或至少不相互冲突,这时人的社会

---

[1] Ellen S, Cohn Susan O, White, *Legal Socialization—A Study of Norms and Rule* (New York: Springer - Verlag New York Inc, 1990);张洪涛:《社会学视野中的法律与习惯》,载谢晖、陈金钊主编《民间法》(第2卷),山东人民出版社,2003,第56-72页;科特威尔:《法律社会学导论》,潘大松等译,华夏出版社,1989,第165页。

[2] 贺卫方:《通过司法实现社会主义:对中国法官现状的一个透视》,载夏勇主编《走向权利的时代》,中国政法大学出版社,1995,第209-284页。

化的过程就是法律社会化的过程,就会推动人们去遵守法律的规定,并按照法律规定的法律行为模式来选择自己的社会行为模式,从而使两者呈现出一种良性互动的关系,"法律对社会化系统的贡献是通过在案件中的判决中发扬和运用公正观念,从而维护、加强基本的社会价值观念;反过来,法律也依赖于公民的社会化,从而使他们普遍接受法律并愿意依靠法律的力量",❶ 法律运行就会较为顺畅。最为典型的就是法律内生于社会的西方,就是如此。相反,当法律因素与非法律因素出现断裂、不一致甚至冲突的时候,法律社会化与人的社会化就会出现断裂和冲突。人的社会化越成功,人们离法律的距离越远,就会阻止、破坏人们对法律的信赖、遵守和适用,法律就难以内化成为人们的信仰需要,法律运行就面临巨大的社会阻力。最为典型的就是目前我国社会法律运行中出现的问题。❷

诚然,西方社会目前也面临着法律运行不畅的问题,它不但不与之相冲突,相反进一步证明了这个问题。正如韦伯所预言的,西方法律是个不断理性化发展的过程,最后造成法律的形式理性与实质理性的紧张、分叉甚至冲突;表现在社会层面就是,随着法律理性化、自治化和形式化的不断提高,法律日益远离社会,远离生活,法律与社会生活的距离越来越大,从而使原先人的社会化与法律社会化呈现出的一种良性互动的关系出现了紧张,人的社会化与法律社会化的方向并不完全一致甚至相反,法律运行面临许多困难和障碍。不论是"回应型法""沟通的法""反思型法""自生的法""后科层制法"方案,还是哈耶克将"法律"与

---

❶ 科特威尔:《法律社会学导论》,潘大松等译,华夏出版社,1989,第102-103页。
❷ 张洪涛:《社会学视野中的法律与习惯》,载谢晖、陈金钊主编《民间法》(第2卷),山东人民出版社,2003,第56-72页。

"立法"概念严格区分开来并强调"自生自发的内部规则"在整个"不断扩展的秩序"中的基础性地位,都是对韦伯上述问题的不同回应,都是要解决西方法律的"再实质化"的问题,都是要将西方目前形式理性化的"刚性法治"变为注重实质理性的"软性法治",都是要解决法律与社会生活脱节的问题,从而使法律社会化与人的社会化的方向保持一致或基本一致或至少不出现冲突。两大法系在解决这个问题时,表现出不同的制度安排。英美法系选择的是一种较灵活的以司法为主导的法律运行模式,使反映社会生活要求的社会因素能够及时而顺畅地进入法律运行之中,法律社会化与人的社会化的方向能保持一致或基本一致,从而使法律运行较为顺畅;而大陆法系选择的是一种较为刚性的以立法为主导的法律运行模式,使反映社会生活要求的社会因素相对而言不能够及时而顺畅地进入法律运行之中,从而使法律运行不够畅通。

其次,从人的社会化的程度来看,即使进行同一内容的社会化,在不同的社会成员身上也有一个社会化程度差异的问题。每个社会成员生活的社会环境是不同的,尤其是其中的家庭环境、所受的教育程度、所接触的社会同辈群体等也是有差别的,使之社会化程度表现出较大的不同:有的社会化较为成功,而有的社会化并不成功,甚至需要再社会化。即使是社会化较为成功的社会成员,内部也表现出程度的不同。如对个人而言,在法律社会化程度方面大致表现出三个不同的层次:最低层面是法律知识的获得,其次是法律规范的内化,最后是法律角色意识的形成。[1]在西方,法律不仅是世俗政策的工具,而且是生活终极目标和意

---

[1] 王子琳主编《法律社会学》,吉林大学出版社,1991,第146-148页;饶艾、张洪涛:《法社会学:社会学视野》,西南交通大学出版社,2002,第100-101页。

义的一部分，❶ 法律社会化的程度较高，法律运行过程就较为顺畅。在我国，法律始终是作为世俗政策的工具而引进的，❷ 人们的法律社会化并不成功或者处于较低层次——只是获得法律知识；而且这种法律知识远未内化成为自己的信仰、自己的生活追求和终极目标，更没有形成法律角色意识，即使是法官等法律专业工作人员也不例外。当这种法律社会化程度不高的法律与人的社会化程度较高的社会规范如习惯相遇时，表现得尤为明显。因此，国家法律在现实生活中出现被规避、置换、肢解、曲解、困惑等尴尬的情形，法律运行的航向发生偏离，法律运行过程极其艰难。❸

这些在不同法律运行主体之间表现出来的程度差异，在同一法律运行主体作为法律人和社会人之间也可以表现出来，从而使法律运行更加艰难。如法官作为社会人有一个人的社会化问题，作为法律人有一个法律社会化问题。❹ 当两者出现程度上的差异（如习俗化的程度较高而法律社会化的程度较低）的时候，在法官身上就会出现法律让位于习俗，法律运行的航向就会发生偏离。❺

那么，人的社会化和法律社会化为什么表现出程度的不同呢？这就是人的社会化的动力问题。人的社会化的动力主要来自外部

---

❶ 伯尔曼：《法律与宗教》，梁治平译，生活·读书·新知三联书店，1991，第43页。
❷ 关于我国"法律工具论"，参见周小明等：《法与市场秩序——市场经济法律机制研究》，贵州人民出版社，1995，第1-24页。
❸ 详细论述，参见张洪涛：《社会学视野中的法律与习惯》，载谢晖、陈金钊主编《民间法》（第2卷），山东人民出版社，2003，第56-72页。
❹ 卡尔·N. 卢埃林：《美国判例法制度》，黄列译，《法学译丛》1989年第5期。
❺ 张洪涛：《社会学视野中的法律与习惯》，载谢晖、陈金钊主编《民间法》（第2卷），山东人民出版社，2003，第56-72页。

的强制和内在的人类自然的生理根基。❶ 在人的社会化过程中，人们之所以认同、接受、遵守社会规范，就是因为社会规范能够满足人的需要。而在人的需要心理结构层次中，不论弗洛伊德的本我、自我和超我的心理结构理论，还是马斯洛的人的需要的层次理论，都说明人的生理需要是最基本的、最普遍的也是最持久的需要，而且是其他需要的先天的自然根基。因此，当社会规范最终与人的生理需要相一致时，这种规范就易于内化，易于与人的生活需要相连接而成为人的心理结构中深层潜意识中的信仰的需要；反之，则不易内化，不易与人的生存需要相连接，不宜成为人的心理结构中的信仰需要。也因此，许多学者总是力求将社会秩序建立在人的本性的基础上，一方面是使自己的社会秩序更具有科学性，也更具有合法性；❷ 另一方面也使这种建立在人的本性的基础上的社会规范"肉体化"，得到整个社会成员的普遍遵从。不论是直接的人的本性论，❸ 还是间接的变化了的古典自然法学派的人性论以及后来花样百出的理性论（包括有限理性论），❹ 都具有或至少具有这种倾向。可见，法律的被接受，最终在于它回应了人类最根本的生理需要以及在此基础上衍生出来的其他需要。

中西法律实践从正反两个方面说明了这个问题。当人们认为

---

❶ 张洪涛：《社会学视野中的法律与习惯》，载谢晖、陈金钊主编《民间法》（第2卷），山东人民出版社，2003，第56－72页。

❷ 著名社会学学者周雪光在来武汉大学讲学时，提到自己曾经用实证方法证实这个观点。

❸ 这方面的著作参见库利：《人类本性与社会秩序》，包凡一、王源译，华夏出版社，1999；弗洛伊德：《精神分析引论新编》，高觉敷译，商务印书馆，1987；福山：《大分裂——人类本性与社会秩序的重建》，刘榜离、王胜利译，中国社会科学出版社，2002。

❹ 人性论有洛克、霍布斯、卢梭等人，理性论有韦伯、哈贝马斯、波斯纳、哈耶克等人。

人的社会化的动力主要来自人类自然的生理根基的时候，人们就会认为推动法律向前运行的动力主要来自法律运行内部，来自处于法律运行主导地位的法律运行主体，实质上来自我们是否以及在多大程度上来满足法律运行主体的自然的生理需要，并以"本我"的标准来设计我们的法律规范，注重对"内在制度""自发秩序""活法""民间法"等的吸纳和"再制度化"。这样的法律会为大多数社会成员所认同、接受，法律运行也较为顺畅，基本上不需要外部的国家强制力量的介入。自由资本主义时期的法律尤其是其"私法"及其思想观念就是其典型。

但人类自然的生理需要并非完美无缺，也并非无所不能，需要对此"惩恶扬善"，需要对"本我"进行修正，主张有节制地满足本我需要。因此，人的社会化的动力除了主要来自人类自然的生理根基外，还需要外部强制力量尤其是国家强制力量的补充。这时，人们就会认为推动法律向前运行的动力还需要外部国家强制力量的补充；并以"自我"的标准来设计我们的法律规范，强调法律规范既要照顾人类本身的自然的生理需要，又要回应整个社会共同需要并以国家、政府的面目表现出来，同时强调前者处于一种基础性地位，后者必须以前者为基础、为依归。哈耶克将两者分别称为"内部秩序"或"自由的法律"和"外部秩序"或"立法的法律"，并借用亚当·斯密的话说明了两者的关系："制度中的人……似乎在想象，他能够像在棋盘上随意摆布不同的棋子一样，轻而易举地安排一个大社会中的不同成员。他没有考虑到，棋盘上的棋子，除了手指强加给它们的移动原则以外，没有任何其他原则；但是，在人类社会这个巨大的棋盘上，每一个人都有着他自己的运动原则，而且这些原则还与立法机构可能强加给他的运动原则完全不同。如果这两种原则恰好相吻合并趋于同一方向,那么人类社会中的人与人之间的竞技或生活就会顺利且和谐地进化下去,而且极有可能是幸福的和成功的。如果这两种原则相反或对立,那么人类社会中的人与人之间的生活就会以悲惨的方式持续下去,而且这种社会也肯定会始终处于最为失序的状态之中。"❶ 这样的法律,大致上也会为大多数社会成员所认同、接受,因为它在根本上还是回应了人类本身的自然的生理需要,至少不与其发生冲突;即使是以国家面目出现的法律,也必须以此为限,所以法律运行也较为顺畅,只需要外部国家强制力量的适当介入。垄断资本主义前期直至福利国家理论之前提出的"私法社会化"及其思想观念就是其典型。

随着现代国家的发达以致成为现代社会生活的核心,国家权力全面介入社会生活,出现了哈贝马斯所称的体系界殖民与宰制生活界的局面,使人类在修正"本我"的道路上越走越远,以致矫枉过正,片面扩大国家强制力在法律运行过程中的作用;甚至将这种外部国家强制力量视为推动法律运行的唯一力量,忽视或者完全否定法律运行主体在法律运行过程中的作用,最终颠覆了弗洛伊德、亚当·斯密、库利、马斯洛、韦伯、哈耶克等学者为这两股力量所确立的关系,出现了福山所说的人类社会的"大分裂"局面。❷ 完全以"超我"的标准来为社会生活提供法律规范,片面强调法律满足国家的需要并以社会公共福利的面貌出现,忽视或基本不考虑法律对社会成员最根本的生理需要以及在此基础上衍生出的其他社会需要的满足,使这种法律难以法律社会化,

---

❶ 转引自哈耶克:《法律、立法与自由》(第1卷),邓正来等译,中国大百科全书出版社,2000,第52页。
❷ 福山:《大分裂——人类本性与社会秩序的重建》,刘榜离、王胜利译,中国社会科学出版社,2002,第1页及以下。

法律运行极其艰难。资本主义"福利国家计划"时期和社会主义国家计划经济时期的立法，就是其典型。

三、法律运行过程纵向的动态展开

（一）法律运行过程的纵向展开

法律运行过程纵向的动态展开，是在法律运行过程横向的动态展开基础上历时性的展开。法律因素和其他社会因素是通过法律运行主体——人——这个管道进入并被人认同、接受而影响法律运行主体的行为（含法律行为），进而影响法律运行过程；而法律因素和其他社会因素又是通过法律社会化和其他人的社会化而被法律运行主体认同、接受并进入其体内甚至"肉体化"的。因此，法律运行过程在横向上地展开，是一个法律因素和其他社会因素通过法律社会化与其他人的社会化而为人所认同、接受而影响法律运行主体的行为进而影响法律运行的过程，在横向上的动态展开就是一个法律社会化与其他人的社会化在其内容、程度、动力机制等方面博弈的过程（见图 2.1）。而人的社会化（含法律社会化）是从出生的那天开始并伴随终身、持续终身的，是时时刻刻、无处不有并按自己特有的逻辑发展的过程。这些法律因素和其他社会因素并不是一次性地进入人体，而是一个逐步渗透、逐步累积、逐步发展的"润物细无声"的过程。因此，我们对法律运行过程的研究，除了共时性考察外，还可以进行历时性的考察；除了将法律运行过程放在空间的横轴上，进行横向的动态展开，看看法律运行过程的情形外，还可以将法律运行过程放在一个时间的纵轴上来理解，进行纵向的动态展开，透视法律运行过程；除了研究影响法律运行过程的当前的社会因素外，还要注意考察社会历史环境对法律运行过程的影响（见图 2.1）。尽管当前社会因素和历史社会因素在现实社会生活中很难截然分开，这种分开是一种理念化的结果，但我们从理论上将它们分开也是为了我们方便或深入地对现实社会生活的认识和理解。这就是理论与现实的差别，也是理论的价值所在；否则，理论就没有存在的必要。

纵向的动态展开	现行法律场域现行社会因素进入现行法律运行过程（横向展开）			
	（1）现行社会因素 现行法律因素 现行其他社会因素	→	（2）现行人的社会化 现行法律社会化 现行其他人的社会化	→	（3）现行法律运行主体	→	（4）现行法律运行过程
	前社会场域前社会因素进入前法律运行过程（横向展开）			
	［1］前社会因素 前法律因素 前其他社会因素	→	［2］前人的社会化 前法律社会化 前其他人的社会化	→	［3］前法律运行主体	→	［4］前法律运行过程

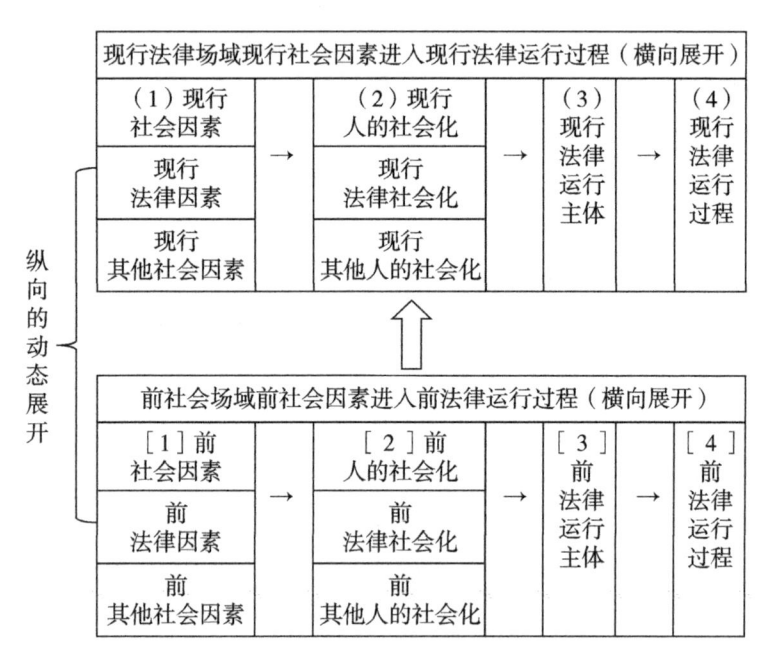

图 2.1　法律运行过程纵向的动态展开：前社会因素进入现行法律运行的过程

法律运行过程的纵向展开，就是对法律运行过程进行历时性的考察和透视，即将法律运行过程理念化地分为前法律运行过程和现行法律运行过程，主要考察法律运行过程的历史背景即前法律运行过程对现行法律运行过程的影响（见图 2.1）。在前法律运行过程中，也存在一个横向的动态的法律运行过程，即前社会因素（包括前法律因素与前其他社会因素）通过前法律社会化与前人的社会化进入前法律运行主体影响其行为进而影响法律运行的方向、进程和结果的过程（见图 2.1）。但前法律运行过程相对于现行法律运行过程而言，是现行法律运行过程的社会历史背景；即使是其中的前法律因素进入前法律运行主体的前法律社会化也是如此，构成现行法律运行的社会历史背景——我们通常说的传统法律文化，因此，我们把它们统称为现行法律运行过程的前社会场域（见图 2.1）。而当法律运行主体进入现行法律运行过程之中的时候，我们就将此称为现行法律场域；在现行法律场域的法律运行过程就是法律运行过程横向的动态展开，已详细论述，无须赘言（见图 2.1）。在此，主要考察法律运行过程的历史背景即前法律运行过程对现行法律运行过程的影响，主要包括两个方面：前法律因素和前其他社会因素（见图 2.1）。

(二) 前法律因素和前法律社会化

1. 法律运行过程纵向的动态展开

法律运行过程纵向地动态展开，就是将法律运行过程看作前法律因素与现行法律因素、前法律社会化与现行法律社会化在程度和动力机制等方面的博弈过程。

从理论上讲，当这些在法律运行主体进入法律运行过程之前经过法律社会化而进入的前法律因素，与法律运行主体进入现行法律运行过程时即时即地的正式的由法庭代表国家而提供的国家法律一致的时候，前法律社会化的过程就是现行法律社会化的过程，两者的方向就会基本保持一致；通俗地说，就是现行法律运行得到了自己传统法律文化的强大支持，以致在法律运行主体进入现行法律运行过程之前形成了坚实的社会根基，法律运行就比较畅通，法律运行过程就比较顺利。而法律运行过程的顺利、顺畅反过来既强化了人们对现行法律的认同和接受，又强化了传统的法律文化，这样，两者就会像人的社会化与法律社会化一样，呈现出一种互相支持、互相强化的良性互动的关系，人类的法律文化就会不断地传承下来。这就是人们所说的法律社会化有传承人类法律文化的功能，❶ 也可以说，这是人类法律文化发展、演化历史的微观显现。

当两者不一致、断裂、分叉甚至冲突的时候，就存在一个较量、竞争和博弈的问题，就有一个在影响法律运行主体行为方向、进程和结果上争夺主导权的问题，法律运行主体就成了它们竞争、争夺、博弈的场所和目标；归根结底，就有一个前法律社会化与现行法律社会化在程度上的差异和较量的问题。当前法律社会化的程度高于现行法律社会化的程度时，如传统法律文化被社会大多数成员"肉体化"而成为他们身体的一部分，而现行法律只是处于法律社会化的表层（获取法律知识但远未内化）的时候，一旦法律运行主体进入法律运行过程的时候，法律运行主体的行为必然会受到前法律因素和前法律社会化强大力量的争夺，以致使其行为偏离现行法律的轨道，甚至走向其反面，最终影响或改变甚至破坏了现行法律运行过程的方向、进程和结果，使法律运行严重受阻。即使有国家强制力量的影响，也难以长期地、常态化地改变这种局面，如人们津津乐道的作为我国基本国策受到政府高度重视的计划生育政策，也是如此;❷ 至于说在我国现实社会生活中出现的法律被规避、置换、空洞化、模糊化等，就更不用

---

❶ 饶艾、张洪涛：《法社会学：社会学视野》，西南交通大学出版社，2002，第102页。
❷ 傅迦天：《生育第二胎成为中国富人特权》，《国际先驱导报》2005年8月24日。

多说。❶ 当前法律社会化的程度低于现行法律社会化的程度时，法律运行过程就较为顺畅。但这种情况只是在理论上有存在的可能性，在现实社会实践中出现的可能性较小。因为，前法律因素之所以能流传、保存下来以至存活于现实社会生活之中，是因为它的前法律社会化程度比较高，以致"肉体化"成了人的一个不可分割的组成部分，如我国近几年在全国各大城市实行的"禁鞭令"、美国历史上实行的"禁酒令"就是其典型。❷

因此，在现实社会中，一般是前法律社会化的程度比较高，前法律因素对人们行为模式的选择影响较大；相对而言，现行法律社会化的程度较低，现行法律因素对人们行为模式的影响较小。因此，人们在制定新法的时候，一般都注重对前法律因素的继承和吸纳；即使是要进行创新，也是偶尔使用，也注意与前法律因素的衔接与过渡，尽量使现行法律社会化与前法律社会化能基本保持一致，法律运行过程就得到传统法律文化的支持，从而使现行法律运行过程比较顺畅。反之，当现行法律因素与前法律因素出现断裂甚至冲突的时候，现行法律社会化就会受到来自因前法律社会化程度较高而带来的强大阻力，阻碍现行法律运行；而且常常因现行法律社会化尤其是刚颁布不久的新法律的法律社会化程度较低，使现行法律运行过程极其艰难，以致经常出现法律的规避、虚置、空转、空洞化、模糊化等情形。这种情形典型而集

---

❶ 杨柳：《模糊的法律产品》，载《北大法律评论》（第2卷第1辑），法律出版社，1999，第208－225页；苏力：《法治及其本土资源》，中国政法大学出版社，1996，第41－73页；苏力：《送法下乡：中国基层司法制度研究》，中国政法大学出版社，2000，第238－263页。

❷ 朱景文：《比较法社会学的框架和方法》，中国人民大学出版社，2001，第517－529页；江国华：《论立法价值——从"禁鞭尴尬"说起》，《法学评论》2005年第6期。

中地表现在中外对待自己的前法律因素——习惯法——的不同态度上。

2. 宏观考察：以习惯为主

第一，西方经验的宏观考察。古代西方国家的法律，一般都注重对习惯法的吸纳，甚至直接就是对习惯法的汇编，如从西方法律的源头《十二铜表法》甚至更早的《汉谟拉比法典》到古罗马法典，它们无不是或多或少地对历史上存在的习惯的承接或对已存在的习惯的采录、归纳、提炼或通过开放性条款对未来的习惯加以吸纳，保证了当时国家现行法律因素与前法律因素即习惯法的紧密联系，现行法律社会化得到前法律社会化的有力支持，现行法律运行过程极其顺畅。这也许是即使当时没有像现代发达国家的强大国家强制力的保证，也没有像现代发达的法律机构和大量的法律专业人员的情况下，法律运行也能顺畅运转的重要原因。到了近代，随着民族国家的出现，国家权力和国家机构以及国家人员尤其是国家法律机构和专门法律人员得到了巨大发展，近代西方国家法律也注重对自己本民族的前法律因素即习惯的吸纳。最典型的是大陆法系的民法典，如学者气较浓的《德国民法典》，由于受到当时德国特定的社会条件和萨维尼历史法学派的强烈影响，具有极强的保守色彩，以致学者评价说："它与其是20世纪的序曲，毋宁说是19世纪的尾声"；❶ 它也印证了一般法典编纂的历史命运："伟大的法典都是过去灿烂的法律文化的结晶，但是却很难成为孕育应然的未来社会的种子。"❷ 即使是经过了较彻底激进的资产阶级革命的法国，也是如此。法国为了制定自己的

---

❶ 茨威格特、克茨：《比较法总论》，潘汉典等译，法律出版社，2003，第218页。
❷ 大木雅夫：《比较法》，范愉译，法律出版社，1999，第205页。

民法典，对自己习惯法采录、吸纳，"持之以恒地投入了 16 世纪和 17 世纪的大半时间，而且这一事业一直持续到法国大革命爆发，即使如此，这一伟业最终仍未能完成"。❶ 而且在编纂法典中，当习惯法与成文法冲突的时候，只是以前者为优先。"正因为如此，马克思认为，《法国民法典》并非近代市民社会的产物，它于 18 世纪既已产生，未必能够反映在 19 世纪才得以发展的市民社会的要求。"❷ 按照达维德（Rene David）的说法，"法兰西旧法'比英国法更忠于传统，比德意志法更日耳曼化'"。❸ 因此，在大陆法系国家制定系统法典的过程，实际上就是各国习惯法统一化的过程。

　　大陆法系民法典注重对习惯的吸纳，不仅表现在法典制定的时候，而且也表现在法典制定以后，即通过对开放性条款的规定，来保证对未来的习惯加以吸纳。如《德国民法典》第 242 条明确承认习惯的地位；1907 年《瑞士民法典》第 1 条第 2 款规定："法律无规定之事项，法院应依习惯法裁判之"；以后的我国台湾地区民法典、日本民法典等，都有类似的规定，以便将法典制定以后社会生活中新出现的习惯及时地吸纳进法典之中，保证了法典能与社会生活与时俱进，与事俱变，从而保证了法律社会化与人的社会化能够大致保持一致，也保证了法律在社会生活中能够顺利地运行。

　　如果说大陆法系是通过立法途径来实现习惯法统一化，那么英美法系则是通过司法途径来实现，这一点在英国普通法的形成过程中表现得尤为明显；❹ 如果说大陆法系通过消极原则（公序良俗原则）来保证法律与习惯大致的一致，那么英美法系通过积极原则

---

❶ 大木雅夫：《比较法》，范愉译，法律出版社，1999，第 164 页。
❷ 大木雅夫：《比较法》，范愉译，法律出版社，1999，第 182 页。
❸ 大木雅夫：《比较法》，范愉译，法律出版社，1999，第 270 页。
❹ 密尔松：《普通法的历史基础》，李显冬等译，中国大百科全书出版社，1999，第 1-98 页。

（遵循先例）来更加有效地保证。它不仅在宏观上保证了法律与习惯即先例的一致，而且在微观（司法个案）上也保证了法律与习惯的一致；而且这种人（法官）的沟通能力比大陆法系的规则的沟通能力要强，保证了法律即司法判决对习惯最有效、最广泛地吸纳。[1]

由于西方各国法律中都注重对习惯法吸纳，所以西方不论是官方还是民间都注重对习惯法的收集、汇编、整理和研究。[2] 那些源于西方社会的原生状态的弥散的非形式理性化的习惯，之所以能成为西方形式理性化的法律渊源，其中的一个重要原因是，西方历代的法学家、法律家甚至社会学家、人类学家、经济学家尤其是制度经济学家非常重视对习惯法的研究。从西方法律思想的源头亚里士多德到英格兰的柯克、布莱克斯东再到古典自然法学派的著名人物孟德斯鸠、卢梭和历史法学派的萨维尼、梅因、卡特再到社会法学派的埃利希、韦伯再到当代的卡多佐、恩格斯等，还包括人类学家萨姆纳、霍贝尔等和经济学家斯密、门格尔、凡勃伦、哈耶克、诺思等，他们无不论述习惯法的重要，论述制定法对习惯法的吸纳和尊重。因此，在西方，习惯法在暗中制定新的法律，它是法律规则的生命力，它的适用范围是无限的。它并非法律各种渊源的一种，可以毫不夸张地说，它是法律的唯一渊源，[3] 法律是习惯的再制度化。因此，"单从法律制度与社会习俗和惯例的关系来说，如果说英美普通法系和以法国法律与德国法律为代表的大陆法系有什么区别的话，那仅仅是在于前者这种判例法的运作机制中，从习俗到惯例到法律制度的过渡与转化是在'遵循先例'的原则中'自然'完成的；而

---

[1] 千叶正士：《法律多元——从日本法律文化迈向一般理论》，强世功等译，中国政法大学出版社，1997，第115页及以下。
[2] 张洪涛：《社会学视野中的法律与习惯》，载谢晖、陈金钊主编《民间法》（第2卷），山东人民出版社，2003，第56-72页。
[3] 亨利·莱维·布律尔：《法律社会学》，许钧译，上海人民出版社，1987，第39页。

在后者的运作程序中，习俗与惯例是通过'主权者'的意志被认可并通过成文法规则的形式而被确立下来的"。❶

总之，在西方，不论是普通法系还是大陆法系，都有一个从个人的习惯到群体的习俗，从习俗到惯例，从惯例到制度化这样一种动态的逻辑发展过程。尽管如此，但大陆法系与英美法系的制度安排不同，两者在对习惯法吸纳的客观效果上也表现出差异，从而使两大法系在法律运行过程顺畅的程度上表现出不同的面貌。大陆法系在解决社会因素制度化地进入法律运行过程中，采取的是以立法为主导的法律运行模式，这是一种刚性较强的法律运行模式；相对而言，英美法系则是一种弹性的以司法为主导的法律运行模式。因此，在社会因素如习惯进入法律运行中的制度化通道上，英美法系比大陆法系更为顺畅。换言之，英美法系对内生于社会生活的习俗与惯例的吸纳更及时、更广泛，也更有效，"它会较顺畅地随着市场中新的秩序的型构和出现以及新的惯例规则的形成而不断把这种市场中的内在规则纳入自己的法律原则体系之中，从而较自然地进行着惯例规则的制度化，因而这一法律体系也更能适应市场本身的扩展"，❷ 是一种内在制度的外在化的过程，❸ 是一种"自发的社会秩序"；大陆法系中的习俗与惯例则是通过"主权者"的意志被认可并通过成文法规则的形式而被确立下来的，它注重事先的立法目标的贯彻，其中有人为设计的色彩，有更多的外在制度的成分，有更多的"设计的社会秩序"。因此，"判例法规则有利于促进效率；而立法机关制定的规则却会导致效率降低——排除编撰普通法原则的立

---

❶ 韦森：《社会制序的经济分析导论》，上海三联书店，2001，第239页。
❷ 韦森：《社会制序的经济分析导论》，上海三联书店，2001，第259页。
❸ 参见柯武刚、史漫飞：《制度经济学——社会秩序与公共政策》，韩朝华译，商务印书馆，2000，第109-159页。

法规则"。❶ 也就是说，普通法对习惯吸纳的效果较好，法律运行过程较为顺畅，而大陆法系对习惯吸纳的效果较差，法律运行过程没有普通法系顺畅。

西方法律对习惯的这种态度，在现代却发生了转变；这就是国家主义法律观及其相应的法律运行观的出现和发展。人们改变了法律在现代社会的功能（确认秩序变为创造秩序，对现代法律在现代社会中的作用也提出了更高的期望），将原先一种保守的力量变为一种积极的力量，于是就出现了"法对社会起作用"而不是"法是社会的一个方面"的说法；法律被视为政府进行社会变迁和社会控制的独立工具，其功能的实现并不依赖于道德和习惯的支持，相反可以改变社会的信仰和习惯，形成了一种法的功能无所不包的国家主义法律运行观——相信依靠必要的信心和技能，并通过最佳的策略选择，就可以运用法律按照立法者所期望的一切去塑造社会的一种假说。❷ 因此，现行法律因素与前法律因素（习惯）出现了不一致、分叉甚至冲突的状况，从而使现行法律社会化也失去前法律社会化（在此主要是前习俗化）的支撑，现行法律运行出现不畅，甚至导致法治危机、法治信仰危机和合法化危机。

第二，中国经验的宏观透视。令人遗憾的是，在对待习惯法的态度上，我国表现出与西方国家历史上截然相反的态度；而且这种情形在中国进行法制现代化的过程中，由于受上述国际法律环境与本国历史和现实环境的影响，至今还没有发生实质性的变化。

在宏观的观念层面上，由于中国传统文化主流意识中的"天

---

❶ 波斯纳：《法律的经济分析》（下），蒋兆康译，中国大百科全书出版社，1997，第682页。
❷ 科特威尔：《法律社会学导论》，潘大松等译，华夏出版社，1989，第51-77页。

人合一"的人文哲学思想和"法律本身就是对社会秩序即宇宙自然秩序的破坏"的观念的影响,形成了一种"德主刑辅"的以追求"无讼"为最终目标的礼法文化,因此,在传统中国文化中就有一种抵制从习俗、惯例到法律制度过渡与转化的内在力量。❶ 也由于中国的现代化和民族国家建设任务极其艰巨,是一个"全变"的过程,而且会持续一个较长时间,所以习惯在中国现代化过程中是一个消极保守的力量,而不是一个秩序形成的积极力量,始终是一个被国家法律改造的对象,甚至是国家法律打压的对象,习惯难以进入国家制定法之中。❷

因此,更重要的是,在中观层面(社会组织技术)上,由于中国独特的地理、气候等自然环境的影响,中国古代国家不可避免地出现中央集权的格局,国家过早地成熟了。这种早熟像人的早熟一样,不是一种"身与心""肉体与思想"平衡发展的结果,而是一种畸形发展的结果。具体而言,中国古代国家早熟只是一种"心"和"思想"(一种国家主义观念)的早熟,因此,著名历史学家黄仁宇说,中国的早期如"李悝的设施,也创造了一种计划经济的原始风格。社会的发展,不由它自身做主摸索而成;乃是由政治家以鸟瞰的态度裁夺"。❸ 相对而言,国家的"身"和"肉体"(国家管理社会的组织技术)并不发达,只是将传统的组织家庭的组织技术移用于古代国家的组织技术之中,形成了"一种由人与人之间关系变化而非技术革命促成的文明,产生了一个

---

❶ 梁治平:《寻求自然秩序中的和谐——中国传统法律文化研究》,中国政法大学出版社,1997,第218页及以下;韦森:《社会秩序的经济分析导论》,上海三联书店,2001,第277页。
❷ 苏力:《道路通向城市:转型中国的法治》,法律出版社,2004,第84-108页。
❸ 黄仁宇:《赫逊河畔谈中国历史》,生活·读书·新知三联书店,1992,第12页。

按照变化了的人际关系而非地域原则实行统治的国家"。❶ 国家为了弥补其组织和技术的不足，只好在次级群体即国家中带进了初级群体即家族或氏族等的印痕，使国与家合一，压制了组织与技术的正常发展，而技术与组织的不足使压制变本加厉，"压制的一个共同根源是统治精英可以利用的资源的贫乏"。❷ 可见，在中国古代国家"在社会分工的程度不高、组织和制度的资源不足、自由选择的余地不大的场合下，压制的出现和扩张就很难为主观愿望所左右。在这时，诉诸道德不仅不会消解压制，反而有可能强化压制，或者造成压制的变态"。❸ 这种"对异族的征伐可以变成为统治，维系内部的统治也可以征伐的形式表现出来"，❹ 使社会组织即国家的结构没有出现分化，总逃脱不了在一种"流线型结构"中变化而已，国家的纵向结构极其发达，抑制了社会组织即国家横向结构的分化。

结构的残缺必然导致功能的残缺。相应地，既使国家统治职能极其发达，并使国家对内承担的社会公共职能也政治化，抑制了甚至根本没有给社会公共职能留下发展的空间，同时也没有使其发展出一套管理社会的技术和制度。因此，表现在法律制度上，就是承担统治职能的刑法极其发达，极具技术性的更多是承担社会公共职能的民法没有得到发展，相反受到束缚或压制，以致使

---

❶ 梁治平：《寻求自然秩序中的和谐——中国传统法律文化研究》，中国政法大学出版社，1997，第 12-13 页。
❷ 诺内特、塞尔兹尼克：《转变中的法律与社会：迈向回应型法》，张志铭译，中国政法大学出版社，2004，第 36 页。
❸ 季卫东：《社会变革的法律模式（代译序）》，载诺内特、塞尔兹尼克：《转变中的法律与社会：迈向回应型法》，张志铭译，中国政法大学出版社，2004，"代译序"，第 5 页。
❹ 梁治平：《寻求自然秩序中的和谐——中国传统法律文化研究》，中国政法大学出版社，1997，第 39 页。

中国法律出现一种结构性的缺失。法律对社会生活的涵盖极其有限，只是局限于刑法领域，而私法几乎是空白。法律上的空缺，并不意味着社会生活的缺失或空白。因此，在社会现实中，由于组织技术的欠缺，这种崇高的理想（国家主义观念）难以实现，不得不退而求其次，采取无为而治，由社会自由发展和管理，给习惯法的存活与发展留下空间。这就是有学者说的中国古代就有市场经济的面貌，在这个意义上，是正确的。实际上，是统治者"非不为也，而不能也"；实质上，是国家主义观念在特定历史条件下的一种扭曲反映。因此，中国古代的国家法律与习惯，几乎是平行地发展，冲突较少；习惯只能在"体外循环"，只能在民间潜滋暗长，自生自灭，形成自发的社会秩序。这也许就是有些学者说的"分工"或者"断裂"之处。

也因此，在微观的社会层面上，法律与习惯的平行发展或"分工"或者"断裂"表现为社会条件的缺乏，"其表现于知识传统，是缺乏一种关于习惯法的说明性学理；表现于社会方面，是缺少一个从事于这种探究和说明工作的群体"，也表现为程序、法解释学技术和职业法律家等社会条件的缺乏；[1] 表现为由于中国的诉讼结构（垂直结构）不同于西方的诉讼结构（横向的竞技型结构）；[2] 表现为现代型"法律秩序出现"的三个社会条件（多元集团、自然法和超越性宗教）的缺乏。[3] 因此，中国古代法律难以出现一种梅因所说的"从身份到契约的运动"，也无法形成一种

---

[1] 季卫东：《现代法治国的条件（代译序）》，载昂格尔：《现代社会中的法律》，吴玉章等译，中国政法大学出版社，1994，"代译序言"，第5页。
[2] 王亚新、梁治平编：《明清时期的民事审判与民间契约》，王亚新等译，法律出版社，1998，第87页。
[3] 昂格尔：《现代社会中的法律》，吴玉章、周汉华译，中国政法大学出版社，1994，第59-77页。

诺内特、塞尔兹尼克所说的从"压制型法"向"自治型法"、从"前科层制法"向"科层制法",图布涅所说的从"实质合理性法"向"形式合理性法",昂格尔所说的从"官僚法"向"法律秩序"演进的运动。

总之,中国不可能出现大陆法系那样的习俗与惯例通过"立法者"的意志被认可并通过成文法规则的形式而实现再制度化,更不可能出现英美法系那样的判例法的运作机制由法官之手在"遵循先例"原则的指引下,不经外在力量的作用而自动地完成从习俗到惯例到法律制度的再制度化。中国法律在从秦末到清末的长达数千年之久的时间里,只能在传统中国礼俗社会的同一层面上自我复制和"内卷",无法通过自身的力量演进出一种西方那样的法理社会,也无法靠社会自身的力量和内在的社会机制实现习惯的再制度化从而自发地型构出一种"自发的社会秩序",习惯只是在"体外循环"。因此,中国古代国家法律尽管没有得到习惯的支持,但大致也没有出现两者冲突、竞争、争夺的局面;相反,由于受到社会道德的有力支持,法律社会化较为成功,法律运行也较为顺畅。

这种法律与习惯平行发展的局面,在现代中国却发生了巨大的转变。中国的法律现代化,选择了一种"强制性制度变迁"的政府推进型的法治现代化道路。随着中华民族国家、社会现代化和法律现代化的逐步展开,随着中华民族国家的逐步建立尤其是国家的组织技术的逐步健全、完备和完善,必然带来法律尤其是民事法律的逐步健全、完备和完善,这种法律与习惯并行发展的格局最终会被打破。现代法律在国家强制力的支撑下,全面地"侵入""接管"原先主要由习惯管辖的领地。问题最关键的是,中国目前国家制定的大量法律不是源于对本国"活法"的现代化改造，而是企图通过化繁为简地大量移植西方法律（一种明显不同自己固有法律文化的异质法律文化）的方式来实现法制的现代化；企图采取一种"强制性制度变迁"的方式实现政府推进型法治。在历史上，中国从未出现像西方那样的习惯法统一化运动；从现在的种种迹象来看，至少也表明不会出现这种情况。因此，中国现代的国家法律与习惯法，不只是呈现出历史上的平行发展或分工断裂的格局，而且出现了巨大的全方位的激烈冲突——不只是制度层面的还包括观念的价值层面的冲突。另外，中国目前法律不仅没有得到传统道德的支持，反而与之背道而驰。因此，中国目前法律运行受到来自本国习惯的巨大挑战，法律运行难以得到前法律运行的支持，"法律之难行"总是像一个挥之不去的幽灵一样，不时呈现在我们的社会生活中，浮现在法学家的脑海中，使我国的法制现代化被缠绕得步履蹒跚，一直只是停留在政治家的目标中、法学家的追求中、立法者的文件中和社会大众的期盼中。

3. 微观透视：案例研究

如果说以上对前法律因素和前法律社会化对现行法律运行过程的影响的考察是从立法层面、社会宏观层面进行的，由于立法与司法相比更为超脱，不涉及具体的人和事，也不涉及具体人的具体利益，因此，这种影响显得不是那么明显，也不是那么集中而突出；那么对司法层面的考察，由于它涉及具体的人和事，以及具体人的具体利益和具体行动，因此使之在司法过程中表现得更为突出、更为激烈。在此，我想以苏力在《送法下乡：中国基层司法制度研究》一书中的一个具体案例为主，并结合其他资料加以论述。首先让我们看看这个案例。

某村一位妇女Q的丈夫M长年在城里打工，在同村的另一位男子 W 的引诱下，妇女 Q 同 W 发生了历时一年多的两性关系（Q 称是先强奸后通奸），其丈夫回来得知此事后非常愤怒，声称自己"没有脸在这个村子里活下去了"，多次打骂 W，并威胁 W 及其家人特别是其儿子的生命安全。村委会出面调解，W 表示愿意向 M 支付 7000 元人民币作为"精神和名誉损害赔偿"，但要求 M 保证私了之后不再威胁自己和两个儿子的安全。M 拒绝了这一出价，继续纠缠并威胁 W。W 感到自己和孩子的人身安全都受到了威胁，为寻求保护，将此事反映给村支书，村支书建议他向当地人民法院提出诉讼，要求被告 M 停止对 W 的人身威胁和财产侵害。面对 W 的起诉，M 异常愤怒，在没有任何可以站得住脚的法律依据的情形下，M 提出反诉，认为原告的行为对自己造成了更大的"精神和名誉损失"，要求法院据此判决原告赔偿自己人民币 1 万元。面对这种非常微妙的案情，法院模棱两可地对此案进行了调解。在调解过程中，法院巧妙地使 W 接受了对他的拘留；然后以此为交换条件，要求 M 做出让步。最后双方终于达成和解协议：(1) W 赔偿 M "精神和名誉损害" 费 8000 元；(2) M 停止威胁、骚扰 W 及其家人，此后，双方均不得挑起事端；(3) 本案诉讼费 600 元，W 承担 400 元，M 承担 200 元。协议达成的当天，在"班房"里安全地待了 13 天的 W 被释放了。W 对自己的遭遇没有半点儿抱怨，相反一个劲儿地感谢主持调解此案的法官。而 M 则很快携带自己的妻子离村到城里打工去了。❶

单纯从法律的角度看，这是一个非常奇怪的案件，是一个"模糊的法律产品"。在现行刑法中，通奸不是犯罪，而且也没有其他法律明文规制这一行为。相反地，即使是事出有因，M 本人

---

❶ 苏力：《送法下乡：中国基层司法制度研究》，中国政法大学 2000 年版，第 238 - 263 页。

的骚扰、威胁 W 及其家人的行为反倒有可能受到法律处罚。但是，在这个案件中，双方当事人从来就没有这样想过，这从来就不是他们行为的预期。在这里，被告 M 就不用说了。对于原告，他不仅接受了法院做出的一个显然违背法律的拘留决定，而且对此表示衷心的感激——"法院拘留我也是为我好"。对于此案中的法官，审案过程令人深思，但从最终结果来看，法律只是"逼"双方当事人就范的一个筹码而已。

是什么巨大的力量使以国家强制力做后盾的制定法的航向发生了偏离呢？对习惯为什么有如此大的力量？法官为什么要采取一种模糊的策略和技术？

让我们来看一看参与案件的所有人。正是社会习惯的压力使 M 说出了这样的心声："我的精神压力太大了，我实在受不了，我没脸活在这个世上，他起了诉，对我的影响更大……"正是由于有持有共同的预期、共同的习惯规则、共同的认识、共同的思维、共同的价值观和生活追求的成千上万的人的无数异样的目光、神态、动作、私下的窃窃私语、不胫而走的流言蜚语等使 M "理"更直"气"更壮地说了些过激的言论如"没有什么行不行的，提了头来见，他不给钱，我要散他的家，我就要杀他"，采取了过火的行动，甚至对簿公堂拿起法律的武器，尽管他并不熟悉法律的运作逻辑，并不知道这对他显然不利，但他心里知道：他与法律的较量并不是他一个人的使然，而是一群人的使然，是一个同质的共同体的反抗，法律必须站在他这边，必须看到法律站到他这一边。他和生活在同一社区的其他人的生活实践经验告诉他们：法不责众。正是因为习惯的力量，所以 M 必然闹下去，否则他将受到习惯的惩罚——周围人的冷眼、议论、同情、可怜、异样的眼光、鄙视的目光、人们看不起他等心理的、物质的压力；正是因为风俗习惯的存在，所以他认同了对 W 的拘留是一种法律的惩罚，尽管在法律逻辑上这还算不上一种惩罚；正是因为习惯的作用，所以 W 在法律上有理的事情还是受到了惩罚，并心悦诚服地接受了这种惩罚："法院拘留我也是为我好"；正是因为习惯的影响，所以 M 的妻子一味地强调自己是受到"强奸"；正是因为习惯的影响，所以法官感受到了压力——来自整个社区的众怒及由这个众怒引起的一系列社会连锁反应（上级领导的、亲戚朋友的、大众舆论的、家庭的、家族的、生活社区的、心理的等），以至于法官放弃了制定法的实施，如果单纯只是 M 的愤怒不足以使法官置国家法于不顾，使之发生偏离；❶ 正是因为习惯的强大，所以法官做出了偏离国家制定法的选择，这种选择还不只是出于利益的考虑，恐怕还有内化于自己的躯体和灵魂的习惯的影响；❷ 正是因为习惯力量的巨大，所以我们这些偶然碰到这个案例的局外人甚至其他局外人也对法官的处理产生了下意识的认同。

作为移植于外的现代中国形式化的法律，在我国的社会尤其是乡土社会中能达到这种状态吗？从上述案例中显而易见的是法律只是游离于社会生活，只是人们偶尔遇到的一闪念、一刹那间的一种模模糊糊的念头，只是在村支书的建议下和偶尔通过传媒给予自己的一个印象的作用下才想起的事情，只是案例中当事人 M、W 作为正当化自己的需要的一种可利用的工具。即使是专门从事法律工作、有系统的法律知识的法官也不例外，法官之所以

---

❶ 最为突出的表现是梁治平先生在《乡土社会中的法律与秩序》（载王铭铭、王斯福主编《乡土社会的秩序、公正与权威》，中国政法大学出版社，1997，第415－487 页）中对少数民族地区的法律实践的实证研究。

❷ 参见朱景文：《比较法社会学的框架和方法》，中国人民大学出版社，2001，第536—550 页；另见罗伯特·考特、托马斯·尤伦：《法和经济学》，张军等译，上海三联书店、上海人民出版社，1994，第 15 页。

利用制定法可能只是为了谋取自己的利益，这种国家法律可能远未成为他们的信仰，只是他"砍价"的一个筹码。当执行国家法律与自己的切身利益相冲突的时候，法官有可能还是"策略"地与当事人"合谋"地抛弃了一种有国家强制力支持的有着一套物质力量系统支撑的国家法律。相反，作为没有国家强制力支持甚至受到国家强制力打压的，也没有专门的物质力量系统实施的仅靠社会舆论力量运行的习惯，因为内化成了人们的信仰需要而显示出自己顽强的力量，不因物质利益的补偿、引诱而被轻易抛弃，不因这个案件的解决而使其作用消失，不然 M 在获得了经济补偿之后为什么很快地离开这个乡村，W 在利益受损于法无据时并没有反抗而只是俯首称臣？可见，作为一种外来的与人们的生存需要无关的远未内化的现代法律还是不能与习惯长期有效地平起平坐。

习惯的强大更集中地微观地表现于法官的执法过程中的言行和心理活动中。作为一个普通的人，法官要持续终身地完成个人社会化的任务；作为一个法律人，从事法律职业的人，还要进行法律社会化。在西方，由于法律与社会习俗是一个有机的整体。因此，许多学者（在社会化理论的基础上）已经进一步发展了法律社会化的思想，并试图阐明在个体中信赖法律思想的发展机制和过程。然而在我国，由于法律与习俗的断裂甚至冲突，个人的社会化并不必然支持、促进人们对法律的信赖、遵守和适用，最终使个人社会化的整个过程并不畅通，尤其是使人的社会化与法律社会化出现了断裂和冲突。这种断裂和冲突在中国基层的法官身上表现得尤为突出。首先，由于人的社会化与法律社会化的冲突、断裂，势必使法官通过人的社会化而获得的社会知识和通过法律社会化而获得的法律知识出现冲突、不和谐。同时这种社会知识（如习惯）具有弥散性，非常的个人性，没有经过法学家系统的研究、整理和提炼，是交流起来不经济的知识，是难以进入规范化生产的知识，法官是无法从书本上或立法者那里获得的，使法官在面对具体案件时如本案，出现有关审理具体案件的知识如习惯的盲点和冲突。因此使基层的法官在审案的过程中，最初具有尝试性、试探性的特征，不能做到事先心中有底，而是表现出左右摇摆不定，前后逻辑混乱，采取一种"模糊"的策略。只有在随着自己获得的"知识"的增多，对整个案件冲突的强度有一个深入的了解之后，解决整个问题的方案才水落石出。因此，从案件处理的结果来看是清晰的，但过程是充满矛盾冲突的。其次，与法官的人的社会化相比，法官的法律社会化并不成功或者处于较低层次——只是获得法律知识，这种法律知识远未内化成为自己的信仰、生活追求和终极目标，更没有形成法律角色意识。在西方，"法律不仅是世俗政策的工具，而且还是生活终极目标和意义的一部分"；❶ 而在我国，法律始终是作为世俗政策的工具而引进和利用的，正如本案所示，即使是法官也不例外。最后，法官尤其是基层法官并不处于像立法者那样超脱的地位。立法者可以置习惯于不顾，可以藐视习惯，拒斥习惯，高唱与国际接轨，建设法治国家，追逐主流的政治话语，设计自己法治建设的宏伟蓝图；而法官尤其是中国基层的法官始终是处在法律在乡土社会实施的最前沿，处在法律与习惯矛盾冲突的最前沿，他们必须面对具体的人和事、具体地域的各种风俗习惯、具体的利益冲突，必须在确认规则和解决问题之间达到大致的平衡，而且"现有的制度设计至少在基层法院的实际运作中仍然以解决纠纷

---

❶ 伯尔曼：《法律与宗教》，梁治平译，生活·读书·新知三联书店，1991，第43页。

作为中心职能"。❶

　　作为一个拥有的社会知识和法律知识出现断裂和冲突，而且法律知识远未内化的法官，又面临着双方满意地解决现实问题的压力，这样的法律知识够用吗？这样的法律知识能应对复杂的社会现实吗？这使得堡垒得以从内部攻破，法官起初依法办事的理想逐渐向解决具体问题的现实靠近，法律的逻辑逐渐向生活的逻辑转变，立法者的本来脱离中国现实的理想通过司法这个环节最终屈从于社会实践。在这里，司法不仅没有起到强化法律的作用，相反只是起到了软化法律的作用，就是连立法者最低的要求即贯彻法律文本的字面意义也没有达到。这一点不能不引起立法者的反思。我们为什么不软化我们的立法而强化我们的司法，以使老百姓亲身感到的法律至少有一点法律的严肃性和尊严？❷ 而不是像本案那样是一种模糊的法律产品，是一种被社会的风俗习惯"揉皱"的法律产品。我们为什么一开始就使我们的法律与社会风俗习惯保持较大的距离，使社会大众排斥在法律之外，而又通过司法使法律与社会"撮合"在一起，使法律最终不得不委曲求全，使法官进退维谷，这样不是欲速则不达吗？不是眼高手低吗？我们为什么不像西方那样使立法从社会习惯风俗中获取营养成为一个有机的整体，但通过司法与社会的阻隔而保持法律与社会的距离，以使老百姓看到的，感受到的法律具有权威性呢？为什么我们只是移植西方的形式化的法律，而不是借鉴移植西方达到法律形式化、自治化的途径、方式和手段？难道后者不是我们更应该

---

❶ 参见苏力：《农村基层法院的纠纷解决与规则之治》，载《北大法律评论》（第2卷第1辑），法律出版社，1999，第80－99页。
❷ 参见苏力：《送法下乡：中国基层司法制度研究》，中国政法大学出版社，2000，第238－263页。

学习的吗？难道它不是西方法治的精髓吗？"西方法律合法性的关键，在于把握法律理想与法律现实之间的距离，它们两者之间必须保持若即若离的关系。当法律理想与法律现实差距太大时，理想就会显得缥缈虚无；而距离太小时，理想也就不复存在了。也就是说，法律理想必须总是显得仿佛能够实现的现实，而法律必须总是表现为社会关系的理想形式，而不是现有社会关系的复制品。"❶

（三）前其他社会因素和前其他人的社会化

1. 法律运行过程纵向的动态展开

在此，法律运行过程纵向地动态展开，就是将法律运行过程看作前其他社会因素与现行法律因素、前其他人的社会化与现行法律社会化在程度和动力机制等方面博弈的过程。在这里，前其他社会因素包括前道德因素、前经济因素、前政治因素等方面；前其他人的社会化包括前道德社会化、前经济社会化、前政治社会化等方面，这里主要探讨前其他社会因素和前其他人的社会化直接对现行法律运行过程的影响的问题。

当这些在法律运行主体进入法律运行过程之前经过其他人的社会化而进入的其他社会因素，与法律运行主体进入法律运行过程时即时即地，地正式地由法庭代表国家而提供的国家法律一致的时候，法律运行就比较畅通，法律运行过程就比较顺利；而当两者不一致、断裂、分叉甚至冲突的时候，它们就存在一个较量、竞争和博弈的问题，实际上就是一个前其他人的社会化与现行法律社会化在程度上的差异和较量的问题。

当前其他社会化的程度高于现行法律社会化的程度时，如传

---

❶ 科特威尔：《法律社会学导论》，潘大松等译，华夏出版社，1989，第199页。

统社会文化被社会大多数成员"肉体化"而成为他们身体的一部分,而现行法律只是处于法律社会化的表层(获取法律知识但远未内化)的时候,一旦法律运行主体进入法律运行过程,法律运行主体的行为必然会受到前其他社会因素和前其他社会化强大力量的争夺,以致使其行为偏离现行法律的轨道,甚至走向其反面,最终影响或改变甚至破坏现行法律运行过程的方向、进程和结果,使法律运行严重受阻。即使是有国家强制力量的影响,也难以长期地、常态化地改变这种局面。而当前其他社会化的程度低于现行法律社会化的程度时,法律运行过程就较为顺畅。但这种情况只是在理论上有存在的可能性,在现实社会实践中出现的可能性较小。因为,前其他社会因素之所以能流传、保存下来以至存活于现实社会生活之中,是因为它的前其他社会化程度比较高,以致"肉体化"成了人的一个不可分割的组成部分。

因此,在现实社会中,一般是前其他社会化程度比较高,前其他社会因素对人们的行为模式的选择影响较大,相对而言,现行法律社会化的程度较低,现行法律因素对人们行为模式的影响较小。因此,人们在制定新法的时候,一般都注重对前其他社会因素的继承和吸纳,即使是要进行创新也是偶尔使用,也注意与前其他社会因素的衔接与过渡,尽量使现行法律社会化与前其他社会化能基本保持一致,法律运行过程就会得到传统文化的支持,从而使现行法律运行过程比较顺畅;反之,当现行法律因素与前其他社会因素出现断裂甚至冲突的时候,现行法律社会化就会受到来自因前其他社会化程度较高而带来的强大阻力,阻碍现行法律运行;而且常常因现行法律社会化尤其是刚颁布不久的新法律的法律社会化程度较低,使现行法律运行过程极其艰难,以致经常出现法律的规避、虚置、空转、空洞化、模糊化等情形。这里的前其他社会因素包括前政治因素、前经济因素、前道德因素等方面，但在此，笔者想以前道德因素和前道德社会化对现行法律运行过程的影响为例，对这个问题加以论述。

2. 宏观考察：以道德为主

第一，西方经验的宏观考察。法律与道德的问题是中外法律和法学研究的重要问题。在古代，不论是中国还是国外，都曾经历了一个德治盛行的时期，即法律与道德混而不分的阶段。❶ 这种情况在西方的 17 世纪、18 世纪达到了顶峰，这就是西方古典自然法学的兴盛时期。"在（这种——引者注）自然法的思潮下，法学已成为伦理学的一部分，法律被道德化了，亦可以说道德被法律化了。原属于道德上的项目，经许多法学家的阐发，渐渐得到了一般大众的共鸣，而成为所谓伦理的习惯，而被司法实务上适用，从而成为法律。这种法律，本质上原是道德律，亦就是自然法。"❷ 从 19 世纪中叶以后，这种法律与道德混而不分的阶段却走向了另一个极端，即追求对法律客观科学的分析，排斥法律的伦理道德因素，这就是分析法学和历史法学等实证主义法学的出现。进入 20 世纪尤其是第二次世界大战以后，法律与道德的关系问题又引起了人们的普遍关注，这就是西方出现的新自然法学的复兴运动，其中富勒的《法律的道德性》、罗尔斯的《正义论》等就是这方面的代表。在以上期间，西方法律基本上是一种保守力量，在正常情形下，道德当然超前，法律总得落后些。所以法学家的努力，

---

❶ 参见曹刚：《法律的道德批判》，江西人民出版社，2001，第 1-7 页；王伯琦：《近代法律思潮与中国固有文化》，清华大学出版社，2005，第 79-96 页。另外，王伯琦先生还将西方 17 世纪、18 世纪以前时期进一步细分为罗马共和时期至中世纪以前的自然法兴盛时期、中世纪的自然法衰落时期和 16 世纪文艺复兴之后的自然法思想亦盛极一时的时期。

❷ 王伯琦：《近代法律思潮与中国固有文化》，清华大学出版社，2005，第 35 页。

应当在如何使法律紧紧地追随着道德而不至脱节。但在 20 世纪中、晚期的现代西方社会，这种情况发生了实质性的变化。由于政府在国家中居于中枢地位，所以人们改变了法律在现代社会的功能，也提出了更高的期望。特别是随着韦伯所说的西方法律形式理性的发达，西方论点都不同程度地强调法律的自治性，把法律看作一股独立于社会的力量，仅仅是一种单纯的协调冲突利益的技术性规则而已，因而在以前作为法律基础的宗教、伦理、传统等自然法原则，已经湮没。在这里，法律的合理性无须道德或政治价值的支持，它自身的系统逻辑结构使它具有合理性，❶ 以致西方法律目前存在许多问题。针对这种情况，西方许多学者发出了法律再实质化——法律道德化——的呼声，如前文提到的"回应型法""反思型法""不断扩展的社会秩序"等就是为了解决这个问题而提出的方案。

可见，西方法律与道德大致有一个此消彼长、彼此循环的轨迹，即严格法时期与法律道德化时期交错出现的格局。"大凡一套法律经严格地固定地运用了一个时期之后，就渐渐与社会的新道德新正义观念脱节，社会现实的力量终于冲破了法律的约束，新道德观念亦终于进入了法律范畴，而产生了一套新的法律规范。这套新法律规范，由法学家精密地阐释，执法者严格地适用，而成为当时社会的安定力量。但社会是进步的，所以天下亦无不变之法。道德与法律如是轮替交流，而刻画出了人类文化进展的里程碑。因此，在一套新道德新正义观念侵入了法的范围之后，必须经过一段严格适用的时期，然后这新法律制度方能站得住脚，而负起维持社会秩序的使命。"❷ 表现在法律规则的变化就是——

---

❶ 科特威尔：《法律社会学导论》，潘大松等译，华夏出版社，1989，第 183 页。
❷ 王伯琦：《近代法律思潮与中国固有文化》，清华大学出版社，2005，第 81 页。

借用科特威尔的话——自由裁量的规章向机械的规章再向特定的规章的转变,相应地,由立法解决的道德问题和由司法、行政只解决法律问题的截然分开的格局被打破,取而代之的是司法者的职务立法化以及随之而来的道德化。换言之,"司法者非仅在执法,亦同时在卫道。从而法律的适用,再不能是无生命的概念逻辑里的机械运转。有生命的道德概念,代替了无生命的法律概念,有理性的司法者代替了机械的逻辑,道德因素及人的因素大量地侵入了适用法律的范围"。❶

西方两大法系由于制度安排的不同,法律运行表现出不同的面貌。具体而言,英美法系采取以司法为主导的法律运行模式,正好顺应了法律发展的这种趋势,使前道德因素能够及时而有效地被吸纳进法律之中,法律运行较为顺畅,也更具效率;而大陆法系采取以立法为主导的法律运行模式,尽管它已经在向上述法律发展方向靠拢,但还是受大的制度框架的限制,使前道德因素被吸纳进法律之中的效果较前者差,法律运行相对不那么顺畅,效率也相对较低。

第二,中国经验的宏观考察。上述西方法制史发展经验,在我国法制史中也可以得到证明。众所周知,我国传统的法律文化是一种礼法文化,法律与道德是全面地相互渗透,以致法律几乎完全消融于道德之中。因此,中国法律直到清朝末年,始终只是道德附属品,没有自己独立发展的空间,也没有形成法律发展的社会条件,但此期间也是我国法律运行比较顺畅的时期。其中的原因,从消极方面来看,法律与习俗分开各自发展而没有受到习惯的影响;从积极方面来看,法律却受到了社会道德的积极支持。

---

❶ 王伯琦:《近代法律思潮与中国固有文化》,清华大学出版社,2005,第87页。

法律与道德的这种关系密切时期，在中国历史上有两个阶段例外。一是秦朝。秦时律令无论立法精神还是具体的法律规范所含礼的成分都很少，而且由于它受到法家法治观念的影响，强调法律不折不扣地实施，使法律实施遇到了巨大的阻力，并最终导致了秦朝统治的短命。法律与道德的分离可能是其中的一个重要的原因。二是从清末变法开启的直到现在我国正在进行的法制现代化时期。尽管这期间发生了许多战争、运动和革命，在移植西方法律的问题有过曲折甚至倒退，但总的方向还是移植西方法律。"我们的法律，采纳的无不是西洋最新立法例。其中所含的观念，对我们是一套簇新的道德观念，所以在我们的情形，法律与道德的地位是倒置了。"[1] 也就是说，我们现在的法律与西方传统上和我国清末以前时期作为一股保守的维持社会秩序力量的法律不一样，它一开始就是作为一股社会变革的力量出现的，是一种"有计划的社会变迁"的工具，是一种政府推进型法治国家建设的工具，而且法律本身也要"全变"。这种法律本身的"全变"，不仅表现在具体法律制度安排上，更重要的是体现在法律文化以至社会文化的最深层次的价值观念层面。我们引进的西方法律早已实现了"从身份到契约"的运动，它最根本的价值观念和伦理道德观念是个人本位、权利本位。尽管后来出现了法律的社会化运动，出现了社会本位，但那只不过是对个人本位和权利本位的纠正、调整而已，其最基本的根基没有发生实质性变化，甚至是为了使个人权利得到更大范围和更高层次的实现。[2] 但这种东西在中国的历史上，在中国人的伦理道德观念中是从未出现过的，我们的社

---

[1] 王伯琦：《近代法律思潮与中国固有文化》，清华大学出版社，2005，第6页。
[2] 参见王伯琦：《近代法律思潮与中国固有文化》，清华大学出版社，2005，第59－70页。

会伦理道德、社会文化中始终是家族本位、社会本位和义务本位,我们的法律制度始终没有实现"从身份到契约的运动",始终在"身份"中"内卷"。再加上我们在移植西方最新法律的时候,正好是西方法律由个人本位向社会本位转变的时期,是西方由契约向身份回潮的时期,以致只是得其形而忘其神,有人发出了"无巧不成书"的惊喜和感叹。"西洋20世纪以来的法律趋势,虽是换了一个方向,但并没有回头,纵使其回头,亦不会与我们传统思想碰头。我们立法上所采纳的,全套是西洋的最新法律制度,而在大众意识上所了解的,一般的似乎仍是固有的而且是复古的礼教制度。"❶ 因此,我们现在从西方移植过来的现代法律始终没有"发于人间,合乎人心",始终只是"宪令著于官府",而没有实现"赏罚必于民心",清末移植的西法总是与中国社会貌合神离。"惟其貌合,乃可不觉其神离,而惟其不觉其神离,往往沉湎于貌合。"❷

我们的法律条文可以循着理想创造制定,而社会是有惰性的。法律作为一种正式约束,道德作为一种非正式约束。从制度变迁速度来看,正式约束可以在一夜之间发生变化,非正式约束的改变却是长期的;从制度可移植性来看,一些正式约束尤其是那些具有国际惯例性质的正式规则可以从一个国家移植到另一个国家,而非正式约束由于内在的传统根源性和历史积淀,其移植性就差得多,甚至不可移植。但正式约束只有在社会认可,即与非正式约束相容的情况下,才能发挥作用。❸ 这种情况在其他移植别国法律的国家也不同程度地存在过。如日本在法制现代化过程中,也存在市民社会的伦理与市场经济法律相脱节的问题,存在一个由

---

❶ 王伯琦:《近代法律思潮与中国固有文化》,清华大学出版社,2005,第5页。
❷ 王伯琦:《近代法律思潮与中国固有文化》,清华大学出版社,2005,第5页。
❸ 卢现祥:《西方新制度经济学》,中国发展出版社,1996,第26-27页。

封建伦理向资本主义伦理转变,以便与法制现代化过程中移植过来的市民社会的法律制度相适应的问题。[1]

"功利机巧必忘夫人之心"。市场经济是张扬人的个性、自由、权利和利益,以等价交换为基轴。"为邻居的和睦而放弃自己的债权,以人道的精神过分地减价出售财产等在伦理上是值得称赞的行为,但这种做法只能是搞乱商品等价交换关系的偶然未知数而已。它本来是不属于利己心起作用的等价交换世界的。等价交换属于利己心世界,而伦理属于利他心世界。"[2] 因此,与市场经济相配套而建立起来的法律体系,也表现出非伦理性的一面。

市场经济的法虽有非伦理性一面,但并不是说它完全缺乏伦理。准确地说,它只是在如前所述含义上是非伦理的,但正是在那种非伦理的地方有一种特有的伦理。等价交换是在利己的人们之间进行的,但是绝对追求自己利益的人并不想使他人以等价来获取利益,而是想否认他人——即杀害对方或胁迫、征服对方——来获取利益,或者以低于等价的成本如诈骗来夺取利益。等价交换只有在利己心的主体把他人也作为利己心的主体,即作为与自己同样的人格而相互交涉时才得以产生。这本身就是一个伦理的世界,"等价"不使两交易人的利益都失掉而置于均衡状态,这正是交易生活领域内正义理念的实现,是一个伦理的过程。人不得进行妨碍等价交换的行为,人为了使等价交换成为社会秩序的基础而行为。市场经济的种种伦理道德规范都被包括在其中,并从中得到演绎,这就是市场经济的根本伦理道德规范。[3] 因此,这种与

---

[1] 参见川岛武宜:《现代化与法》,王志安等译,中国政法大学出版社,1994,第3-49页。
[2] 川岛武宜:《现代化与法》,王志安等译,中国政法大学出版社,1994,第27页。
[3] 参见川岛武宜:《现代化与法》,王志安等译,中国政法大学出版社,1994,第34-37页。

市场经济相配套而建立起来的法律体系也表现出伦理性的一面，这就是市场经济及其法的伦理，民法中的等价有偿原则和刑法中的罪刑相适应原则就是其表现。法制现代化的真正实现和完成，必须以社会伦理的现代化为基础。❶

需要特别说明的是，这种法律与道德脱节的情形甚至在西方国家内部也存在，但这种脱节与法律外生于社会的国家的法律和道德脱节的性质和程度不同。前者是正式法律变化慢于社会伦理道德的变化的结果；而后者是正式法律的变化快于社会伦理道德的变化所致。前者的脱节可以通过正式法律的修改、更新、重新解释这种简单易行的方式加以解决。后者脱节的解决无外乎两种方法：一是法律迁就于道德，以牺牲法制现代化的成就、步伐甚至出现倒退为代价，这种情况在急于实现自己法制现代化的后发国家较少出现，一般不具有可行性；二是使道德追上法律，即市民社会（即资本主义社会之前是封建社会）伦理向市民社会伦理转变以便与市民社会的法律相一致，这是一个旧的道德伦理被破坏与新的道德伦理被重建的过程。严格说来，这是社会发展的必然之势，并不需要用什么方法。更重要的是，在这个方面我们几乎无能为力，因为道德作为一种非正式的社会制度或约束，它弥散在社会的各个角落，依附于社会各个社会成员的自觉或不自觉的社会行为之中，"这（由无数私人关系搭建的——引者注）网络的每一个结都附着一种道德要素"，❷ 我们不能像改变正式法律制度那样在短期内改变社会的道德伦理，也不可能像组织极少数立法者培训那样培训几乎所有的社会成员。它只能是一个随着社会

---

❶ 参见川岛武宜：《现代化与法》，王志安等译，中国政法大学出版社，1994，第3-49页。
❷ 费孝通：《乡土中国　生育制度》，北京大学出版社，1998，第36页。

经济、文化的发展而自然发展演变的过程,而且它最深层次的伦理价值观念的变化是非常困难的,甚至几乎不可能。❶ 因此,在进行法律移植的国家,要将被移植过来的书本上的法转变为行动中的法总是有一个过程,不同的只不过是这个过程的长短而已。只有在这个意义上,我们才能理解费孝通所说的这句话:"法治秩序的建立不能单靠制定若干法律条文和设立若干法庭,重要的还得看人民怎样去应用这些设备。更进一步,在社会结构和思想观念上还得先有一番改革";❷ 也只有在这个意义上,我们才能理解川岛武宜所说的:"说法律生活的近代化,决不只意味着引进现代国家法制进行立法。因为它只是所需工作中最起码的部分。只有我们现实生活中的法——法社会学者所说的'活的法'(含道德伦理、习惯等——引者注)——的近代化,才是问题的核心。"❸

为什么当法律与道德关系紧密的时候,法律运行较为顺畅,尽管这时国家机构、技术力量并不强大甚至很微弱如古代国家?相反,当法律与道德分离较严重的时候,法律运行不畅,尽管这时国家力量较为强大如现代国家?这是因为"原来道德规范,乃是最合乎社会大众良知的规范,能依此来规范一般人的行为,非但不会引起反抗,且可博得大众的同情与支持,很顺利地被接受"。❹ 因此,"任何规范,倘不合于伦理规范,不能成为法律规范,现实法之所以能发生法的效力,因为它是此时此地道德规范的宣示,更可以说是当时当地理想的伦理习惯的宣示……当其伦理观点成为大众所接受的伦理习惯时。这就可成为法律发展的有

---

❶ 川岛武宜:《现代化与法》,王志安等译,中国政法大学出版社,1994,第208页。
❷ 费孝通:《乡土中国 生育制度》,北京大学出版社,1998,第58页。
❸ 川岛武宜:《现代化与法》,王志安等译,中国政法大学出版社,1994,第52页。
❹ 王伯琦:《近代法律思潮与中国固有文化》,清华大学出版社,2005,第92页。

力的源泉"。❶ 从法律运行的角度来看，就是当法律与道德伦理基本一致的时候，道德社会化的过程，就是法律社会化的过程；而且这种道德社会化是社会成员在一种相对比较宽松的社会环境下完成的，其社会化程度较高，使其法律社会化的程度也相应较高，从而使法律运行由于得到了道德的强大支持而十分顺畅。这也许是古代国家都盛行德治的重要原因，也是古代社会尽管国家的力量很微弱，国家机构尤其是司法机构没有现代国家这样发达的情况下，法律运行却较为顺畅的重要原因之一。相反，现代社会尽管有国家强大力量和发达的国家机构尤其是司法机构和庞大而专业化的司法人员的支持，但当法律与道德相对脱节甚至冲突的时候，法律社会化与道德社会化出现了分叉、断裂甚至冲突；而且道德社会化的程度往往高于法律社会化的程度，以致法律运行由于受到来自道德的挑战而变得步履艰难。

总之，"民俗民德随着生活状况的改变而逐渐变化，但是几乎没有可以通过有意识的行为而使它们发生根本性变更的余地。立法必须在原有的民德中寻找立足点……立法为了自强必须与民德相一致。因为民俗民德植根于大众生活之中，一位统治阶层的优秀人物在某种程度上可以改变它的社会习俗，并可以通过立法或其他手段对老百姓施加一定影响，但大众——社会的核心——是守旧的，他们按照传统和习惯生活。……当法律达到有准备地从民德中分离出来的程度时，法律就削弱了它本身的社会基础和权威，违背民德的法律好似一堆废纸。试图用法律来改组社会无异于打算通过社会成分的再分配来改组我们的世界"。❷

---

❶ 王伯琦：《近代法律思潮与中国固有文化》，清华大学出版社，2005，第35页。
❷ 科特威尔：《法律社会学导论》，潘大松等译，华夏出版社，1989，第22-23页。

3. 微观透视：案例研究

如果说以上考察是从社会宏观层面进行的，显得比较抽象；那么对司法层面的微观考察，由于它涉及具体的人和事，以及具体人的具体利益和具体行动，因此使我们对道德因素及其社会化对法律运行过程的影响看得比较具体而形象。在此，笔者想借一个已经有许多学者研究的具体案例及他们的研究成果，❶并结合其他的资料加以说明，因为笔者关注的主要是其中隐含的理论意味。首先，让我们来看看根据录音整理的 B 镇信用社以法定代理人诉村民 W 一案的审理过程。❷

G 庭长：今天我们过来就依法收贷，从借据上看，你当时贷款是三个月时间，现在已十年了，你准备怎么办？……贷款是不是事实？

村民 W：是事实。……还。

营业所主任 A：现在就和你要来了，准备怎么还？

W：我原来准备今天就过来（指到乡政府去），你不信问他三叔。昨天黑夜我还跟他说要过去（还贷款），时间也长了，结果老婆子打岔，小子也家里没有，说过几天去。你们过来了，过来咱们商量解决，这么点事情……

原告（B 镇信用社，以下简称 B）：到你家十次也差不多了，

---

❶ 这些研究成果主要包括：强世功：《"法律"是如何实践的》，载王铭铭、王斯福主编《乡土社会的秩序、公正与权威》，中国政法大学出版社，1997，第 488 - 520 页；赵晓力：《关系/事件、行动策略和法律的叙事》，载王铭铭、王斯福主编《乡土社会的秩序、公正与权威》，中国政法大学出版社，1997，第 520 - 541 页；郑戈：《规范、秩序与传统》，载王铭铭、王斯福主编《乡土社会的秩序、公正与权威》，中国政法大学出版社，1997，第 541 - 551 页。另外还有：强世功：《"法律不入之地"的民事调解——一起"依法收贷"案的再分析》，《比较法研究》1998 年第 3 期；苏力：《为什么"送法上门"?》，《社会学研究》1998 年第 2 期。

❷ 王铭铭、王斯福主编：《乡土社会的秩序、公正与权威》，中国政法大学出版社，1997，第 551 - 554 页。

每次来了以后，你以种种原因借口（推辞），上次来了，你的小子还贩猪贩羊，正有钱，……

支书S：你看，我说一说，他贷款年限他也知道了，贷了两笔，三个月期限，快十年了，××是咱们本乡镇的人，人也精干，多少不愿意惹人，……以前来要也是跟个我，意思说你村上跟上个人，你们的人，说服啦，教育啦，给他帮个忙。以前我也到他家走过几次，说要还了还了，这是事实，给我也捎了几次话了，前几天，我还在这儿走了一次，还听说买了几只羊，什么时候都是你的累赘，何时都挪不过去，（"这是骨头差事。"——村民W插话），骨头差事么（陕北方言，意指确凿的事实）。你给人给了，不要造麻烦，最后到现在了。我的意思这都是过话（方言，意指对现在无意义的对过去的叙述），再说也不顶事，现在就说钱的问题，根据你刚才说，事实有了，也准备还，这是个好的说法，我说你有款，你现在有多少款就往出来拿，再咱们也不需要说什么情，也不需要说什么过话。……你现在还有多少，还短多少，短咱们就以短来。

……

A：一共1300左右，营业所连本带利600，信用社的两笔，共700。

W：哎，营业所的我已经还了。

A：你何时还的，把你的手续拿出来。

W：还了，当着王五叔的面还的，他是大队主任，他清楚着了，去年春上，是他引着信用社的一个人撵得来要我还的，我剩50块钱还是找王五叔借的，后来我给他还的，不信你找王五叔问，这还能哄了。

A：肯定没还了，还了就有凭据，你把凭据展出来。

S：这么嘛，你说还了，最好把凭据拿出来，这倒什么事也没了，……不过，我也有个印象，这笔钱追得很紧，……这个不怕，原骡原马原鞭子（方言，意指可证明过去事实的原始证据），有证人了。

B：给银行还款一定有凭据，你拿出凭据，就不用动脑子了。

S：对，银行一定给凭据了，恐怕他们凭据丢了……

W：心想款还了，要那作什么，不管怎么说，有王五叔在了。

A：先别说银行的，你说信用社的怎么办？

W：……信用社的200块，我昨天晚上跟××借的400块，其他的……

B：这个，有个手续问题，既然今天依法收贷，你无论如何想尽办法，这点贷款非清不行……（支书插话："我给你说，你要把性质弄清楚，这是依法收贷，跟以前不一样。"）要是你在我约定的时间到我信用社来，话就好说了，昨天是集（市），你来不了，让人捎句话，说你过几天来，我今天也就不来了，今天依法收贷，非还不行。

B：我准备过来了，误下了（方言，耽误的意思——引者注），……

……（争执）

G：本金和利息，一共717块零五分，还有费用，诉讼费收200块，车辆费200块钱。

W：错误是我造成的，但……就这么个，你们看着办……

G：现在起诉到这里了。你说不行，我们定个开庭时间，到时间你到××（B镇）法庭来。

S：开什么庭了，称不上，如果他还执迷不悟，或态度还不行，那还可以……

A：说什么也没用了，法庭也来了，车也用了，事实已形成了，费用非你承担不行，贷款三个月，不说三年了，已十来年了，你就树上说下来个崔也责任在你身上了，……现在这个样子是你逼的……现在就说怎么还，说你有多少钱，剩下的拿什么抵。

W：实际上，这个事我当事了，前几年，老婆子病了，花了我几千块，公款么，什么时候能短得下。

B：我们是搞这个工作的，一个，贷款是为了大家发家致富，都像你这么贷款十年不还，咱们这信用社也就关门了，信用社就是要讲信用（W插话："是我把信用失了，说什么了。"），所以我们非得采取这个办法不行，要不咱们信用社就办不下去了，咱们乡一万多人就别想发家致富了，……信用社是为了大家发家致富，不是为了你一个人致富。……不管怎么说，今天你就是往来拿钱，拿不来钱，你看，这个……今天法庭也来人了，国家有破产法了……

S：你是个老粗，理解不了，今天和以前要钱的方法不一样，是依法收贷，（G插话："起诉了。"）你看，这是咱们××法庭的G庭长……

G：你如果今天把这717块钱拿来，款到位了，我们的费用上可以少一点，你看怎么样？

W：呀，好你们了，好神神了，你们手高手高（方言，意思是把手抬高让村民通过——引者注），我现在……

G：现在看你的态度了，讲我们手高了？别人手高你就放下十多年不还？……想办法，款到位了，可以给你考虑一下，到不了位，就给你加重了。

B：你看，就是如何弄钱去，G庭长和派出所的还忙着了，……

G：你这种情况比较特殊，也很少见，人家听了想搞社会调查了（意指我们是专门调查此事的社会调查者），贷款要按时还了，你这个十来年不还，人家搞社会调查还想看看这是什么原因。

W：我也60多岁的人了，不准备丢这个人，长来短个，说什么了，……原来也没当成球个意思，二三百块钱么，一拖……

S：（对我们）他说的你们能听懂不？

……（众笑）

G：去，你寻钱去。

村民W借钱去了，大家在炕上拉起了家常，从婆媳吵架到土地调整，社会调查者还趁机采访了村支书，了解了当地的一些情况。过了一会儿。村民W返回，只取得500块钱，并拿回两瓶酒，打开请大家喝。

W：就这么多了……

G：这怎么行，短得多了，还有费用，……

W：哎呀，好我的G庭长了，……

G：不行，你要是一次把这755块钱给了，不怕，我给主任（信用社主任）作工作，费用可以少一点，你看怎么样？

A：你贷了三个月的款，三年还也就够意思了，现在十年了，到这个地步上还有什么好说的，你考虑原来说一回就那么个，要一回就那么个，村支书来说说，信用社来说说，营业所来说说，就那么个，有了你拿走，没了我就准备抗着过，你还把我怎么办，现在银行有银行法……

G：现在有500块？先拿来，你再借255块，费用给你适当，要不，给你半个月的时间，你连费用全往来交（方言，意思"一起交来"——引者注），你自己考虑。

B：现在社会上流传这么种说法，银行的贷款到九七年社会乱了，国家不要了，老年人和讲迷信的人都这么谣传，我看你也这么想。这个你不要想，不要听社会上的胡言乱语，这个你不顶事，最后你还得一五一十往来拿。

S：你再借点，交齐了，G庭长在这里，给你少一点，你交不来，人家能等，但再次来，你就受不了这王法。……我的意思是你去凑，凑齐了，我也坐这儿了，把400块费用给免了。

A：现在这是调解的办法，还没加15%的罚款，你不接受，可以开庭，到时候按国家的规定办，该罚的就罚。……现在说还是为你，你斟酌。

G：不行就抵东西，今天过来交不齐就不走……

W：穷户人家，你们照顾一下，……

B：穷？真正穷得连饭碗也端不起，我们就不会来这么多的人，……

W：你不信问支书，看我这两年的光景。

B：你看我给你说的，总是穷了，该出的就出，就再借上250块钱，其他的，我给你顶这个人情，……来来来，你出来，我给你说。

支书将村民W领出窑洞。最后，村民W又借钱去了。

从法律的角度看，这个案件（假若这个案件在法律上是成立的话）的法律事实和法律争点是非常清楚明了的，涉及的法律适用问题也较为简单，做出法律判决也较为容易。但从实际审理过程来看，却颇费周折，法官不惜"礼失而求诸野"，走出神圣的法庭，"送法下乡"；不惜"兴师动众"，"集中优势兵力"，"依法收贷"。为什么一个在法律上十分简单的案件审理起来却那么困难呢？是哪些因素影响了法律运行呢？在此，我们只想看看社会的前伦理道德因素和现行国家制定法对这个案件审理的影响。

首先，让我们看看伦理道德因素对案件审理的影响。如果说费孝通在20世纪三四十年代研究被引进到中国的现代西方法律运行情况是将其置于宏观的乡土社会的差序格局的伦理秩序背景,那么这个案例的审理则是在具体微观的场景(炕上)进行,即乡村社会里尊卑等级秩序中所形成的主人和客人之间的伦理背景,使法律运行无疑受到这一场景所规定的权力运行逻辑的制约——法官、原告和被告之间的法律关系受到主人和客人在乡村社会里形成的尊卑关系的制约。因此,在这一场景中,法律上的权利义务关系(村民应当还贷款)的展开必须转化为一种道德上的合理性,而不仅仅是合乎法律的规定。只有在这个意义上,我们才能理解原告方在论证自己催款的正当性时,❶ 不仅有其法律依据和正当性,更重要的是要有其道德上的依据和正当性。

B:我们是搞这个工作的,一个,贷款是为了大家发家致富,都像你这么贷款十年不还,咱们这信用社也就关门了,信用社就是要讲信用(W插话:"是我把信用失了,说什么了。"),所以我们非得采取这个办法不行,要不咱们信用社就办不下去了,咱们乡一万多人就别想发家致富了,……信用社是为了大家发家致富,不是为了你一个人致富。

B:到你家十次也差不多了,每次来了以后,你以种种原因借口(推辞),上次来了,你的小子还贩猪贩羊,正有钱,……

B:要是你在我约定的时间到我信用社来,话就好说了,昨天是集(市),你来不了,让人捎句话,说你过几天来,我今天也就不来了。

B:现在社会上流传这么种说法,银行的贷款到九七年社会乱

---

❶ 这里的原告方除了原告信用社主任B外,还包括营业所主任A、法官、警察等人。因为法官在这里并不是居于中立的位置,而是帮助原告来收贷,因此,人们认为这是一个民事调解,调解人是村支书。

了，国家不要了，老年人和讲迷信的人都这么谣传，我看你也这么想。这个你不要想，不要听社会上的胡言乱语，这个你不顶事，最后你还得一五一十往来拿。

B：穷？真正穷得连饭碗也端不起，我们就不会来这么多的人，……

A：说什么也没用了，法庭也来了，车也用了，事实已形成了，费用非你承担不行，贷款三个月，不说三年了，已十来年了，你就树上说下来个雀也责任在你身上了，……现在这个样子是你逼的……现在就说怎么还，说你有多少钱，剩下的拿什么抵。

A：你贷了三个月的款，三年还也就够意思了，现在十年了，到这个地步上还有什么好说的，你考虑原来说一回就那么个，要一回就那么个，村支书来说说，信用社来说说，营业所来说说，就那么个……

对于原告方的道德伦理上的论述，被告利用自己临时建立起来的主、客人之间的关系，对自己拖欠贷款也给予了伦理道德上的回应。

W：我原来准备今天就过来（指到乡政府去），你不信问他三叔。昨天黑夜我还跟他说要过去（还贷款），时间也长了，结果老婆子打岔，小子也家里没有，说过几天去。你们过来了，过来咱们商量解决，这么点事情……

W：错误是我造成的，但……就这么个，你们看着办……

W：实际上，这个事我当事了，前几年，老婆子病了，花了我几千块，公款么，什么时候能短得下。

W：穷户人家，你们照顾一下，……

另外，那些外来的偶然闯入的"入侵者"、调查者，也被原告用来作为向被告施加道德压力的可资利用的力量，以致引起了被告的"惊慌"。

G：你这种情况比较特殊，也很少见，人家听了想搞社会调查了（意指我们是专门调查此事的社会调查者），贷款要按时还了，你这个十来年不还，人家搞社会调查还想看看这是什么原因。

W：我也60多岁的人了，不准备丢这个人，长来短个，说什么了，……原来也没当成球个意思，二三百块钱么，一拖……

其次，让我们看看现行国家法律在这个案件审理中的作用问题。正如法官与原告在案件审理过程中一再强调的那样，这次与以前不同，是"依法收贷"，因此，国家法律作为原告方可资利用的一股备而待用的力量不时地在案件审理的过程中浮现。

G：今天我们过来就依法收贷。

B：这个，有个手续问题，既然今天依法收贷，你无论如何想尽办法，这点贷款非清不行……

G：现在起诉到这里了。你说不行，我们定个开庭时间，到时间你到××（B镇）法庭来。

B：不管怎么说，今天你就是往来拿钱，拿不来钱，你看，这个……今天法庭也来人了，国家有破产法了……

G：起诉了。

A：有了你拿走，没了我就准备抗着过，你还把我怎么办，现在银行有银行法……

A：现在这是调解的办法，还没加15%的罚款，你不接受，可以开庭，到时候按国家的规定办，该罚的就罚。

S：但再次来，你就受不了这王法。

对于原告方在论证其收款方面的法律依据时，被告几乎是一败涂地，唯一的办法是利用自己临时搭建起来的主客关系来求情、消极抵抗。

W：是我把信用失了，说什么了。

W：呀，好你们了，好神神了，你们手高手高，我现在……

W：就这么多了……

W：哎呀，好我的G庭长了，……

W：穷户人家，你们照顾一下，……

W：你不信问支书，看我这二年的光景。

面对原告方法律攻势，被告除了求情外，别无办法，根本不能从法律上找到相应的法律依据来进行反驳，毫无反击的能力，处于失语状态，正如村支书所言：

S：你是个老粗，理解不了，今天和以前要钱的方法不一样，是依法收贷。

S：我给你说，你要把性质弄清楚，这是依法收贷，跟以前不一样。

再次，让我们看看这个伦理道德因素是不是现代性法律所承载的伦理道德。如果不是，那是一个什么样的道德伦理；以及其中的法律是不是现代国家法律；如果不是，又是一个什么样的国家法律。

从上述原告方与被告的道德交锋中可以看出，他们主要集中在两个方面。第一，在"公"与"私"的关系中，强调"公"优先于"私"。这不仅被原告反复加以强调——"信用社是为了大家发家致富，不是为了你一个人致富"，而且也得到了被告的认同——"公款么，什么时候能短得下"。言下之意，公款的所有权不论在什么时候都是不能受到侵犯的，而私款的所有权却在一定的条件（如时间的推移、所有物的轻微如到别人家园地采摘点瓜果吃吃，等等）可以受到侵犯，"借了他人的东西时，往往随着时间的推移将过渡成为一种权利根据，所借之物不知何时完全埋没于借主所有物之中。因此贷主要求返还时往往使借主受刺激，会激怒借主。所以贷主在请求其返还时，还要加上'对不起'——比如'突然有急用'或'朋友要借'等，必须是'恳求'返还"。❶ 这也就是中国社会目前较为普遍存在的债权人求或怕债务人的情形。因此，才有第二个问题：原告方尽管在催款上有点"小题大做"，不惜"兴师动众"，"集中优势兵力"，"依法收贷"，在道德伦理上有点过分，不近"人情"，但也是迫于无奈，责任在对方，"现在这个样子是你逼的"，而且是对方拖欠贷款 10 年，有钱不还。也就是说，对于私款而言，随着时间推移的加长，所有权可以从贷方逐渐转移到借方，而公款却不适用这点。这也许是原告方反复强调是公款，而被告觉得理亏的真正原因。当然，从现代法律中的取得时效制度来看，随着时效的过期，财产所有权会发生转移，但这里的原告尤其是被告，显然不是从现代法律的层面而是从伦理道德的角度来论证自己的观点，因为现代法律制度中的取得时效制度的适用对象并不区分公款与私款。更重要的是，现代取得时效制度的安排的最终目的是强化人们的所有权观念，督促人们尽快争取自己的所有权，而不是保护那种时间成为所有权发生转移的理由的伦理道德观念。

当然，这里的伦理道德观念也不是现代法律所承载的伦理道德。现代法律所承载的伦理道德是——借用川岛武宜的话说——"尊重他人的所有权，并不是因为有自己不能侵犯它的事实状态（因为他人现在在占有），而只是因为所有权是别人的，不是自己的这样一个单纯的理由"，❷ 是一种绝对的排他性的所有权观念；

---

❶ 川岛武宜：《现代化与法》，王志安等译，中国政法大学出版社，1994，第 80 - 81 页。
❷ 川岛武宜：《现代化与法》，王志安等译，中国政法大学出版社，1994，第81页。

它是以市民社会的伦理道德——以等价交换为核心以欠债还钱诚实信用为主要内容——为基础的,❶ 人们不仅会为占用别人的财产而感到内疚不安,而且会为占用别人的财产的时间过长而感到内疚不安,更绝不会把占用别人财产时间过长作为将别人财产据为己有的根据。它也更不可能是现代法律在垄断资本主义时期的那种对权利本位修正基础上的社会本位伦理道德观念;❷ 实际上是一种中国传统的伦理道德观念,即社会本位、国家本位、义务本位的儒家伦理道德。这种伦理道德不仅是乡土社会里公认的道德准则,而且为社会主义新传统所灌输的"公家"意识和集体主义所强化。这也是村民认同的熟悉的伦理道德观念,以便不断地激活村民所认可的行为规则,使村民就范,"俯首称臣",达到收款的目的。换言之,原告选择传统伦理道德论证路径是出于一种现实的外部压力的考虑,出于一种社会生活逻辑的考虑,而没有选择一种现代法律所承载的新伦理道德论证的路径和法律的逻辑。这倒并不是原告不知道这些,而是因为这些知识或话语对中国人尤其是中国乡土社会的老百姓如村民而言,是一种外来的东西,是一种异质甚至与中国传统文化存在剧烈冲突的文化,乡民们固有的伦理道德往往阻碍他们去接近现代法律所承载的新伦理道德;尽管这种新伦理道德在"文化下乡""科技下乡""送法下乡""法学下乡"等政府推动下,已经伸向乡村,但也只是"制度上墙",❸ 游离于乡民社会生活的表层。

---

❶ 参见川岛武宜:《现代化与法》,王志安等译,中国政法大学出版社,1994,第3－49页。
❷ 关于西方社会本位与中国传统的社会本位的区别,详见王伯琦:《近代法律思潮与中国固有文化》,清华大学出版社,2005,第48－70页。
❸ 强世功:《法制与治理——国家转型中的法律》,中国政法大学出版社,2003,第203页。

原告选择传统伦理道德论证路径不仅是出于一种现实的外部压力的考虑，更重要的是还有内部压力的考虑。原告方在熟悉新旧两种伦理道德的情况下，几个人不假思索、不谋而合、不约而同甚至是本能地选择了传统伦理道德论证路径，始终没有一个人提取过现代法律所承载的新伦理道德。这个事实说明，他们从内心还是认可传统伦理道德的，并"肉体化"成了他们身体的组成部分，指导他们日常的行为模式；而外来的异质的甚至与中国传统文化存在剧烈冲突的新伦理道德，不仅仅遭到中国老百姓的强烈的排斥，而且也受到新伦理道德倡导者政府内部人员（国家干部、知识分子等尤其是处于社会基层的国家人员）的消极的不自觉的抵抗。只要是中国社会结构没有发生实质性的根本性的结构性的变迁，只要是中国乡土社会的面貌依然是清晰可辨的，只要是滋生这种传统伦理道德观念的社会土壤依然存在，这种传统伦理道德就会存活于社会之中，"发于人间，合乎人心"，就会对人们的行为模式产生影响。即便如此，这种传统伦理道德观念也不会从中国人身上消除掉；不然的话，那些生活在国外的以及社会结构发生了翻天覆地变化的地区如中国港澳台地区的中国人的行为，为什么还要受其影响呢？更何况是"老根不常动"的在一定意义上生活在同一社区的原告方（包括原告和原告的支持者，下同）和被告呢？可见，原告方选择传统伦理道德论证路径不是单纯的一种出于外部压力的被动选择，而是一种建立在自己对传统道德认同基础上的主动选择，也可以说是所有参与案件的人的一种公共选择的结果，是建立在双方共识基础上的一种选择。

下面我们来看看法律的情况。从上述原告方与被告的法律交锋中可以看出，原告方与被告所处的力量是绝对不平衡的。原告方不仅在伦理道德上处于优势，而且在法律上始终处于绝对的强势；而被告始终只能从伦理道德的角度回应，法律上始终处于绝对的弱势。那么，原告方所运用的法律是现代国家法律吗？显然也不是。与本案密切相关的现行的法律法规应该是有关民事方面的法律，如民法、民事诉讼法等内容。但在案件的审理过程中，这些本应出现的法律却从未提取，即使是专业的法律工作者法官也是如此；相反，出现的法律法规是一些与本案毫无联系甚至风马牛不相及的如银行法、破产法等法规，都是一些"望文生义"的法规。那么，原告方为什么要对国家法律进行这样"肆无忌惮的改造"呢？又为什么能进行这样"肆无忌惮的改造"呢？这倒不是原告方尤其是法官不知道这样的"改造"是一种严重滥用法律行为，甚至是一种渎职行为，也倒不是原告方对本案应该适用的现行国家法律不熟悉，同样也是出于一种现实的外部压力的考虑。因为这些国家法律是从外部移植过来的，其中不可能包含中国人的生活经验、情感、信仰和要求，对中国的大多数人而言，是一套完全陌生的与他们的社会生活完全不相干的知识体系；对于生活在中国西部偏远地区的沙漠腹地的村民来说，无异于一种"外语"，这套知识即使在表面（望文生义层面）上也是难以理解的，何谈那些专业化的法言法语呢？更何谈那些法律背后的观念、文化意味（如现代法律是对人的权利、利益的保护，是对人的终极关怀等）呢？因此，村民在法律的交锋中几乎毫无反击之力，只得求情、认错、抵赖、自责。

更重要的是，如上所述，由于中国社会没有发生实质性的根本性的结构性的变迁，社会中存活的仍然是中国社会传统的伦理道德，而不是与现代国家法律相匹配的新的伦理道德，因此，在中国人尤其是乡土社会中的人如村民的头脑中留存的仍然是中国传统法律观念（如法即刑、法律是驯民之具、耻讼、厌讼等）和中国人从自己的传统和生活经验出发对现代法律的一种"曲解"。因此,村民服膺的不是有国家强制力支撑而没有得到社会中存活的伦理道德(传统伦理道德)支持的现代国家法律及其观念,这种法律也不可能激活村民行为的积极配合,只会得到村民的消极抵抗——求情、认错、抵赖、自责;相反,他们服膺的是没有国家强制力支持、相反受到打压并得到社会中存活的伦理道德(传统伦理道德)支持的中国传统法律及其观念。"法在预定伦理的前提下才能成其为法。"[1] 原告方深知其中的奥妙而加以充分地发挥利用,以致他们对现代国家法律不仅要进行"改造",而且也能够"肆无忌惮地改造"。这种对现代国家法律"肆无忌惮的改造"不仅包括对其"名"与"词"的"改造",而且还有对其中的"实"与"物"的"改造";不仅包括对现代国家法律内容的"改造",而且还有对其功能的"改造"。本案中出现的国家法律至多只有现代国家法律之"名",甚至有时现代国家法律之"名"也难以保留,其"实"仍然是中国传统的法律观念,正如村支书所言——"王法",最多也只能是"新瓶装旧酒"。

当然,同样地,原告方这种对现代国家法律的"改造"不仅是出于外部"逼迫"的考虑:正如商品的生产和销售取决于消费者一样,法律产品的生产和销售取决于法律适用的对象如本案中的村民,而且更令人值得注意的是其内部力量的使然。作为一种书本上的法律,传统中国的法律及其观念随着中国清末变法的开启,正式退出了中国历史的舞台,退出了官方正式法律文件,成了一种被打压、改造和批评的对象,取而代之是一种完全不同或

---

[1] 川岛武宜:《现代化与法》,王志安等译,中国政法大学出版社,1994,第45页。

背离了我国传统法律体系的西方现代法律体系及其观念。但作为一种行动中的法律，由于传统中国的法律及其观念在中国社会运行了几千年并渗透进中国人血脉中，深深地扎根于社会土壤中并以不同的形式弥散在社会的各个角落，所以中国传统法律及其观念并没有真正退出中国社会，它像幽灵一样时刻不忘以不同形式证明自己的存在，尽管中国在这段历史时期发生了许多政治事件且正在发生翻天覆地的变化。因此，在中国社会实际生活中至少存在着两种法律及其观念——传统法律及其观念和现代国家法律及其观念。但从本案来看，被告就不用说了，对原告方而言，现代国家法律并没有"肉体化"而成为他们身体不可分割的一部分，而至多是他们逼被告就范的工具。当这个工具不能达到这个目的时，他们随时可以将它抛弃，实际情况也是如此。或者说，现代国家法律至多只是存在于制度层面，观念层面仍然是传统的法律观念，因此，他们可以根据传统的法律观念来"改造"现代国家法律的"名与实"、"词与物"、内容与功能。一句话，原告方这种对现代国家法律的传统法律观念的"改造"，更重要的在于：他们在内心是认同、接受传统法律及其观念而不是现代国家法律及其观念。

四、小结：社会行为主义视野中的法律运行过程

表面看来，法律运行主体在法律运行过程中对法律的理解好像是当时当地的理解，实际上，它是法律运行主体在一定时间里逐步累积而成的，而且大部分是在社会场域中形成的，是在这些纵横交错因素、成分和力量的共同作用和影响下而形成。因此，法律运行过程既不是国家主义法律运行观所简单天真地认为的那样，只是单纯国家权力单向运动的过程，也不是个人行为主义法律

运行观所持的法律运行过程只是法律运行主体个性心理活动单向运动的过程,也不是社会行为主义法律运行观所认为将上述两种力量(内部力量与外部力量)、两方面因素(社会因素与法律因素)简单相加的 1 + 1 = 2 的机械过程;而是一个(1)+(3)=(2)=(4)的过程即人的社会化(含法律社会化)的问题,是一个多因素、多种力量的有机融合、重新组合整合的双向或多向互动的过程:它既是主观与客观、人与法律、人与社会环境、法律与社会环境横向互动的过程,是一个法律社会化的过程及其与其他人的社会化之间的关系问题(见图 0.2);同时,是一个前法律因素、前其他社会因素与现行法律因素、现行其他社会因素纵向博弈的过程,是一个前法律运行主体与现行法律运行主体、"旧我"与"新我"矛盾、斗争、冲突和洗心革面的过程,是一个前法律社会化、前人的社会化与现行法律社会化的力量纵向较量的过程(见图 2.1)。一句话,是一个上述各种因素、成分和力量横纵交错地互动、博弈、分解、发酵、化合、整合、组合的过程,最根本的是人的社会化程度的差异问题。

(一)法律运行顺畅的内部问题

为什么会出现人的社会化程度的差异性呢?特别是当法律与其他社会因素出现分离、断裂甚至冲突的时候,为什么非正式制度因素的社会化程度一般较高而正式制度因素如法律的社会化程度较低?对这些问题的回答,我们必须进一步研究人的社会化机制尤其是动力机制的问题。具体而言,就是要研究非正式制度因素社会化的动力来源与正式制度因素法律社会化的动力来源的不同以及这种不同对各自社会化程度的影响;更具体一点就是,当法律与其他社会因素出现分离、断裂甚至冲突的时候,国家外部强制力作为正式制度因素(法律)社会化的主要力量与人的自然的生理需要作为非正式制度因素社会化的主要力量在人的社会化过程中各自所处的地位问题。随着社会的不断复杂化，国家强制力在管理社会和法律运行过程中的地位虽然在不断攀升，但它在法律运行过程中仍然只是其中的一个因素，甚至并不是一个基础性的、根本性的因素，它至少不能与法律运行主体的自然的生理需要相冲突，这是国家强制力作用于法律运行过程的底线。因为它并非无所不能，至少存在一个像国有企业那样存在国家权力所有者缺位的问题，法律运行主体并不完全是国家权力运作的工具，即使是典型的立法者、司法者和执法者也不例外；再说国家权力本身的最终来源也是社会大多数成员，因此，法律运行主体在法律运行过程仍然是一个最基本的根本性的因素。在这个意义上，法律运行过程是否顺畅，主要取决于我们对法律运行主体的理解，取决于我们对其法律运行主体行为的意义和动机的理解，最根本的是取决于我们对法律运行过程的法律运行主体的需要的理解和法律运行内部动力问题的认识，即法律运行动力机制问题。在笔者看来，这就是法律运行过程的内部问题。

（二）法律运行顺畅的外部问题

我们在强调法律运行主体在法律运行过程中的基础性地位的同时，并不否认国家强制力和其他社会环境因素等外部因素的作用，因此，要使法律运行过程较为顺畅，就是要及时有效地解决法律因素（含前法律因素和现行法律因素）与其他社会因素（含前其他社会因素和现行社会因素）之间的紧张关系，化解它们之间的不必要的隔阂甚至冲突；在不影响法律相对独立性的前提下，为社会因素进入法律运行提供更便捷而畅通的正式的制度化通道，使法律因素与其他社会因素从而也使法律社会化（含前法律社会化和现行法律社会化）与其他人的社会化（含前人的社会化和现行人的社会化）本身之间以及它们两者之间不至出现分叉、断裂甚至冲突；也使法律运行主体自身及其行为不至出现矛盾和冲突，从而保持前法律运行主体与现行法律运行主体行为的一致性，为法律运行过程顺畅提供主观和客观的条件。在笔者看来，这就是法律运行模式（社会因素进入法律运行过程的制度化通道）的设计和选择问题，也就是法律运行过程的外部问题，关键是解决社会因素与法律因素的紧张、隔阂甚至冲突的问题。

CHAPTER 03 >> 第三章

法律运行动力机制

一、法律运行动力机制释义

(一) 法律运行机制的含义

法律运行机制概念并非笔者的臆造,并非空穴来风,在法学中已有许多人使用过这个概念。[1] 但目前使用很不规范,有以偏概全之嫌。有强调结构和功能的,如"法的运行机制是指法的运行方式,包括法的运行构成的各要素之间的关系以及各要素对

---

[1] 参见付子堂:《法律功能论》,中国政法大学出版社,1999,第63-81页;周小明等:《法与市场秩序:市场经济法律机制研究》,贵州人民出版社,1995,"序"第2-3页;王青林:《习惯法若干问题初探》,载谢晖、陈金钊主编《民间法》(第3卷),山东人民出版社,2004,第35-81页;季卫东:《法律变化的定量分析和预测(代译序)》,载布莱克:《法律的运作行为》,唐越、苏力译,中国政法大学出版社,1994,"代译序"第6-9页;李楯编《法律社会学》,中国政法大学出版社,1999,第267-282页、第305-323页、第434-451页;卓泽渊主编《法理学》(第四版),法律出版社,2003,第215页;黄建武:《法的实现:法的一种社会学分析》,中国人民大学出版社,1997,第33-51页。

法的运行的影响";❶ 还有只强调结构的，如季卫东认为美国法社会学家布莱克《法律的运作行为》一书提出了"法的运作机制的理论结构"❷，并认为"机制，可以定义为能够根据具体情况进行功能选择的活动复合体，其本质在于富有选择功能的弹性结构";❸ 也有只强调功能的，如黄建武认为"法律实现的机制，是各种相互联系的法律手段与社会中各种有益于法律实现的因素相结合，所产生的推动法的要求转化为社会现实的过程和作用"。❹ 为此，有进一步加以说明的必要。

机制是由自然科学引申而来的。机制就是机理，原意是指机器的内部构造和工作原理，在自然科学中引申为事物或自然现象的作用原理、作用过程及其功能。在社会科学中的引申含义则更为复杂。综合当前各学科使用"机制"一词时所表达的含义，"机制"一词的基本含义有三个：一是指事物各组成要素的相互联系，即结构；二是指事物在有规律性的运动中发挥的作用、效应，即功能；三是指发挥功能的作用过程和作用原理。❺ 法律运行机制就是指法律在有规律地运行过程中，影响法律运行的各组成要素的结构、功能以及这些因素发挥功能的作用过程和作用原理。

为了使笔者的研究更深入，研究的主题更明确，本章不准备也不可能对法律运行机制进行面面俱到的研究，也没有必要。综合中外学者的研究成果，国内学者一般将法律运行机制"结构"

---

❶ 卓泽渊主编《法理学》（第四版），法律出版社，2003，第 215 页。
❷ 季卫东：《法律变化的定量分析和预测（代译序）》，载布莱克：《法律的运作行为》，唐越、苏力译，中国政法大学出版社，1994，"代译序"，第 6 页。
❸ 李楯编《法律社会学》，中国政法大学出版社，1999，第 275 页。
❹ 黄建武：《法的实现：法的一种社会学分析》，中国人民大学出版社，1997，第 33 - 34 页。
❺ 郑杭生主编《社会学概论新修》（第三版），中国人民大学出版社，2003，第 33 页。

概括为经济、政治、文化、道德、专门社会组织等方面[1];国外学者一般概括为分工、分层、社会组织、社会控制、社会文化等方面[2];并且取得了比较一致的意见。关于法律运行机制的"功能"研究,不同的学者有不同的观点,如马克思强调经济对法律运行的决定作用,埃利希强调对"社会本身"的研究,强调"活法"对法律运行的影响,韦伯强调社会的经济、文化、法律工作者、法律职业组织等多元因素对法律运行的影响,法人类学家强调社会文化如习惯对法律运行的影响,川岛武宜强调法律意识对法律运行的影响[3],诺内特、塞尔兹尼克强调社会组织对法律运行的影响[4]。人们对其功能的研究,取得了丰硕的成果,对这方面的认识也较深入。对法律运行机制的"过程和原理"的研究较薄弱,本章着重研究影响法律执行和遵守的各因素发挥功能的作用过程和作用原理,也就是法律运行过程中是什么力量在推动法律正常运行即法律运行过程中的动力机制问题。

(二) 法律运行动力机制的分类

法律运行过程在实质上是一个法律被法律运行主体认同、接受的过程,也是一个法律社会化的问题,因此,法律运行机制就是法律社会化的动力机制问题。大体而言,包括法律运行的内部力量和外部力量。

---

[1] 如黄建武:《法的实现:法的一种社会学分析》,中国人民大学出版社,1997。

[2] 如布莱克:《法律的运作行为》,唐越、苏力译,中国政法大学出版社,1994,"序言"。

[3] 川岛武宜:《现代化与法》,王志安等译,中国政法大学出版社,1994,第50-102页、第132-214页;关于此问题,季卫东先生在该书的"译序"——"法律秩序的传统与创新"中进行了阐述。

[4] 诺内特、塞尔兹尼克:《转变中的法律与社会:迈向回应型法》,张志铭译,中国政法大学出版社,2004;关于此问题,季卫东先生在该书的"译序"——"社会变革的法律模式"中进行了阐述。

1. 内部力量

所谓法律运行的内部力量，是指驱动法律运行主体按照法律行为模式来选择自己行为的力量；由于这种选择是法律运行主体自愿选择的结果，其力量来自法律运行主体内部，而不是由法律运行主体外部强加于法律运行主体身上，因此称作法律运行的内部力量。

那么，是什么最根本的因素和力量决定了法律的为人所认同和接受呢？"一切科学对于人性总是或多或少地有些关系，任何学科不论似乎与人性离得多远，它们总是会通过这样或那样的途径回到人性。……而是直捣这些科学的首都或心脏，即人性本身；一旦被掌握了人性以后，我们在其他各方面就有希望轻而易举地取得胜利了。……任何重要问题的解决关键，无不包括在关于人的科学中间；在我们没有熟悉这门科学之前，任何问题都不能得到确实的解决。"❶ 对法律运行内部力量的认识，也不例外。我们只有从人性的高度，才能认识推动法律运行的根本力量是什么，它也是揭开法律运行内部力量的奥妙的关键。因为，社会秩序（包括法律秩序）的建立与否、效果如何等都与人类本性有密切的联系，"社会本能导致了永远与人同在的根深蒂固的倾向性，向其同伴的行为看齐，取悦与其每日相处的同伴以及被后者所取悦的欲望。这种倾向极为简单，却绝对是一切社会动物的指导规则。它是一切法律的基础"。❷ 因此，法律中的人性观（法律对人性所持有的基本看法）如何，是否客观而科学地反映了人的本性，这是法律是否能在社会中生根、顺畅运行的关键之所在。当我们设

---

❶ 休谟：《人性论》（上册），关文运远译，商务印书馆，1997，第 6—8 页。
❷ 胡玉鸿：《法学方法论导论》，山东人民出版社，2002，第 429 页。

计的这种法律秩序能够反映或很好地反映了人的本性的时候，法律运行就能通过激励人、激发人的本性而产生一种无时不在、无处不在的力量，推动人选择法律安排的社会行为，使人们的行为服从规则治理，从而形成一种良好的社会秩序；反之，当我们设计的法律秩序不能反映人的本性或者与人的本性相背离的时候，法律运行就会因缺乏这种由人的本性而产生的根本力量的支持而运行不畅。当然，这个时候人们必然选择一种外在于人本身的外部力量来保障法律运行；即使如此，其效果远远不及依靠内部力量来保障法律运行的效果，甚至会出现一种因法律缺乏人性的支持而处于无根基的状态。

2. 外部力量

法律通过对人的本性的回应而获得人们对法律的认同和接受，进而也获得法律运行的内部力量。但由于人具有双重本性：既有相互合作的社会本性又有个人主义的本性……总之是既有好的方面又有不好的方面。因此，法律又不等同于人的本性，对人性中好的方面要进行引导和保护，对人性中不好的方面要进行鲜明的否定、贬抑，即社会控制。"对人类本性的支配，过去是，现在也是通过社会控制来保持的，即通过人们对每个人所施加的压力来保持的，目的在于迫使他尽自己的本分，支持文明社会，并制止他从事违反社会秩序的行为。"[1] 这种对人性否定、贬抑并制度化为法律的部分，不可能通过激励、激发人对法律的自愿认同和接受即法律运行的内部力量来保障其实施，而必须通过额外地施加于人的外部的一种强制力量来保障法律运行，这种力量相对于其内部力量而言，是一种外在于人的外部力量。

---

[1] 沈宗灵：《现代西方法理学》，北京大学出版社，1992，第289页。

这种外部力量不论是在压制型法中，还是在自治型法和回应型法中；不论是在身份法中，还是在契约法中；不论是在压制性法中，还是在恢复性法中，都是存在的。不同的是："它在压制型法中是居于支配地位的，在自治型法中是有节制的，而在回应型法中则是潜在的。"[1] 因此，在法律发展的不同历史时期，因法律运行外部力量表现出来的不同面貌，而使法律运行的外部力量在法律实践中的作用和地位也呈现出不同的格局。从人类法治实践的历史来看，大致出现了以下几种格局。

第一种是外部力量为主的情形。这种情形主要出现在人类社会早期，国家并没有出现或没有发展成熟的时期。这个时期不论是在中国还是在西方，都出现过外部力量为主的情形。由于国家并没有发展成熟，国家管理组织社会的技术并不发达，国家并没有完成对所有暴力的合法化垄断，因此，这个时期的外部力量除了指国家力量外，更重要的是指家族的力量（包括氏族的力量等）、宗教的力量、道德的力量、习俗的力量等社会力量。这个时期，尽管这些社会力量显得比较分散，具有弥散性，但正是因为其弥散性而分布在社会的各个角落，所以对人们的行为具有极大的影响，使法律运行的外部力量在保障整个法律运行的过程中，具有举足轻重的作用和地位。

第二种是外部力量为辅的情形。这种情形主要出现在17、18世纪西方的自由资本主义时期，而在中国历史上没有出现过这种情形。这种在西方出现的以内部力量为主、外部力量为辅的情形，其经济基础是西方市场经济的发展，它排斥国家对经济的干预，提倡自由放任的市场；其政治基础是认为国家只是一种"守夜人"

---

[1] 诺内特、塞尔兹尼克：《转变中的法律与社会：迈向回应型法》，张志铭译，中国政法大学出版社，2004，第16-17页。

的角色,管理得最少的政府,才是最好的政府;其思想基础是西方文艺复兴时期的人文主义,强调对人和人的理性的尊重,并在此基础上由洛克、孟德斯鸠、卢梭等启蒙思想家提出了社会先于、优先于国家的理论。因此,法律运行的力量主要来自于行为人的内部,主要依靠其内部力量的驱动,而外部力量处于次要的地位。

第三种是外部力量极度膨胀的情形。这种情形主要出现在19世纪末20世纪初以后西方的垄断资本主义时期,尤其是在福利国家时代更加突出,而在社会主义国家则达到了登峰造极的地步。从19世纪开始,西方"一方面是政府、政治、集体利益等'公共'领域与作为另一方面的包括个人利益,反映这些利益的社会关系以及基于私人财产、合同等观念产生的私人交易的'私人'领域之间的分离"。❶ 进入了20世纪以后,垄断资本主义的发展使西方国家的政治、经济、文化等发生了巨大的变化。尤其是第二次世界大战以后,福利国家时代,出现了大规模的强化国家管制的立法,构成了对传统法律的基本原则的冲击,打破了传统法律确定的国家与社会、公共生活与私人生活、公法与私法、法律运行的外部力量与法律运行的内部力量的基本关系,出现了国家干预、集体主义、自由裁量权扩大、强调国家和社会财产权利、为社会利益而限定契约自由等的倾向,出现了将法律运行的外部力量尤其是国家力量无限扩大的趋势。一些学者对此深感忧虑,❷ 如哈耶克认为:"在过去,种种自生自发的发展力量,无论受到多大的限制,通常仍能表明其强大无比,足以抵抗国家所具有的那种

---

❶ 科特威尔:《法律社会学导论》,潘大松等译,华夏出版社,1989,第53-54页。
❷ 这些学者及其著作主要包括:伯尔曼:《法律与革命——西方法律传统的形成》,贺卫方等译,中国大百科全书出版社,1993;昂格尔:《现代社会中的法律》,吴玉章、周汉华译,中国政法大学出版社,1994;哈耶克:《自由秩序原理》(上、下册),邓正来译,生活·读书·新知三联书店,1997。

有组织的强制性措施。然而,在今天,政府已支配了种种技术性的控制手段,自生自发的力量是否仍可能表现出其强有力的作用,就很难确定了;但是我们基本上可以说,在不远的将来,自生自发的发展力量将不可能如其往昔那般强大了。我们甚至可以得出这样的结论说,经由审慎思考而组织起来的社会力量,将会摧毁那些曾经使发展成为可能的自生自发的力量;尽管这种情况还没有发生,但是我们离这种境况也只有一步之遥了。"[1] 因此,哈耶克的整个社会理论致力于恢复一种自生自发的法律秩序。而福山认为,国家干预的广泛,造成了一种对自生社会秩序和社会资本的破坏,从而使社会秩序出现了一种"大分裂"的局面。[2] 而这种国家过度干预经济、社会等方面在社会主义国家达到了一种无以复加的地步。在我国,由于加强国家权力干预社会生活的这种情况与传统政治法律文化有一定的亲和性,因此,使这种在世界各国出现的趋势在我国表现得更为突出,这就是文化大革命的爆发。

二、西方法律运行动力机制

"法治就是已成立的法律获得普遍的服从,而大家所服从的法律又应该本身是制定得良好的法律。"[3] 因此,法治的形成、人们是否遵守或认同法律与法律自身制定得是否良好有紧密的联系。法律自身制定得是否良好,不仅体现在制度层面和观念层面是否先进良好上,更重要的是体现在法律自身体现出来的一种内在的

---

[1] 哈耶克:《自由秩序原理》(上册),邓正来译,生活·读书·新知三联书店,1997,第40-41页。
[2] 详细论述,参见福山:《大分裂——人类本性与社会秩序的重建》,刘榜离、王胜利译,中国社会科学出版社,2002,第1页及以下。
[3] 亚里士多德:《政治学》,吴寿彭译,商务印书馆,1965,第199页。

法律运行动力机制是否有利于人们遵守法律上；否则，即使是在制度层面和观念层面上体现出了非常先进良好的法律，也不会得到社会大众的普遍服从，自然而然法治就不可能出现。因此，在笔者看来，后者与人们遵守法律、法治的形成有更为紧密的直接联系。目前学界对前者的研究较多，❶ 对后者的研究较少，而后者正是本章探索的主要问题。由于篇幅的限制和研究的便利，在此主要研究了西方法律运行的动力机制及其与之走上现代法治之路的关系，以期对西方走上现代法治之路有一种更深刻的认识，对中国目前正在进行的法治国家建设有所借鉴意义。从西方法制发展的历史来看，大致经历了义务本位、权利本位和社会本位三个阶段，也相应地形成了三种不同的法律运行动力机制：外部力量为主的法律运行动力机制、内部力量为主的法律运行动力机制和内部力量为主、外部力量为辅的法律运行动力机制。西方这种法律运行动力机制的转变，对西方走上现代法治之路有重要而直接的作用。

（一）义务本位与外部力量为主的法律运行动力机制

义务本位是人类早期法律较为普遍的一种法律本位。梅因通过考察，认为："它（古代法律——引者注）不论在任何方面都明显地表示着，原始时代的社会并不像现在所设想的，是一个个人的集合，在事实上，并且根据组成它的人们的看法，它是一个许多家族的集合体。"❷ "人们不是被视为一个个人而是始终被视为一个特定团体的成员……他的个性为其家族所吞没了……作为社会

---

❶ 如分析法学派对法律规则的研究属于制度层面，自然法学派对法律价值的研究属于观念层面。研究成果颇多，不一一列举。
❷ 梅因：《古代法》，沈景一译，商务印书馆，1959，第72页。

的单位,不是个人,而是由真实的或拟制的血族关系结合起来的许多人的集团。"❶ 因此,不论是社会政治、经济方面,还是在家庭方面,均以家族为单位,个人不能有其独立的社会地位,更不可能有其独立的法律地位,从而也不能有其独立意思之表达。在这种社会中,"甚至在国家组织形成之后,法律的作用仍旧是极其有限的……它的拘束力只到各'家族'而不是个人……议会的立法和法院的审判只能到家族首长,至于家族中的每一个个人,其行为的准则是他的家庭的法律,以'家文'为立法者"。❷ 作为家庭利益代表的"家文权"极其发达,"文对其子有生死之权,更毋待论的,具有无限制的肉体惩罚权;他可以任意变更他们的个人身份;他可以为子娶妻,他可以将女许嫁;他可以令子女离婚;他可以用收养的方法把子女转移到其他家族中去;他并且可以出卖他们"。❸

为什么呢?涂尔干将此归结于社会分工不发达而带来的人与人之间结成的机械团结。这种"团结的强度必须达到这种程度:所有社会成员的共同观念和共同倾向在数量和强度上都超过了成员自身的观念和倾向。社会越是能够做到这些,它自身也就会越有活力。然而,我们之所以能够有自己的人格,是因为我们每个人都有自己的特征和性格,以便能够把自我和他人区分开来。因此,这种团结的发展与人格的发展是逆向而行的。……我们与我们的群体完全是共同的,因此我们根本没有自己,而只是社会在我们之中生存和活动;……当集体意识完全覆盖了我们的整个意

---

❶ 梅因:《古代法》,沈景一译,商务印书馆,1959,第105页。
❷ 梅因:《古代法》,沈景一译,商务印书馆,1959,第95页。
❸ 梅因:《古代法》,沈景一译,商务印书馆,1959,第79页。

识,并在所有方面都与我们息息相通的时候,那么从相似性产生出来的团结就发展到了它的极致状态,但此时此刻我们的个性却已丧失殆尽"。❶ 在机械团结占主导地位的社会,人们的集体感情和集体意识是非常强烈的,"除了集体以外,不存在任何一种凌驾于个人之上的道德力量"。❷

因此,这个时期的法律几乎都是家族利益反映,都是一种集体意识体现。即使是在形式上有关自然人的法律规定,也是如此;如关于家长的规定,他"在事实上是一个'法人'(即'家族')的代表,或者我们甚至几乎可以称他为是它的'公务员'。他享有权利,负担义务,但这些权利和义务在同胞的期待中和在法律的眼光中,既作为他自己的权利和义务,也作为集体组织的权利和义务"。❸

正如现在"法人"意思归根结底还是需通过自然人来行使一样,作为当时法律独立主体单位的家族的意思,也必须由家族成员即个人(不仅仅局限于家长)来完成,社会秩序的建立最终还是要通过个人行为来确立,因此,法律实质上是一种行为规范,而且主要是一种关于人的行为规范,❹ 为此,法律详细规定了个人对家族应尽的各种义务。这种个人对家族应尽的各种义务,即关于"身份"的规定,并在这个身份关系基础上建立社会秩序。因此,这个时期的法律除了要反映集体意识和集体利益外,还必须通过规定个人对集体意识和集体利益的服从等方式来实现整个社

---

❶ 涂尔干:《社会分工论》,渠东译,生活·读书·新知三联书店,2000,第90页。
❷ 涂尔干:《社会分工论》,渠东译,生活·读书·新知三联书店,2000,第48页。
❸ 梅因:《古代法》,沈景一译,商务印书馆,1959,第105页。
❹ 张洪涛:《法律规范逻辑结构的法社会学思考——以我国刑法和民法规范为主》,《东南学术》2007年第1期。

会正常运转，必然是一种义务本位的法律。

由于这个时期的法律是集体意识和集体利益的体现，否定了个人独立人格和个人利益，作为个人，在此只有单纯的义务，而没有法律给予的权利，法律几乎也没有个人权利的规定，因此，它不可能得到人们的自愿认同和接受。为此，法律对这种对家族利益、社会集团利益的"背叛"行为，作出了强烈反应，规定了严厉惩罚。在低等社会形态里，所有法律几乎都是刑法。[1]"刑法制度的历史恰恰是永不停歇的社会侵占个人的历史，或者准确地说是社会侵占它所包含的原始群体的历史。这种侵占的后果，就是逐渐用社会的法律把个人的法律代替掉。"[2]"如果统治政权对被统治者的利益漠不关心，换言之，如果统治政权倾向于不顾被统治者的利益或者否认它们的正统性，那么它就是压制性的。"[3] 因此，"我们可以断定，最低级社会中的法律完全是压制性的"。[4] 例如，"《摩西五经》的后四卷，即《出埃及记》《利未记》《民数记》和《申命记》，……在大约有 4000—5000 行的文字里，只有极少数的规范是可以被勉强认作是非压制性的"。[5] 再如，基督教社会中早期的萨利法，"原文包括 293 项条款，其中只有 25 项（约占百分之九）是没有压制性的，即涉及法兰克家族组织的"。[6]

一个漠视或否定个人利益和意志的法律，要想得到人们的遵守，法律必是压制性的；这种法律的运行必须借助外部力量

---

[1] 涂尔干：《社会分工论》，渠东译，生活·读书·新知三联书店，2000，第 41 页。
[2] 涂尔干：《社会分工论》，渠东译，生活·读书·新知三联书店，2000，第 57 页。
[3] 诺内特、塞尔兹尼克：《转变中的法律与社会：迈向回应型法》，张志铭译，中国政法大学出版社，2004，第 31 页。
[4] 涂尔干：《社会分工论》，渠东译，生活·读书·新知三联书店，2000，第 98 页。
[5] 涂尔干：《社会分工论》，渠东译，生活·读书·新知三联书店，2000，第 99 页。
[6] 涂尔干：《社会分工论》，渠东译，生活·读书·新知三联书店，2000，第 105 页。

的保障，其运行机制必然是一种以外部力量为主的法律运行动力机制。❶ 因此，与义务本位法律相应的，必是一种以外部力量为主的法律运行动力机制。

这个时期的国家也并不像现代国家那样成熟完善起来，甚至国家并未出现，社会无法通过国家组织起来集中而专门化的机构和力量，来保障法律实施。"压制的一个共同根源是统治精英可以利用的资源的缺乏。由于这个原因，压制极有可能伴随着政治秩序形成和维持的过程，它会在追求各种仁慈的目的时不知不觉地出现"，❷ 必须经过家族的、宗教的、道德的、习俗的力量等进行包装来增强自己的力量。因此，"压制性法律的运作始终显得有些分散。在一些极端不同的社会形态中，它并不是通过专职行政官来实施的，而是或多或少地靠整个社会来承担的"。❸ 概括而言，这种社会力量主要包括家族、宗教、道德等外部力量。

第一，家族的力量。正如梅因对罗马"家父权"的研究所示，早期不论是立法还是司法判决，只及于家族或家庭，而不及于个人，因为它认为个人没有独立性，依附于家族或家庭。但不管是哪个时期的法律秩序形成，最终还是要落实在个人行为上；不管

---

❶ 尽管两者的"压制"含义不尽相同，但它们都是在人类早期法律历史经验的基础上提出的一种理论概括，都是对人类早期法律历史经验的一种反映。从法律是否通过激发法律运行主体自身内在力量而自愿接受的角度，可以将西方法律运行动力机制类型化地分为：以外部力量为主的法律运行机制、以内部力量为主的法律运行机制以及内部力量与外部力量相结合的法律运行机制。这种划分尽管是以法律发展历史为依据的，但并不完全等同历史实际情况。正如法律本位的划分一样，社会生活的实际情况更可能是一种混而不分的状况，即每个时期的法律运行机制是一种内部力量与外部力量相结合的状况，不同的是各个时期的法律运行机制的各种成分的多寡、比例、结合的方式不同而已。
❷ 诺内特、塞尔兹尼克：《转变中的法律与社会：迈向回应型法》，张志铭译，中国政法大学出版社，2004，第36页。
❸ 涂尔干：《社会分工论》，渠东译，生活·读书·新知三联书店，2000，第35页。

这个法律是否承认个人为其法律上的单位或主体，都是如此。因此，在集体意识和家族意识强大的这个时期，家族力量成为这个时期法律运行首要的外部力量。这一点早已经为中外早期的法律所证明。

第二，宗教的力量。"一般而言，低级社会中的一切法律都是由压制性支配的：宗教渗透进了所有法律活动之中，也渗透进了所有社会生活。"[1] 这是因为"宗教在本质上是社会的，它非但不追求个人的目的，反而每时每刻都对个人作出限制"，[2] 所以它在精神上与早期法律义务本位相通。因此，早期法律都有大量关于宗教内容的规定，并对违反宗教行为做出了严酷惩罚，从而也使法律运行得到了宗教力量的支持，宗教力量成为家族力量之外的另一股重要力量。不论是早期西方法律还是东方法律，都明显具有这个特征。其中，西方法律受宗教影响更突出，甚至现代法律中还可以看到它的痕迹，如自由心证原则等。[3]

第三，道德的力量。即使是今天国家极其完善和发达时期，法律征服本质上是一种合法性征服，也是一种伦理道德征服，因此，在人类早期国家力量极其软弱，甚至并没有出现国家时，法律对道德的依赖就是非常显著的事实。在人类早期，曾经都经历了一个较长的法律与道德混而不分的时期。[4] 在一定意义上，人类早期法律直接或间接地源于道德，法律运行也必须依靠道德的力

---

[1] 涂尔干：《社会分工论》，渠东译，生活·读书·新知三联书店，2000，第101页。
[2] 涂尔干：《社会分工论》，渠东译，生活·读书·新知三联书店，2000，第55页。
[3] 这方面代表性的研究成果有：伯尔曼：《法律与革命——西方法律传统的形成》，贺卫方等译，中国大百科全书出版社，1993；伯尔曼：《法律与宗教》，梁治平译，生活·读书·新知三联书店，1991。
[4] 曹刚：《法律的道德批判》，江西人民出版社，2001，第1-3页。

量。美国社会学家萨姆纳通过对原始人社会生活的研究，认为："立法必须在原有的民德中寻找立足点……立法为了自强必须与民德一致。……当法律达到有准备地从民德中分离出来的程度时，法律就削弱了它本身的社会基础和权威，违背民德的法律就好似一堆废纸。"❶

法律运行对道德力量的依赖，不仅在人类早期社会中普遍存在，而且在人类文明社会中也具普遍性。在这个意义上，不同法律部门就是对道德的一种不同技术处理："对严重缺德行为加以严厉惩罚——刑事禁止性规范；对缺德行为（而不是对缺德意识）用法律加以限制或轻度制裁——民事禁止性规范；对最基本的道德行为加以要求——命令性规范；对合乎道德最基本要求的行为加以承认——授权性规范。法律上的这些伦理性的法律规范又往往与经济性法律规范、政治性法律规范等规范结合起来，甚至我们无法区分它来源于哪种社会规范。这是因为在任何社会领域都存在与道德相关的问题。"❷ 正因如此，法律与道德的问题一直是法学研究主题，这突出地表现在西方自然法思想源远流长从未间断的历史和中国的法律文化就是一种礼法文化的历史上。即使是今天，不论是西方还是我国出现的法治建设问题，都可归结于这个问题处理得当与不当。

（二）权利本位与内部力量为主的法律运行动力机制

随着社会的进步，家庭逐渐解体，"改变法律的媒介即拟制、衡平和立法，依次在原始制度中发生作用，而在每一个发展过程中必有大量的个人权利和大量的财产从家庭审判中转移到公共法

---

❶ 科特威尔：《法律社会学导论》，潘大松等译，华夏出版社，1989，第 22 - 23 页。
❷ 孙笑侠：《论法律规范的社会渊源》，《法律科学》1995 年第 2 期。

庭的管辖权之内"。❶ 梅因甚至认为："所有进步社会的运动在有一点上是一致的。在运动发展的过程中，其特点是家族依附的逐步消灭以及代之而起的个人义务的增长。'个人'不断地代替了'家族'，成为民事法律所考虑的单位。"❷ 这个法律演变过程，梅因总结道："在以前，'人'的一切关系都是被概括在'家族'关系中的，把这种社会状态作为历史上的一个起点，从这一个起点开始，我们似乎是在不断地向着一种新的社会秩序状态移动，在这种新的社会秩序中，所有这些关系都是因'个人'的自由合意而产生的。"❸ 这也就是梅因所说的"从身份到契约"的运动。❹

涂尔干将这种变化归结于社会分工的发达而带来的人与人之间结成的有机团结。他认为："前一种团结是建立在个人相似性的基础上的，而后一种团结是以个人的相互差别为基础。前一种团结之所以能够存在，是因为集体人格完全吸纳了个人人格；后一种团结之所以能够存在，是因为每个人都拥有自己的行动范围，都能够自臻其境，都有自己的人格。这样，集体意识就为部分个人意识留出了地盘，使它无法规定的特殊职能得到了确立。这种自由发展的空间越广，团结所产生的凝聚力就越强。一方面，劳动越加分化，个人就越贴近社会；另一方面，个人的活动越加专门化，他就越会成为个人。"❺ 在有机团结占主导地位的社会，个人意识是非常强烈的，保护个人的权利和自由成了这个时期法律的主要任务，人们将此称为权利本位的法律。

"虽然压制型法为设置秩序提供了便利的工具，但是它在求得

---

❶ 梅因：《古代法》，沈景一译，商务印书馆，1959，第95页。
❷ 梅因：《古代法》，沈景一译，商务印书馆，1959，第96页。
❸ 梅因：《古代法》，沈景一译，商务印书馆，1959，第96页。
❹ 梅因：《古代法》，沈景一译，商务印书馆，1959，第97页。
❺ 涂尔干：《社会分工论》，渠东译，生活·读书·新知三联书店，2000，第91页。

以认同为基础的稳定方面,还远远不能胜任。因此,这一发展阶段既初始又不安定。自治型法的出现就是为了救治这种无能。"[1]也就是说,义务本位的压制性法律不是建立在人们对法律的认同和接受的基础上,而是建立在绝对强制和绝对义务基础上,会受到人们本能的排斥,因此,法律运行既初始又不安定;而权利本位的法律秩序则是建立在人们对法律主动认同和接受的基础上,并进一步通过人们对法律的认同和接受来保障法律有效运行。因此,理解权利本位法律运行机制的关键在于,弄清法律在什么样的条件和情况下才能获得人们的认同和接受,其机理如何。

首先,传统意义上的法律是作为一种保守力量,只有当社会发生了变化后,才会引起法律变化。因此,法律从义务本位向权利本位转变,归根结底是因为社会关系发生了深刻变化,即用梅因的话说就是"从身份到契约的运动",用涂尔干的话说就是从"机械团结"到"有机团结"的转变。也就是在社会领域,个人必须从家族等集团中分离出来,这是法律获得人们认同和接受的社会前提条件。在"有机团结"社会中,人与人的关系建立在社会分工而产生的人与人之间差异性的基础上。人们差异性越大,人与人之间的依赖性就越强,这种有机团结就越发达。因此,有机团结发达的社会,是一个张扬人的个性发展的社会,是一个人与人之间的关系更加陌生化的社会,也是一个产生和发展个人主义观念的社会。

其次,这种在社会领域发生的人与人之间关系变化,必然要反映到法律领域中,个人取代家族而成为法律基本主体,具有独立法律人格。即使是法律上的"法人"等团体主体,也是一种原

---

[1] 诺内特、塞尔兹尼克:《转变中的法律与社会:迈向回应型法》,张志铭译,中国政法大学出版社,2004,第58页。

子化的人的法律拟制，必须是建立在个人独立意志上的一种人的联合体。"有了独立的自我，而后产生了自由观念；既觉得有了独立的自我，当然亦就觉得有了与我同样独立自由的他人，于是产生了平等观念。强烈的权利观念，亦随之而发生。义务之负担，必须各立于平等地位，出之于自由意志，也就是说，必须由于契约。……契约一经成立，权利、义务随之而发生。过去的强制义务，今乃成为同意义务，义务观念从而大灭，过去的绝对义务，今乃成为权利的内容，权利观念因之大张。法律的任务，亦即由使人尽其义务转向保护权利，为使权利的内容能够实现，方始谈到义务之履行。"❶ 这些都是由人从家族中解放出来而形成独立自我带来的必然结果。因此，人们将意思自治原则作为这个时期法律的最基本原则，贯彻意思自治原则的法律称为"自治型法"。可见，法律自治在实质上是人的自治，是人的意思的自治，人们认同和接受法律安排，是一种基于自己判断和选择的结果，也是一种内部力量驱动的结果，而不是像义务本位法律那样，是外部力量强制所致。即使是刑法，也不例外，如罪刑法定原则就是基于这种考虑。

最后，更重要的是，法律不光是要承认个人在法律上独立的法律人格，还必须体现出对个人利益和权利的关怀，并通过对人的关怀换得人们对法律的认同和接受，获得法律运行的内部力量。光是承认个人在法律上独立的法律人格，只为人们认同和接受法律提供了一种可能性；要将这种可能性转化为一种实现，转化为一种实实在在的法律安排和具体的法律行为，必须有另外一种力量的牵引，即对个人的利益和权利关怀，归根结底就是对人的关

---

❶ 王伯琦：《近代法律思潮与中国固有文化》，清华大学出版社，2005，第236－237页。

怀。它是推动人从而也是推动整个人类社会发展的不竭动力和源泉，甚至就是整个法律的事业，如富勒所说的"法律是使人的行为服从规则治理的事业"。这样，人们认为对法律的认同和接受，就是实现自己的利益，就是实现自己的价值。"法律被遵守的主要原因在于集团的成员从信念上接受并在行为中体现法律所表达的价值。人们效忠规则是因为规则能够表达人们参与其中的共同目的，而不是靠强制实施规则所必然伴随的威胁。这样，兴趣焦点就从制裁转到了规则所规定的行为标准。"❶

这时的法律由规定义务为主要内容转向以规定权利为核心内容，甚至可以说，其他法律的规定甚至包括刑法的规定也是为其权利实现而服务的。因此，这时的法律是一个"自私主义者的世界"，❷ 以恢复性法律为主，即将被人们破坏的法律关系加以修补，使不畅通的法律关系得以疏通，"赔偿损失的处罚本身并没有刑罚的性质：它只不过是拨回时钟返回过去，尽可能地恢复常态的一种手段而已"。❸ 因此，"恢复原貌"是这个时期法律的基本原则；甚至可以说，刑法中罪刑相适应原则，也是这个原则由民事性法律外推至刑事性法律的结果。即使是在我们看来最严厉、最残酷的刑法，也显示出了对人的关怀，如这个时候法律的目的由以前注重"惩恶"转向"扬善"，由以前"客观刑法"转向了"目的刑法"，由"报应刑"转向了"教育刑"。❹

---

❶ 昂格尔：《现代社会中的法律》，吴玉章、周汉华译，中国政法大学出版社，1994，第27页。
❷ 长尾龙一：《人性观与法哲学：羊乎？狼乎？》，陈才昆、黄源盛译，商鼎文化出版社，1996，第161–181页。
❸ 涂尔干：《社会分工论》，渠东译，生活·读书·新知三联书店，2000，第73页。
❹ 长尾龙一：《人性观与法哲学：羊乎？狼乎？》，陈才昆、黄源盛译，商鼎文化出版社，1996，第139–159页。

因此，与权利本位法律相对应的，是一种以内部力量为主的法律运行动力机制。但它并不意味着保障法律运行的外部力量的完全消失，只不过是退居到次要位置甚至是法律幕后而已，成了一种备而不用的力量。❶ "只有当一般部门法不能充分保护某种社会关系时，才由刑法保护，只有当一般部门法还不足以抑制某种危害行为时，才适用刑法。"❷

（三）社会本位与内、外部力量相结合的法律运行动力机制

随着社会的发展，特别是现代社会关系的高度复杂化，个人利益的最大化并不必然意味着整个社会利益的最大化，因此，必须对个人利益和自由做一些必要的限制，体现在法律上就是个人本位被社会本位取代。这就是庞德称为的"法律的社会化"运动。

那么，社会本位取代个人本位，是否就意味着前者是对后者的完全否定呢？是否就意味着西方法律根基——权利本位——发生了根本性变化呢？是否就意味着社会本位是对义务本位的一种历史回归呢？

首先看看社会本位与权利本位的问题。社会本位法律的出现是经济上由亚当·斯密主张的自由放任的市场经济向凯恩斯主张的国家干预的市场经济转变，政治上由消极政府向积极政府转变的结果，实质上是市场经济本身存在缺陷所致。但它并不是对市场经济中存在的基本原则和基本规律的完全否定，而只是对完全自由的市场经济的一种调整，是对其缺陷的一种克服。也就是说，

---

❶ 季卫东：《社会变革的法律模式（代译序）》，载诺内特、塞尔兹尼克：《转变中的法律与社会：迈向回应型法》，张志铭译，中国政法大学出版社，2004，"代译序"，第4页。
❷ 张明楷：《刑法的基础观念》，中国检察出版社，1995，第23页。

社会本位的法律，只不过是对权利本位法律的一种调整而已，它是在承认权利本位法律原则基础上的一种局部修正，不是全盘否定，更不是将其推倒重来。因此，它的基础还是权利，根本目的还是权利，仅是有目的地加以限制而已。可以说，其最终"目的"是为了更好保护其更大范围的权利实现。如《法国民法典》中的三大原则，即契约自由、权利神圣不可侵犯、过失责任，以及刑法中的罪刑法定原则，至今仍是世界各国法律制度的基础。法律最终目的虽着眼于增进社会福利和社会利益，但其着手处，最终还是落实到对个人权利和利益的保护上，甚至可以说是对个人权利和利益更大范围的更有效的保护。因此，"个人仍旧是法律上、政治上、经济上、社会上的独立单位，梅因的定律虽没有直线地发展下去，但绝没有亦绝不会原路回头"；❶ 西方资本主义法律根基并没有发生实质性变化，变化的只是其体现权利本位的形式即社会本位。在这个意义上，西方社会仍然是一种权利本位或以权利本位为主的法律观念。

当然，人们对此的认识并不一开始就很明确，甚至有走过头的时候。随着社会生活的复杂化，国家权力在人们不断高涨的呼声中，其技术和力量得到了显著增强，造成了"政治界"宰制"社会生活界"的局面。因此，20世纪60年代出现了福利国家计划，要求国家权力全面地干预社会生活领域。即使是那些有自由主义传统的英、美等西方国家，也不能幸免于此。社会主义国家则出现了全面的计划经济，社会几乎被国家所取代。哈耶克把这种曾经出现的世界性趋势，称为是一条"通向奴役之路"。现在西方出现的非政府组织研究热潮，正是对这种情况的调整。这些从

---

❶ 王伯琦：《近代法律思潮与中国固有文化》，清华大学出版社，2005，第238页。

反面说明：社会本位必须以个人权利为基础和目的，个人权利仍是西方法律的根本和基轴，也是社会本位的底线；社会本位一旦越过这个底线，不仅会给法律带来致命灾难，而且会给整个社会带来巨大损失。这一点不仅为西方社会发展的历史所证明，也被社会主义国家的发展所验证。可以说，我国改革开放之所以能取得经济和社会的持续高速发展，正是国家权力收缩从而给社会自由发展留下一定空间的结果，正是社会本位被修正而权利本位得到强化的结果。

下面谈谈社会本位与义务本位的问题。社会本位不是对权利本位的一种否定，反而是权利本位的延伸和发展，因此，社会本位也更不可能是对权利本位之前的义务本位的一种回归。当然，社会本位与义务本位有一些相同之处：集体主义的产物；从外部强加给人的一种义务；依靠外部力量（前者可能是宗教的、道德的、家族的力量，后者主要是现代国家力量）来保障其实施。但两者有本质不同：如果以权利本位为标准，义务本位则是对权利本位的一种否定，而社会本位是对权利本位的一种发展；也就是说，如上所述，义务本位中，个人没有独立人格地位，而社会本位中的个人仍是法律主体，有其独立人格地位。如现代民法中法定代理人要为被代理人承担连带责任的规定，是为了使社会上的被害人能够获得更多赔偿机会，出于社会利益考虑，但法律仍允许法定代理人证明自己无过失而免责；也没有否定子女的独立人格，父母负连带责任，是因为他们自己有过失，并非指子女负责。因此，社会本位的法律，绝没有抹杀个人，而是以个人独立人格为基础推而至于社会的。这与古代以否定个人人格的义务本位的法律有本质区别，只是貌合而神离。我们不能"惟其貌合，乃可不觉其神离，而唯其不觉其神离，往往沉湎于貌合。这是很危险的现象"。❶ 我国有过长期集团本位、义务本位法律存在和实施时期,人们权利意识并不很强,很容易将这种社会本位与我国历史上传统法律观念相混淆,弄清两者的区别仍具现实意义。❷

从西方社会法律本位演变过程可以看出,权利本位不仅是义务本位发展的目标和落脚点,而且是社会本位的出发点和最终归宿,因此,西方法律本位本质上是一种权利本位,西方法律本质上也是一种权利本位的法律。社会本位的法律不过是对权利本位法律的一种调整,它的目的还是权利,仅是有目的地给予限制而已,即为了增进社会人群的共同福利,法律强使特定人负担某种义务,或剥夺其某种权利。实质上,社会本位的法律是在某种权利之上加上一种法律义务而已。因此,它的运行动力机制是在承认内部力量的同时,加上一种法律运行的外部力量,即是一种内部力量与外部力量相结合的法律运行动力机制。但这种法律运行的外部力量,既不同于早期义务本位的法律运行的外部力量,又有异于权利本位的法律中处于"潜伏"状态的法律运行的外部力量,因此,这种法律运行的内部力量与外部力量的关系也不同于以前。

首先,社会本位法律的出现,是 19 世纪末 20 世纪初西方出现的各种社会矛盾如环境污染、劳资矛盾、交通拥挤等一系列问题的产物,实质是市场经济存在固有缺陷所致,是政府由消极的"守夜人"政府转变为积极政府的结果,是政府积极地有目的地干预市场经济、加强市场经济的宏观调控带来的必然产物,因此,这种国家加在权利之上的外部力量具有经济性,即必须遵循一定

---

❶ 王伯琦:《近代法律思潮与中国固有文化》,清华大学出版社,2005,第 5 页。
❷ 王伯琦:《近代法律思潮与中国固有文化》,清华大学出版社,2005,第 48-58 页。

的经济规律。这种外部力量更具理性,与以前外部力量单纯以压制为目的有本质区别。

其次,这种外部力量与权利本位时期国家只是作为"守夜人",法律运行外部力量处于一种备而不用状态是不同的,是国家积极主动干预市场的产物。表现在法律上,就是这个时期国家不仅制定了大量的经济法等社会法,同时在传统私法部门内部出现了私法公法化趋势。这样,国家主动干预市场经济的行为法治化,得以浮出水面,法律运行外部力量由原先较为分散、无组织状态变为现在较为集中并出现了组织化状态。

再次,这种外部力量是否可以无限放大?沿着上面的路线,人们曾经有将国家这种法律运行外部力量加以无限放大的趋势,特别是随着现代社会的复杂化,国家组织管理社会的技术的完善,政府行政权力有一种本能的扩张,人们对国家力量达到了一种"致命的自负"程度,给社会经济发展带来了巨大灾难。从这些历史教训中,人们现在认识到这种法律运行外部力量(国家力量)并非万能,也有其局限性。现在,不论是在社会主义国家还是在资本主义国家出现的对国家力量在市场经济中的作用的调整,就是这种认识的结果。

最后,国家这种法律运行外部力量的局限性,更重要的是,表现在它必须在借助、利用法律运行内部力量的基础上才能发挥其作用。这就正如国家对市场经济的干预一样,国家外部力量必须以法律运行内部力量为基础,必须在与内部力量不发生冲突的情形下,才能有效地发挥其作用。因此,内部力量相对于外部力量而言更为根本、更为重要。

可见,社会本位并不是一种对权利本位的完全取代,而只是一种局部调整和修正,本质上还是一种个人本位,只不过是一种被修正了的一种以个人本位为主、以团体本位为辅的法律本位，也是一种两者有机结合的法律本位。因此，其法律运行的外部力量与内部力量的结合并不是两者简单相加，而是有机融合的产物。

（四）结语

自从西方法律本位转向权利本位以来，个人本位一直在西方法律中占据主导地位，因此，西方法律运行动力机制也是一种以内部力量为主的法律运行动力机制。这种以内部力量为主的法律运行动力机制，有其特定哲学基础。"不难发现它们的共同基础，那就是首先一般地肯定了私、私利、私欲及其满足的合理性……如果说，他们确实把某些要求看成和说成是不正当、不正义的（古希腊罗马时期关于这些总有不同的看法），他们却不会一般地否定人们提出主张或要求这件事本身的正当性。"❶ 因此，西方人是承认"私"的前提下考虑各个具体而不同的利益、要求、主张的协调，营造的是一个"自私主义者的世界"。❷ 西方社会能够出现这种法治格局，要归功于西方比较完善合理的法律运行动力机制，更要归功于法律自身的法律结构。"法律之所以在现代西方社会被接受，并不是因为它体现了人们珍视的道德观念和价值观念，也不是因为国家具有压倒一切的制裁权力；既不是出于传统思想的力量，也不是由于领袖人物的感召力。其实，法律的被接受，仅仅是因为法律构建了一个可预见的规范体系，它是通情达理和包罗万象的……法律通过本身的逻辑结构，奠定了自身被接受的基础"。❸

---

❶ 梁治平：《寻求自然秩序中的和谐——中国传统法律文化研究》，中国政法大学出版社，1997，第 174 页。
❷ 严存生：《探索法的人性基础——西方自然法学的真谛》，《华东政法学院学报》2005 年第 5 期。
❸ 科特威尔：《法律社会学导论》，潘大松等译，华夏出版社，1989，第 177 页。

三、中国古代法律运行动力机制

(一) 中国古代法律本位的演展

1. 家本位时期：西周、春秋

中西国家产生途径不同，给早期（甚至至今）法律性质、内容、功能、精神等带来了巨大影响。如果说西方国家是社会结构压力和需要的产物，那么我国古代国家是通过氏族之间的征战而成形、完备起来的；如果说西方国家通过技术革命的进步造成地域原则取代血缘关系而完成，那么我国古代国家是"一种由人与人之间关系变化而非技术革命促成的文明，产生了一个按照变化了的人际关系而非地域原则实行统治的国家"。❶ 因此，中国古代国家的权力严格说来并非恩格斯所说的凌驾于社会之上的"公共权力"，而是赤裸裸的族姓之间的征服和统治。受时代的局限，国家为了弥补其管理、组织技术之不足，只好在次级群体即国家中带进了初级群体即家族或氏族等的印痕，将管理氏族的方式直接移用到国家的管理中，"血缘关系不但未被地缘关系所取代，反而是加强了，即亲缘与政治的关系更加紧密地结合起来"，❷ 国与家同构合一，从而压制了组织与技术的正常发展；而技术与组织发展的不足反倒使压制变本加厉，"压制的一个共同根源是统治精英可以利用资源的贫乏"。❸ 这种"对异族的征伐可以变成为统治，

---

❶ 梁治平：《寻求自然秩序中的和谐——中国传统法律文化研究》，中国政法大学出版社，1997，第12-13页。
❷ 张光直：《中国青铜时代》（二集），生活·读书·新知三联书店，1990，第118页，转引自张中秋《中西法律文化比较研究》，南京大学出版社，1999，第40页。
❸ 诺内特、塞尔兹尼克：《转变中的法律与社会：迈向回应型法》，张志铭译，中国政法大学出版社，2004，第36页。

维系内部的统治也可以征伐的形式表现出来"。❶ 因此，这个时期法律的功能主要是实现对异族的镇压和统治，达到"刑以威四夷"；维护家族秩序成了它最根本的任务，因为"维护家族秩序等于维护国家的安定。这就使维护父系氏族秩序的'宗法'上升为国法"。❷ 其实质是一种"家本位"法。

2. 国本位时期：战国、秦朝

随着铁器工具的广泛使用和深刻技术革命的发生，亲缘关系最终让位于地域原则。其时，经夏、商、周一千余年发展而成的社会和国家制度（包括法律制度）正趋于土崩瓦解中，同姓血缘的宗族统治已趋于灭亡，代之而起的是一些与国君没有血缘关系或血缘关系不紧密的中小地主和官僚。这样，原来家国一体、君父一体、族权与政权合一的政治局面被打破，出现了群雄并起、家与国分离的局面。面对这种"礼崩乐坏"的局面，儒、法等各派提出了各自的政治主张。但首先付诸实施的是法家的政治主张，在此只谈法家思想及其实践。

在治理国家手段上，法家主张"不务德而务法"，强调要想有效地治理国家，必须依靠国家强制力量，充分运用法律这一强制手段。如韩非子说："吾以是明仁义爱惠之不足用，而严刑重罚之可以治国也。"❸ 与此同时，它还极力排除"德""礼"的作用，强调不分亲疏贵贱远近上下地适用法律。最明显的例子是法家明确提出了"壹刑"原则。"所谓壹刑者，刑无等级，自卿相、将军

---

❶ 梁治平：《寻求自然秩序中的和谐——中国传统法律文化研究》，中国政法大学出版社，1997，第39页。
❷ 武树臣：《移植与枯萎：个人本位法律观在中国的命运》，载李楷编《法律社会学》，中国政法大学出版社，1999，第242页。
❸ 《韩非子·奸劫弑臣》。

以及大夫庶人，有不从王令，犯国禁，乱上制者，罪死不赦。"❶ 因此，后人研究法家思想后认为："法家严而少恩，然其正君臣上下之分，不可改矣……法家不别亲疏，不殊贵贱，一断于法，则亲亲尊尊之恩绝矣。可以行一时之计，而不可长用也，故曰'严而少恩'。"❷

法家还极力为新兴王权张目，认为法律之所以威严，不可违背，是因为它源自君主。如管子说："夫生法者，君也"；❸ 韩非子说："君无术则弊于上；臣无法则乱于下。此不可一无，皆帝王之具也。"❹

法家一方面竭力鼓吹君主的至高无上，严格君臣上下之分，另一方面又极力排斥儒家宗族伦理，使西周礼制的精神亲亲尊尊之恩绝，是一种典型的国本位或皇权主义思想。法家这种思想在战国时期尤其是在秦国，一定程度上适应了当时群雄混战的社会现实，因此盛极一时，贯彻于当时法律实践中。如秦律规定，对君主"不忠"就要处以死刑，而对家主的"不忠""不孝"则不在其列。甚至"子告父母，臣妾告主，非公室告，勿听"。❺ 此外，在秦律的某些条款中，还有鼓励妻子控告丈夫的内容，甚至在某些情况下，还容许妻子杀丈夫。

3. 国—家本位时期：西汉至清末

中国上古时代的家族宗法社会特征，经过夏、商、周一千余年的浸染，已成中国上古社会的传统。而法家一反中国社会的这

---

❶ 《商君书·赏刑》。
❷ 《史记·太史公自序》。
❸ 《管子·任法》。
❹ 《韩非子·定法》。
❺ 张中秋：《中西法律文化比较研究》，南京大学出版社，1999，第45页。

一根本特性，因此，法家思想随着秦朝覆亡，很快就退出了独占统治地位的历史舞台。取而代之的是，法律由单纯的"国本位"向"国—家本位"的转变。

面对春秋战国时期家与国分离、"礼崩乐坏"的局面，儒家也提出了自己的政治主张。如孔子在回答不参政的原因时说："〈书〉云：'孝乎惟孝，友于兄弟，施于有政。'是亦为政，奚其为政？"❶ 孔子通过对宗法制度的两个基本原则"忠"与"孝"的沟通性解释，重新弥合了国与家的分离，肯定了被秦朝否定了的原先家国一体、君父一体、族权与政权合一的关系。这样，"孔子就在旧的同姓血缘基础上的君父一体制崩溃之际，为确立新的非同姓血缘的君父一体制奠定了理论基础。"❷ 紧随孔子之后的儒家诸子，进一步丰富和发展了孔子的这种思想，如孟子说："天下之本在国，国之本在家，家之本在身。"❸ 最后，《大学》集其大成，系统提出了"修身齐家治国平天下"❹的家族政治理论。在政治实践上，这个理论有一个致命缺陷，即过分忽视了以皇权为代表的封建国家的突出地位，因此，在西汉之前始终停留在理论阶段，没有付诸实施。

汉朝统治者非常注意吸收前代各朝成功经验和失败教训，提出了"王霸杂之"的指导思想。具体而言，就是一方面要恢复夏、商、周形成的中国家族主义的传统，即上述以孔子为代表的儒家思想，并通过董仲舒等人的"以礼入法"，引经断狱，《春秋》决狱等形式，实现"血缘国家转变为地域性国家，家与国直接合一

---

❶《论语·为政》。
❷ 转引自张中秋《中西法律文化比较研究》，南京大学出版社，1999，第43页。
❸《孟子·离娄上》。
❹《礼记·大学》。

的大一统格局，逐渐过渡到家、国间接相通的新的一统形态"。❶自此，这种家族主义传统在中国封建社会各朝法律中，不论是刑事的还是民事的、政事的法律规范，都得到了充分体现。❷

另外，它还吸取了秦朝时期的国本位因素，加强君主专制统治，实现了国本位与家本位共存与融合；而且经过各朝发展，逐步形成了较为完善的在国本位与家本位冲突时候国本位优先于家本位的基本原则。最为明显的例子就是唐律中的"十恶"，即"谋反""谋大逆""谋叛""恶逆""不道""大不敬""不孝""不睦""不义""内乱"。其中，前三恶直接维护以皇帝为代表的统治，是国本位最直接、最根本的反映。"大不敬"是对皇帝人身的侵犯和对皇权的不尊，归入封建伦理范畴，也可与前三恶相提并论。其余六恶，基本上都是维护家族和封建伦理，是家本位最集中的体现。法律对"十恶"的处罚极其严厉，排除在"八议"之外。而且，前三恶的处罚重于后七恶，体现了国本位优于家本位的法律精神。

"自汉以后，中国封建法律几乎在所有重大原则和制度上都贯彻了国家本位优于家族本位的指导思想。……而且，这种趋势随着封建专制的加强日益明显，《大明律》和《大清律例》相对《唐律》'重其所重，轻其所轻'的特点，便是这种趋势的直接产物"。❸

（二）中国古代法律运行动力机制：内部力量

西方法律经历了义务本位到权利本位再到社会本位的发展历

---

❶ 梁治平：《寻求自然秩序中的和谐——中国传统法律文化研究》，中国政法大学出版社，1997，第256页。
❷ 瞿同祖：《瞿同祖法学论著集》，中国政法大学出版社，1998，第1–97页。
❸ 张中秋：《中西法律文化比较研究》，南京大学出版社，1999，第55页。

程,最终形成了权利本位为主、辅之以社会本位的法律本位;中国古代法律始终只在国家(集团)本位里"内卷",从未形成或存在过个人本位的情形。中国法律本位的这种结构性缺陷,实与中国人在法律与人性的关系上的一种人性观有密切联系。

诚然,中西方一致认为:人性中除了"恶"外,还存在"善"的方面。但在法律与人性的问题上,中西方存在显著的差异。西方认为,法律不仅要控制人性中"恶"的一面即惩恶,更要保护人性中"善"的一面即扬善,而且后者才是法律的最终目的。作为表现人性、张扬人性、对人关怀备至的私法就不用说了;即使是表面看来为了惩恶的刑法,也是如此:"复仇抑或刑罚,不能只着眼于过去之恶,必须看向将来之善。"❶ 中国认为,法律只是与人性中恶的方面发生关联,与人性中"善"的方面毫无联系。

持人性恶的法家就不用说了,最典型的是持性善论的儒家。在实践中,儒家的性善论无法解释各种违礼犯罪现象,因此,继孔孟之后的荀子、董仲舒等人提出了新的解释。荀子认为,人性本恶,而善者是后世人为的,恶必生乱(犯罪),"故古者圣人以人之性恶,以为偏险而不正,悖乱而不治,故为之立君上之势以临之,明礼义以化之,起法正以治之,重刑罚以禁之,使天下皆出于治,合于善也"。❷

最能说明问题的是汉代硕儒董仲舒的"性三品"说。董仲舒认为:"天两,有阴阳之施;身亦两,有贪仁之性。"❸ 因此,善恶因人而异:凡不经教化而能为善者是"圣人之性";可接受教化而

---

❶ 长尾龙一:《人性观与法哲学:羊乎?狼乎?》,陈才昆、黄源盛译,商鼎文化出版社,1996,第147页。
❷ 《荀子·性恶》。
❸ 《春秋繁露·深察名号》。

为善，也可不接受教化而为恶者，是"中民之性"；难以教化而为非作歹者，是"斗筲之性"。前者是世人榜样；中者用德教扶其善，用法律（或刑罚）防其恶；后者是以严刑治之，以惩其恶。❶由此看来，董仲舒在有关犯罪与刑罚上，也是一个性恶论者。在他的眼中，法律为小人而设，由人的恶欲而生，转而用来防治其恶欲，因此，法律势必变成单纯刑法甚至刑罚。董仲舒的这种理论不仅为当朝的统治者所接受，而且受到后来统治者的欣赏和推崇，也被后来像韩愈那样的大儒继承和发扬光大，成了儒家正统。

表面上，法家的人性恶与儒家的人性善水火不相容，但在关于人性与法（即刑）的关系上，殊途同归。儒与法貌离而神合，形异而实同：法律只能是刑或刑罚，最终的唯一目的就是"以恶去恶""以刑去刑""以杀去杀"，就是"去私"。

令人吃惊的是，不论是正统的儒家、法家，还是非正统的墨家、道家，在主张"去私"上，保持了惊人的一致。根据现代学者研究，汉以后有关义、利问题的论辩虽多，但大体不出儒、道、墨、法诸家的范围，而以儒、道、墨、法为代表的几种思想，实际上有一个共同的基点：去私。为了实现"去私"，他们还提出了各自的途径：道家的办法是弃绝仁、义、礼、智，使民无知无欲，重归于自然；法家在刑、赏二字上面做文章，讲究"以刑去刑"；儒家则倡行礼义，具体办法就是礼、乐。❷

其实，"去私"还不是他们的最高境界。他们的最高境界——借用老子的话——就是"人法地，地法天，天法道，道法自然"，

---

❶ 《春秋繁露·实性》；《汉书·董仲舒传》。
❷ 梁治平：《寻求自然秩序中的和谐——中国传统法律文化研究》，中国政法大学出版社，1997，第159–187页。

就是"天人合一"的和谐，就是不仅要"无私"，而且还要"大公"，就是顺从天意、顺从自然，实质上就是顺从天子即皇帝的统治；否则，就是对天意的违抗，就是对自然和谐秩序的破坏，就是"大逆不道"，就是"不公"。因此，古人云："大道之行也，天下为公。"❶

如果说西方法律营造的是一个"自私主义者的世界"的话，❷中国则营造的是一个"去私（或大公无私）主义者的世界"。在这种观念的支配下，西方社会长出的法律必是个人本位，中国社会长出的必是国家（集团）本位，绝不可能是个人本位。2000多年来，当西方人承认个人肯定私欲私利并为私欲私利的满足提供一种尽可能合理的秩序，使之不断完善发展出一套高度精细合理的社会组织治理技术（如私法技术）的时候，中国人却在做着另外一件事情，即尽其所能地不分青红皂白地一概否定、抑制人们的私欲私利，也发展了一套与此相应的粗糙原始落后的社会技术（最明显的如将一切法律纠纷化繁为简地不加分别地刑事化道德化）。借用黄仁宇的观点说，❸ 就是当西方在不断摸索、发展和完善其社会上层和社会底层沟通的制度性联系和社会组织管理技术的时候，中国古代却在不断地更新、发展和完善其社会上层压制社会底层以及怎样使社会底层顺从上层的"牧师"的"规训"技术——前者由法来完成，后者由"礼"来保障。"因此在出现冲突的场合，重要的事情不是去协商冲突的双方，使其行为合于法律，

---

❶ 《礼记·礼运》。

❷ 长尾龙一：《人性观与法哲学：羊乎？狼乎？》，陈才昆、黄源盛译，商鼎文化出版社，1996，第161页。

❸ "站在技术的立场……大凡资本主义社会（实际是民族国家的形成——引者注）之产生，必先创造一个国家的高层结构和社会上新的低层结构，次之则要重建或改组当中制度性的联系。"参见黄仁宇：《资本主义与二十一世纪》，生活·读书·新知三联书店，2004，第203页。

而是彻底地消弭冲突,使之无由发生。同样地,法律的作用不是为人们满足私利提供合法的渠道。"❶

法律对人的态度,决定了人对法律的态度。法律对人是否定的态度,决定了人对法律也采取否定的态度;法律对人是肯定的态度,相应地决定了人对法律也采取肯定的态度。

自人类产生伊始,人类的社会生活须臾也离不开规则;否则,人类社会无以形成和发展。但人类对法律规则的需求和服从,并不是不加选择的,亚里士多德所说的"大家所服从的法律又应该本身是制定得良好的法律"。那么,怎样的法律才是良法?可以说,这是一个见仁见智的问题,还是一个人们正在不断追求的如富勒所说的"使人的行为服从规则治理的事业"。但至少可以肯定:一个完全或从根本上反人性的法律,一个完全不承认个人存在并轻视个人、否定个人、压抑个人的法律,不可能获得社会大众的普遍服从,也不可能通过激发个人、激励个人、满足个人正当合理需要的方式,使人们援情而司法、施法,只能使人们远离它、躲避它、规避它,视之为畏途,视之为莫大的耻辱,视与之有关的人员为"讼棍"、为挑拨离间者、为坏人;❷ 借用弗洛伊德的话说,就是一个完全没有"本我"而只有"超我"的法律,由于缺乏"本我"即人的自然的生理根基的支撑,难以被社会大众自觉地、自愿地认同、接受并进一步转化自己的信仰需求,❸ 也难

---

❶ 梁治平:《寻求自然秩序中的和谐——中国传统法律文化研究》,中国政法大学出版社,1997,第 203 页。
❷ 瞿同祖:《瞿同祖法学论著集》,中国政法大学出版社,1998,第 393-416 页。
❸ 关于社会规范(含法律)的生理根基的论述,可参见弗洛伊德的《精神分析引论新编》(高觉敷译,商务印书馆,1987)中关于本我、自我和超我的论述。另见长尾龙一:《人性观与法哲学:羊乎?狼乎?》,陈才昆、黄源盛译,商鼎文化出版社,1996。

以"肉体化"成为人体的一个不可分割的组成部分,从而使这种法律也难以真正进入社会,始终处于一种无社会根基的状态,因为有血有肉的人才是法律真正进入家庭、组织、国家和社会的载体和管道。

只有那些全面客观地认识了人、理解了人、关怀了人的法律,体现了特定时期特定区域的人的需求、愿望、情感的法律,即"制定得良好的法律",才能通过满足人们最根本的生理需要以及在此基础上衍生出来的其他社会需要的方式,即激发人的内部力量的方式,赢得人们发自内心的认同、接受和遵从。这就是西方社会走上现代法治之路的奥妙,也是中国古代法律缺乏内部力量驱动的根本原因。

(三) 中国古代法律运行动力机制:外部力量

法律运行除了受内部力量驱动外,还受外部力量推动。因此,对中国法律运行动力机制的研究,除了研究其内部力量,还须研究其外部力量。否则,无法解释中国古代法律在缺乏内部力量驱动下,却顺畅运行了 2000 余年的历史现象。

法律与国家相伴而产生和发展。在中国古代社会,"法自君出",从来都是"帝王之具",法律运行主要得到了以皇帝为代表的国家强制力的保障。因此,法律运行的外部力量主要是指国家力量。

对于中国古代国家的"早熟",中外学者有许多论述。如著名历史学家黄仁宇说:"易于耕种的纤细黄土、能带来丰沛雨量的季候风,和时而润泽大地、时而泛滥成灾的黄河,是影响中国命运的三大因素。"[1] 中国古代为了治水,对付黄河的河床淤塞而带来

---

[1] 黄仁宇:《中国大历史》,生活·读书·新知三联书店,1997,第21页。

的自然灾难，为了抵御北方游牧民族由于季候风不同而带来的游牧范围的经常伸缩而时常向内地侵扰的人为灾难，"注定着中国农业社会的官僚机构必须置身于一个强有力的中央体系之下"。❶ 因此，"单说中国在公元前 221 年，也就是基督尚未诞生前约两百年，既已完成政治上的统一；并且此后以统一为常情，分裂为变态（纵使长期分裂，人心仍趋向统一，即使是流亡的朝廷，仍以统一为职志），这是世界上独一无二的现象。"❷ 以致"美国汉学家 Herrlee G. Greel 坚称中国在公元之前，已拥有 20 世纪超级国家的姿态。……在公元之前即由皇帝遣派官僚向几千万人民征兵抽税、受理诉讼及刑事案件，是超时代的政治早熟。"❸ 而且是"在纸张还未出现，文书还靠木简传递之际，中国已经在一个广大的领土上完成统一……在此种因素及其广泛实施和有关习惯法制都没有发展之际，就先笼头套上一个统一的中央政府，以后地方分权，就无凭籍。各地方连自治的能力都没有，又何遑论及民权？因此就只有皇权的膨胀与巩固"。❹ 比较而言，"欧洲国家缺乏能力来对农业人口增加征税，因为精英对土地拥有权利，使得政府无法确立自己的新权利。欧洲的政府也无法进行人口清查。最后，在 19 世纪以前，没有一个欧洲国家能够想出——遑论形成——一种社会舆论与文化实践。从公元前 3 世纪起，中国就一直通过有组织的文官机构对人民课税。人口登记及清查制度则始于 2000 年前；到 18 世纪政府所作的人口记录，其范围已遍及整个帝国。然而在此时的欧洲，却是由教会来记录人口统计资料。欧洲的高度制度化

---

❶ 黄仁宇：《中国大历史》，生活·读书·新知三联书店，1997，第 26 页。
❷ 黄仁宇：《赫逊河畔谈中国历史》，生活·读书·新知三联书店，1992，第 6 页。
❸ 黄仁宇：《赫逊河畔谈中国历史》，生活·读书·新知三联书店，1992，第 14 - 15 页。
❹ 黄仁宇：《赫逊河畔谈中国历史》，生活·读书·新知三联书店，1992，第 21 页。

的宗教,也握有决定信仰正统性的权力,这在中国却属于国家权力的范畴"。❶ 中国国家早熟不仅体现在早期兵马俑的制作、长城的修建、李悝的设施所体现的原始风格的计划经济设计、《周礼》中透露出的王畿和九服所体现的"间架性的设计"、皇帝派遣官僚向几千万人民征兵抽税、受理诉讼及刑事案件以及对全国人口的统计等大量事实上,而且还被后来大量的历史事实如迄至 20 世纪中国仍缺乏对个人人权保障的能力、中国历史上从未出现过西方历史上实行自治的城市、中国以统一为常态分裂为例外、中国历史上从未出现过像西方那样独立商人阶层等所证明。

然而,由于时代的局限性,当时技术尤其是社会组织治理技术的缺乏,中国古代国家早熟像人的早熟一样,不是一种"身与心""肉体与思想"平衡发展的结果。具体而言,中国古代国家早熟不是"身"和"肉体"即社会组织管理技术早熟,只是一种"心"和"思想"即国家主义观念的早熟,因此,中国古代国家的统治从未出过县城。为了弥补这种组织治理技术的不足,中国古代通过将家族的管理技术移用到国家治理中来解决,即实现国与家的同构一体。❷ 这就是人们常说的,家是国的延伸,族权也是皇权的延伸。甚至有学者认为:"由青铜时代现实中的家、国合一,衍生出秦汉以后理论上的家国不分,形成了长达两千余年官绅共治的政治局面。似这样一个疆域辽阔的大一统帝国,如果没有作为社会最基本单位的无数个'家'的存在,只依靠中央集权的官僚体制,实施有效的社会控制是难以想象的。"❸ 因此,我们在考

---

❶ 张中秋:《中西法律文化比较研究》,南京大学出版社,1999,第 101 页。
❷ 张洪涛:《法律运行过程纵向的动态展开——以习惯法为例的宏观考察》,《甘肃政法学院学报》2007 年第 4 期。
❸ 梁治平:《寻求自然秩序中的和谐——中国传统法律文化研究》,中国政法大学出版社,1997,第 118 页。

察中国古代国家力量的时候，不能不论及作为国家力量向县城以下/以外的基层社会延伸的家族力量。

对于中国古代家族势力的强大，学界有许多阐述。如梁治平认为：这种家族势力强大，不仅体现在"家"的内涵、结构上不同于西方的家庭，实际上是一种扩大化了的"小家族"；而且表现在家的功能上不同于西洋的家庭只局限于生育功能，中国的家庭实际上还是国家的一个"事业组织"——负有宗教、政治、经济、教育、文化、司法诸方面的功能。同时，它还体现在固有价值体系中还是一个"伦理实体"即社会中最基本的单位，是一切社会制度和文化价值的最终源泉，作为家的最根本的伦理准则孝是立人之本。事实上，君的无上权威，家的神圣秩序，以及所有相关之道德上和法律上的保障，都是从这里生发出来的。这里，孝的哲学一变而为"孝的宗教"。在这个意义上，中国传统文化不外乎是一种家的文化，孝的文化。❶

梁治平还认为，家族力量的强大还可以从它的反面即个人方面反衬出来。具体而言，就是"使得没有家庭背景（包括由家族关系衍生出来的同乡、同府、同省等各种关系）的个人很难在社会立足，更遑论取得事业的成功了"。❷ 我们的婚姻只是为了传宗接代，为了家族的延续，不能私藏其"异财"，不能去形成私人的关系（契约），甚至连我们的生命也不是自己的，"身也者，父母之遗体也"，"身体发肤，受之父母"。❸ 因此，到19世纪，当"从

---

❶ 梁治平：《寻求自然秩序中的和谐——中国传统法律文化研究》，中国政法大学出版社，1997，第111－133页。
❷ 梁治平：《寻求自然秩序中的和谐——中国传统法律文化研究》，中国政法大学出版社，1997，第118页。
❸ 梁治平：《寻求自然秩序中的和谐——中国传统法律文化研究》，中国政法大学出版社，1997，第121页。

身份到契约的运动"在西方已基本完成时,中国的家长依然掌握着惩戒和出卖子女,决定其婚姻状况以及控制家庭财产等所有基本权利。❶甚至我们还可以从现代社会中中小企业、乡镇企业、家族企业的发达、改革开放之初的农村家庭联产承包责任制的成功、目前我国国有企业中出现的家族化现象❷、农村中曾经出现的修建祠堂、庙宇等现象的死灰复燃、计划生育中的超生游击队现象等现象中,看到传统家族观念和势力的强大影响。

当西方完成了"从身份到契约的运动"时,法律也就相应地从家庭中走了出来,也站了起来;相反,中国古代社会始终没有进行也更谈不上完成这种运动,法律始终没有从家庭中走出来,始终是家庭的奴婢、权力的侍女。家庭是社会的细胞。在中国,家庭还是国家权力向社会渗透、延伸、扩展的通道,也是国家"送法下乡""送法到家""送法到人"的毛细血管。中国国家法律就是通过家族这种庞大的社会网络,浸染到社会的各个角落,渗透在几乎每一个人(当然包括统治者)的观念、心态、行为模式、思维模式里面,化之于无形、无意识之中,从而使之流通到了单凭国家力量无法深入的地方,输送到了国家权力想进入而无法或不能进入的领域,做到了著于官府的宪令的赏罚存于民心,而并不只是满足于"写进法典,载入典籍,作成判决"。❸

中国古代,就是通过社会上层集中系统的国家力量和社会基层比较弥散的家族力量的相互配合、弥补和强化而使法律运行得以保障,大致没有出现因为没有得到内部力量的支撑而使法律运

---

❶ 梁治平:《寻求自然秩序中的和谐——中国传统法律文化研究》,中国政法大学出版社,1997,第115页。
❷ 张翼:《国有企业的家族化》,社会科学文献出版社,2002,第1页及以下。
❸ 梁治平:《寻求自然秩序中的和谐——中国传统法律文化研究》,中国政法大学出版社,1997,第173页。

行受阻的情形。中国法律能够正常运行，外部力量功不可没，但它也使中国社会为此付出了沉重的代价。中国古代社会始终没有走上现代法治之路，与这种存在结构性缺陷的法律运行动力机制不无关系。

（四）结语

顾名思义，外部力量就是从外部强加于法律运行主体身上的力量，是外生的，主要源于国家，有正式的人员和机构，较为集中而系统，是一只"有形之手"，在现代社会这些表现得更为显著。相对而言，内部力量来自各法律运行主体内部，是内生的，主要源于社会，没有正式的人员和机构，较为弥散而隐蔽，是一只"无形之手"。表面看来，外部力量显得比内部力量更为强大，但从实质上看，特别是从中西法治的最后结果来看，内部力量在驱动社会走上法治之路上起了决定性的作用。

第四章
法律运行模式

一、法律运行模式释义

(一) 千叶正士对解决法律运行外部问题的研究

法律与社会之间的关系问题，始终伴随着法律发展的整个历史过程。从早期法律与社会的浑然不分，到后来随着法律的发达及其自治化、形式化，法律与社会的关系问题，仍然是人类社会需要不断面对、不断思考和不断处理的问题。因此，法律与社会之间的关系问题也是法学研究的核心问题，无论是贯彻西方法学始终的自然法学派，还是现在明确以研究法律与社会之间关系的社会法学派（广义的，包括法社会学、法人类学、法经济学、法行为学、法心理学等），即使是以研究纯粹法学而自称的规则法学也不例外，它也有一个对终极规则的追寻问题，实质上就是法律与社会的问题。当然，各个时期、各个法学流派对社会的理解不同，有的是指宗教和上帝，有的是指俗务（包括经济、政治等）；有的是向上追索，有的是向下求证；有的是求助于人性，有的是求助于神性；有的是指社会大众，有的则是指皇帝君主……总而言之，法律不可能绝对自闭于社会、自绝于社会、自治于社会，都会与社会发生这样或那样、直接或间接的联系。如不论是在西方社会还是在东方社会，都存在一个法律与社会关系紧张、法律与社会脱节的法律滞后性问题。这个问题的永续存在，本身就说明了法律与社会始终有紧密的联系。即使是法律规则很发达、制定得多么精致的西方社会，也不可能为社会现实的所有可能方面做好准备。换句话说，精心制定的系统的包容性规则无法避免来自超出其规范能力的有关情形的挑战。❶

当然，我们在强调法律与社会的紧密联系的同时，不能否认或忽视法律与社会的区别，不能否认法律存在对社会发展的独立价值，也不能忽视法律自身有其特定的逻辑结构和功能；否则，法律就不成其为法律了，法律就没有存在的必要了。

那么，怎样在保持法律与社会紧密联系的同时，又能使法律从社会中相对分离出来形成一个相对独立的、具有内在紧密联系的、逻辑一致的法律体系呢？从最后表现出来的法治格局和社会秩序的格局（法治与人治）而言，千叶正士认为，东、西方在面对这个同样问题的时候，对该问题的认识和处理方式明显不同。

1. 西方法律的"吸纳/排斥挑战机制"❷

西方之所以在保持法律与社会紧密联系的同时，又能使法律

---

❶ 千叶正士：《法律多元——从日本法律文化迈向一般理论》，强世功等译，中国政法大学出版社，1997，第50页。
❷ 千叶正士：《法律多元——从日本法律文化迈向一般理论》，强世功等译，中国政法大学出版社，1997，第44-60页。

从社会中相对分离出来，最终走上了自治化、形式化的现代法治发展的道路，是因为它本身具备一种机制，来解决社会现实以这样或那样的方式发起挑战所引起的矛盾和冲突。关于这样一种机制，千叶正士称为吸纳挑战机制。如"权利义务概念"具有确定性和高度抽象性，而概念越抽象也就越远离社会现实，也就越有资格适应于更广泛的社会现实。当社会现实与抽象概念之间的距离进一步拉大时，权利义务概念由于其确定性而难以满足时，人们就要求另外一套法律概念即"法律观念"，来帮助实现维持法律规范结构的自治性，如正义、衡平等。再进一步地，当社会现实产生更大的偏离时，甚至连法律观念也无法囊括时，人们就用诸如梅因提出的"拟制、衡平和立法"之类的法律技术来保持其适用的一贯性。

一个法律制度尽管具备了这样一种精心制定的包容性规则体系和吸纳挑战机制，但还必须面对更为激烈的超出其规范能力的来自社会现实的挑战，这就需要一种与吸纳挑战机制相对立的排斥挑战机制。如"规范与事实相分离""法律与伦理和宗教相分离"等原则就具有这样的功能。按照人们的一般理解，"规范与事实相分离"原则，就是要将法律限定为一种经专门认可的正式规范体系，从而将人类社会生活的所有其他方面及其后果统统清除出法律世界而归入事实之中。这样，来自社会现实对法律的激烈挑战就会因为与法律世界毫不相干而被切断、排斥或归入无效，法律就有权利和理由不考虑任何社会现实的挑战。同样地，"法律与伦理和宗教相分离"的原则，也可以作为"规范与事实相分离"原则的逻辑结论来理解。

总之，一种精心制定的系统的包容性规则由于具备了吸纳挑战机制和排斥挑战机制，使得西方法能够在法治理想之下保持其规范结构的自治性和相对的独立性，最终使西方法走上了形式化、自治化的道路；同时，也保证了法律与社会的制度性联系通道的顺畅，或者说也保障了社会因素进入法律运行过程的制度化途径的顺畅，能够使法律随着社会的不断变化而与时俱进、与事俱变，而又不失其自身的相对独立性。

2. 日本法律的"官方法通向非官方法的法律原理"❶

与西方形成对照的是，东方法律在很大程度上并不具备像西方法那样的一种精心且严格建构的特殊机制，并不存在严格的规范与事实、法律与伦理和宗教相分离的原则，也并不存在有像"权利义务概念"那样具有确定性和高度抽象性的法律概念以及相应的法律观念和法律技术。相反，它具有一种灵活的、不确定的法律观，认为规范与事实的界限常常是不确定的，法律与伦理和宗教相分离的原则并没有像西方那样得到严格的遵守，毋宁说法律世界时刻准备接受事实世界的介入，伦理和宗教的介入常常被看作理所当然，明显地打破了法律与非法律的区别，最终使之难以走上法律形式化、自治化的现代法治道路，而是走上了法律道德化、法律宗教化和法律政治化的道路。当然，它们有一种不同于西方法的通往社会现实的渠道，也有自己的独具特色的通往社会现实的特殊机制，即千叶正士称为"官方法通向非官方法的法律原理"。

千叶正士首先在对日本法律实践研究的基础上，把"官方法通向非官方法的渠道"分为"官方法正式认可的渠道"和"非正式地受非官方法支持的渠道"；接着他进一步着重论述了使得

---

❶ 千叶正士：《法律多元——从日本法律文化迈向一般理论》，强世功等译，中国政法大学出版社，1997，第 115 – 127 页。

官方法与非官方法沟通渠道顺畅的法律原理，即它公开支持官方法的形式逻辑，同时又悄悄赞同非官方法的通行原理，不管后者是否合宪。换言之，如果这些原理在官方的法律案件中以其本来名称被公开提及，它们会被不假思索地被断然拒绝；但实际上它们却被官方法接受了，其真实效果则一字未提。千叶正士将这种伪装式接受的法律原理称为变形虫式的思维方式，即一个使人们在保持其个性/同一性的可能限度内，灵活地采取行动以使自己适应不断变化的环境的原理。日本的官方法和非官方法就是通过变形虫式的思维方式这个基本的非官方法律原理而互动的。

（二）法律运行模式是制度化地解决法律运行的外部问题

无论是西方法律的吸纳/排斥挑战机制，还是日本法律中的官方法通向非官方法的法律原理——变形虫式的思维方式，它们都是从解决法律与社会关系问题即法律运行外部问题的机理或深层次的观念层面来阐述问题的。当然，它们也谈到技术制度层面的问题，如梅因提及的"拟制、衡平和立法"之类的法律技术，日本法律实践中在解决此问题中的制定法的方式、司法判决的方式和行政机关对其管辖范围内的事务的自由裁量的方式。但这些显然不是他们阐述的重点，也不是他们研究的最终目的。因此，在此有进一步在技术制度层面展开的必要，因为一定的观念必须通过一定的技术制度形式体现出来，必然会制度化地落实到由具体的人或机关来承载。在此，笔者将此用来制度化地解决法律运行外部问题的方式或者社会因素进入法律运行过程的制度化途径称为法律运行模式；并根据承担制度化地解决这个问题的机构或人员在整个法律运行过程中的作用与地位的不同，理念化地大致分为立法主导的法律运行模式、司法主导的法律运行模式和行政主导的法律运行模式。

任何时期的任何国家法律运行必然受到社会环境的影响，都要解决社会因素（包括政治的、经济的、道德的、习俗的等）进入法律运行过程的制度化途径问题，即法律运行模式的选择或设计问题。目前，从韦伯理念化、类型化的角度，世界历史上制度化地解决法律运行外部问题的途径主要有三种：立法途径、司法途径和行政途径。因此，人类至今大致形成了三种典型的法律运行模式：立法主导的法律运行模式、司法主导的法律运行模式和行政主导的法律运行模式。立法主导的法律运行模式，即社会因素理论上只能通过立法环节制度化地进入法律运行过程中，是大陆法系主要采用的模式；司法主导的法律运行模式，即社会因素理论上只能通过司法环节制度化地进入法律运行过程中，是英美法系主要采用的模式；行政主导的法律运行模式，即社会因素制度化地进入法律运行过程，理论上既不是在立法环节也不是在司法环节，行政机关实际上起着最后的决定作用，是我国古代主要采用的模式。

在此，必须强调说明的是，将法律运行模式划分为立法主导的法律运行模式、司法主导的法律运行模式和行政主导的法律运行模式，只是一种理念化、典型化的结果，只是一种理论研究的需要，以便使我们的理论更深刻，从而将使我们更好地认识现实、理解现实并很好地改造现实，因此，它并不直接等同于社会现实。社会生活的现实更可能是一种三种或两种法律运行模式混而不分的状态，尤其是随着社会的向前发展，人们对法律实践认识的逐步深入和客观，各国的法律实践更可能采取一种以某种法律运行模式为主，辅之其他法律运行模式的方式来解决法律与社会之间的制度性联系、法律与社会之间的脱节、紧张或互动关系。也就是说，在现实世界中，各个国家更可能是根据自己国家的实际情况，在解决社会因素进入法律运行过程中，选择一种主导的正式的制度化途径，以其他非正式的制度化途径作为补充。这不只是体现在大陆法系中，也体现在英美法系中，我国同样也不例外。

二、西方两种法律运行模式之比较

（一）现行两种主要的法律运行模式

随着西方社会分工和社会分化的发展，西方法律逐渐走上了自治化、形式化的现代法治发展道路，也相应地提出了一系列实现规则之治的法治原则并具体化配套为相应的法律制度，而行政主导的法律运行模式显然与西方法律的这种发展趋势不协调甚至相冲突，因此，立法和司法逐渐从行政中分离出来，专司法律的制定、修改与适用等法律事务，也就相应地出现了两种主要的法律运行模式，即立法主导的法律运行模式和司法主导的法律运行模式。这两种法律运行模式也是现行世界各国采用或效仿的模式，而以前的行政主导的法律运行模式因不符合西方法治发展的趋势正在成为历史；即使是在我国，也不例外。下面笔者将着重研究立法主导的法律运行模式和司法主导的法律运行模式，行政主导的法律运行模式将在后面有关研究中论及。

1. 大陆法系立法主导的法律运行模式

"如果按照过程的思路，则'立法'这一个环节与'守法'、'执法'、'司法'和'法律监督'这几个环节显然具有相当不同的属性。立法是后面几个环节和方面的基本前提，没有立法，则从守法到执法到司法再到法律监督等环节就无从产生，没有法律形成，则法律实效、法律实现、法律实施就无从谈起；立法是标准，所有的守法、执法、司法和法律监督都必须由法律予以评判；立法还是目标，所有的守法、执法、司法和法律监督最终的完成的就应该由立法在事先设计好、设定的结果和目的……是一个主导性的环节。"❶ 可见，大陆法系是一种以立法为主导的法律运行模式，强调事先目标的贯彻。也就是说，法律运行结果的好坏取决于原始方案设计的好坏，行政机关和司法机关只是立法机关的延伸，只不过是在执行立法机关所制定的法律而已。大陆法系是制定法传统，特别强调法律条文之间的逻辑严密、法律体系的统一，强调法律对社会生活的覆盖，追求一个完善的、自给自足的规则体系；并要求严格执行和遵守其规定，没有为现实的情况和实际的处置留有运作空间和余地，通过加强法官在整个诉讼过程的职权，抑制诉讼过程中其他参加人尤其是律师的作用，来保证法律目的的实现；最终保证社会因素不要通过司法环节而只能通过立法环节进入法律运行之中。

2. 英美法系司法主导的法律运行模式

"如果说在民法法系，是立法环节为主导的话，在普通法系，司法环节则是枢纽和核心，整个法律运行是围绕司法而进行的。司法不仅是已经存在的、制定出来的法律最终得以实现的重要途径，而且，司法还决定了法律的生成和发展。用一个司法过程，很大程度上可以概括出法律运行从生成到实现的整个过程，司法的过程和结果决定了整个法律运行的实效。司法是核心，通过它，就可以提领起法律运行的全貌。"❷ 可见，英美法系是一种以司法为主导的法律运行模式，发现、阐释、适用法律的工作是三位一体地在一个法律机构即法院，由同一个角色即法官来完成的。因

---

❶ 鲍禄：《法理学与比较法》，对外经济贸易大学出版社，2002，第178页。
❷ 鲍禄：《法理学与比较法》，对外经济贸易大学出版社，2002，第179页。

此，英美法系在解决法律与社会生活脱节等问题并在转化为法律问题时，将此消解在法律运行的司法环节，即"创造性的司法的方式"，❶ "'司法判决'构成官方法通向非官方法的渠道"，❷ 社会因素只能通过司法判决的途径进入法律运行之中。

(二) 两种法律运行模式之比较

比较而言，在解决法律与社会生活脱节、背离等问题上，英美法系的司法途径比大陆法系的立法途径更有优势。

首先，"司法判决的沟通能力比上面提到的条文的沟通能力还要深远，因为这里要吸纳的并不局限于非官方法，这种吸纳过程本身经常会在没有特别指明的情况下完成"。❸ 对此，卡多佐有过经典的表述："先例的背后是一些基本的司法审判概念，它们是司法推理的一些先决条件；而更后面的是生活习惯、社会制度，那些概念正是在它们之中才得以生成"。❹ 因此，它对非官方法、习惯的吸纳是经常性的，即采取一种零售方式分散来进行，"营业网点"（主要是法院）多，经常"开门营业"，从而使这种吸纳能力更强、更深入社会，使法律再回归社会时更容易被人们接受和认可，因为在一定程度上，有更多的人都自觉或不自觉地参与了这个"化合"过程。相反，大陆法系采取的是一种立法方式，这也是一种间隔时间较长、程序较为严格集中的批发方式，"营业网点"较少，相对集中于上层社会（尤其是政治精英和文化精英）

---

❶ 徐国栋:《民法基本原则解释——成文法局限性之克服》，中国政法大学出版社，1992，第219页。
❷ 千叶正士:《法律多元——从日本法律文化迈向一般理论》，强世功等译，中国政法大学出版社，1997，第119页。
❸ 千叶正士:《法律多元——从日本法律文化迈向一般理论》，强世功等译，中国政法大学出版社，1997，第119页。
❹ 卡多佐:《司法过程的性质》，苏力译，商务印书馆，1998，第8页。

的手中，它经常"关门歇业"，因此吸纳能力较弱。此外，法官与立法者所处的地位也有所不同。尤其是基层法官并不像立法者那样处于超脱的位置，他们始终是处在法律实施的最前沿，处在法律与习惯相互发生矛盾和冲突的最前沿，必须面对具体的人和事、具体地域的种种风俗习惯、具体的利益冲突，他们会亲身参与整个案件博弈的过程，深刻体会当事人的所思所想，因而对弥散在社会各个角落的风俗习惯较为敏感。所有这些，都是处于超脱地位的立法者无法体认的，后者也无法享有这些具体的信息资源。❶

其次，英美法系遵循先例原则，带有一种历史的取向，特别关注传统与现代的沟通，有利于断裂的文化、制度、大传统与小传统等在司法熔炉中得到连接和修补。从微观来看，英美法系法律运行的起点，是发现和阐释一项法律规则。它基于一桩具体案件，可保障被发现和被适用的法律规则能够恰当解决具体的现实问题，即法律运行的终点，使法律运行的起点和终点结合起来，使判例法传统在法律运行的"起点"上就可得到贯彻。在这个意义上，英美法系是实践指向的，事先没有一个设计好的、确定的目标，也不是由标准的定义、规范的规则构成的。因此，每个"判例法规范产生于并且针对着个别的案件，法官总是避免创立概括性原则，这就意味着判例法是面向过去而不是像大陆法那样面向未来的体系。换言之，判例法并不存在预见一切未来可能发生情况并预先为之设定规则的宗旨，它只是以往的经验和智慧的积累"。❷ 在宏观上，英美法系又通过遵循先例原则，保证了判例法

---

❶ 参见张洪涛：《社会学视野中的法律与习惯》，载谢晖、陈金钊主编《民间法》（第 2 卷），山东人民出版社，2003，第 56－72 页；苏力：《送法下乡：中国基层司法制度研究》，中国政法大学出版社，2000，第 238－263 页。

❷ 徐国栋：《民法基本原则解释——成文法局限性之克服》，中国政法大学出版社，1992，第 201 页。

规范之间的一致性、确定性、稳定性以及整个法律体系的历史取向性,"如同珊瑚的生长那样,是由几世纪的审判记录的缓慢沉积和判例的演化而成"。❶"这一设计特点客观上使英美法官承担着沟通过去与未来的角色,他必须将既往的智慧与经验同现在和将来的事实连接起来",❷必须将由于社会急剧转型而造成的新旧文化和制度的断裂表现为法律上的断裂、冲突和不一致,使它们在司法的熔炉中得到连接和修补,进而协调一致。这个过程被卡多佐描述为:"日复一日地以不同的比例将所有这些成分投入法院的锅炉中,酿造成这种奇怪的化合物。"❸

相比而言,大陆法系则是未来取向的,追求制定一种预见一切、包罗万象的法律规范体系,追求法律规范的普遍性、一致性、稳定性、安全性。因此,法律一经制定就适用于未来社会的所有情况,法官不得改变立法者的"立法意图",必须按照立法者事先设定好的轨道运行,理论上不能有丝毫越轨行为,即使是由社会急剧转型而造成的断裂、冲突和不一致,也只能在立法环节化解;这些问题不能在司法环节由法官解决,法官也没有能力完成这个任务。即使是通过立法环节来解决这个问题,由于客观上严格的立法程序的限制和主观上立法者与司法者所处地位的不同而带来的制度激励不同,❹所以这个问题的解决没有以司法为主导的法律运行模式的制度设计来得那么及时、顺畅并获得好的法律和社会效果。

---

❶ 科特威尔:《法律社会学导论》,潘大松等译,华夏出版社,1989,第19页。
❷ 徐国栋:《民法基本原则解释——成文法局限性之克服》,中国政法大学出版社,1992,第202页。
❸ 卡多佐:《司法过程的性质》,苏力译,商务印书馆,1998,第2页。
❹ 参见苏力:《道路通向城市——转型中国的法治》,法律出版社,2004,第196-223页。

最后，为了保障有效地实现上述功能，英美法系除了提高法院和法官的地位，加强法院和法官的独立性外，还从制度上配备了足够的资源，提供了灵活的社会适应性机制。"在英美法系模式中，从宏观上看，法律的确定性和灵活性分别由判例法和制定法承担。但从微观上看，判例法和制定法又起着与其宏观形象相反的作用。判例法和制定法在不同层次的不同作用，组成了协调法律之确定性与灵活性的双重调节机制。"❶ 这种"确定性和适应性之间的平衡关系，不仅从法律发展与社会发展的同步要求这一纵向方面体现出来，而且还从另一方面，即在这种发展过程中每一相对稳定的阶段上，由法律表现的一般正义标准如何在每一具体场合得以实现这一横向方面表现出来。任何法律规范体系，不论是法典式的还是判例式的，都不可能事先预见到所有的具体问题，它们至多只能在一定范围里，依其立法技术的高下，或好或差地提出一般性标准，而这些一般性标准在某些特殊情况下如果丝毫不加变通地适用，则不可避免地会出现与这些标准本身的意图完全相反的结果。要解决这个矛盾，固然可以通过立法手段，由专门立法机构修改或废除旧法，制定新法，以适合于各种情况。但是，由于立法机关与司法机关之间的距离，以及二者之间考虑问题的出发点不同，所以这种做法的作用有时很有限。因此，在司法方面，法律的适应性还必须借助'衡平'的方法"。❷

英美法系在制度设计，特别是诉讼程序上也设计了有利于解决这个问题的平台。在法律实践上，它更注重对这个过程的程序

---

❶ 徐国栋：《民法基本原则解释——成文法局限性之克服》，中国政法大学出版社，1992，第 198 页。
❷ 高桐：《法律的确定性和适应性：英国模式》，《比较法研究》1988 年第 2 期。

规则的详细规定，使司法过程能够充分地、有保障地实现其发现、阐释、适用法律和创造法律的功能。为此，英美法系选择了"对抗式"的诉讼模式，充分调动参与案件过程的各方当事人及其代理人尤其是律师的主观能动性，让案件的原告、被告充分地举证、质证、论证主张、反驳对方，进行相互辩论，法官大多数情况只是"听讼"、主持诉讼。司法营造这种"对抗"的氛围，其目的是使法官能够充分而全面细致地了解案件的事实和争议的焦点，为法官的发现、阐释、适用以至创造法律以解决现实的具体问题做充分的准备。同时，也使案件的事实越辩越清，道理越辩越明，❶ 使"实施法律成为通过个体之间——例如，法院中法官和辩护人、警察和犯罪嫌疑人、监护官和违法者、律师和当事人之间——的相互作用中对法律含义的协商过程，这种协商确定了有关适当行为和期望的许多非正式规则，它们决定法律学书籍中正式规则的'真正'作用和意义"。❷ 而大陆法系的"立法中心主义"和"职权式""纠问式"制度安排，限制了人在诉讼过程中主观能动性的发挥，其法律运行在司法阶段显然表现为一种国家权力的运动。即由法官直接讯问当事人，主持、左右诉讼的全过程。在这个过程中，法官只是法律的执行者、法律实现的中介角色，说严重一点，他仅仅只是实现法律的"机器"，代表立法者掌控着法律诉讼的进程和具体的内容以及参加诉讼的所有人的法律行为。

因此，前者使参加者的看法和对社会的认识得到表达和尊重，其对社会的感情甚至不满得到宣泄，对已有法律的体认也得以完

---

❶ 鲍禄：《法理学与比较法》，对外经济贸易大学出版社，2002，第177页。
❷ 科特威尔：《法律社会学导论》，潘大松等译，华夏出版社，1989，第171页。

成，对法律的感情和信仰得以滋生，对社会的共识和新的法律规则也得以形成，最终形成"多人之治"，而后者不具有这些功能和效果。❶

(三) 两种法律运行模式的分布

由于以上原因，相对来说，传统大陆法系国家，"疆域都不那么辽阔，民族相对单一，全国风俗习惯相对统一，全国工业化和社会标准化都相对容易，加之成文法的传统和罗马法的复兴，因此，通过立法或法典编纂来解决全国的秩序问题相对容易。在这样一种法律制度和社会条件下，司法所面临的问题相对来说就比较简单，法官在司法中所起的作用与英美法系的法官相比要小得多"。❷ 因此，这些国家选择了一种以立法为主导的法律运行模式。这种法律运行模式由于特别强调法律的一致性、普遍性、稳定性，但缺乏灵活性、沟通性，所以显得刚性有余而弹性不足，对于社会同质性程度比较高的欧陆国家，是一种基本符合其国情的法律运行模式。而在地域宽广辽阔，人口众多且民族结构复杂多样，人们的生活方式和社会风俗习惯多样化，社会多元异质性程度较高的国家，通过立法或法典编纂来解决全国秩序问题较为困难，一般选择一种社会适应性机制灵活、沟通能力强的以司法为主导的法律运行模式，如美国、印度、澳大利亚、加拿大、南非等地域辽阔的国家莫不如此。❸

---

❶ 棚濑孝雄：《纠纷的解决与审判制度》，王亚新译，中国政法大学出版社，1994，第28页；达玛什卡：《司法和国家权力的多种面孔——比较视野中的法律程序》，郑戈译，中国政法大学出版社，2004，第109-119页。
❷ 苏力：《道路通向城市——转型中国的法治》，法律出版社，2004，第155页。
❸ 王云霞：《东方法律改革比较研究》，中国人民大学出版社，2002，第103-150页；高鸿钧：《英国法的域外移植——兼论普通法系形成和发展的特点》，《比较法研究》1990年第3期。

其中最为典型的是美国。独立初期，由于美国人对英国统治的憎恶和革命时期法国的支持和鼓励，也由于英国普通法的烦琐、封建保守、专断和贵族气，再加上美国在其革命时期总面积仅70万平方公里上下（大约只相当于中国的青海省），人口大约200万（远不及今天北京市海淀区的人口），❶ 因此，英国普通法被看作"这种依附关系的最后的公开见证和耻辱的象征"，人们发出了"愿有益的制定法很快地把英国普通法——这部压迫人的机器从美国清除出去"的呼声，"伟大的罗马法学家的著作越来越受重视，仿效那场以《拿破仑法典》为最高标志的立法活动的愿望正在日益增强，❷ 以至在美国的许多州出现了法典化的法律编纂运动。但这种革命的热情在遭遇冷酷的现实时渐渐地冷却下来。除了语言、历史上与英国普通法渊源关系、生活方式习俗的相似，以及有很强的地方自治传统外，重要的是西进运动导致地域迅速扩大、疆域辽阔，种族、宗教和文化的差异带来人口构成上的多样性，更重要的是美国内战结束后经济和社会发展展现出惊人的活力，"一个肩负着在政治上和经济上征服一个大陆的任务的国家，需要一种能使它应对人口、商业和财富的增长等问题的法律秩序"。❸ 当然，"由于国家幅员的广大和自然资源的丰富，使严格按照普通法在英国发展的原貌对其加以引进成为不可能……美国法必须服务于这个新社会的基本需要，即对美洲大陆广大的地域实行控制。显而易见无限广阔的土地和财富连同多种多样的自然资源是法律必然赖以存在的决定性因素"。❹ 加上普通法的灵活性和沟通能力

---

❶ 苏力：《道路通向城市——转型中国的法治》，法律出版社，2004，第56页。
❷ 参见施瓦茨：《美国法律史》，王军等译，中国政法大学出版社，1990，第14 - 16页。
❸ 施瓦茨：《美国法律史》，王军等译，中国政法大学出版社，1990，第15页。
❹ 施瓦茨：《美国法律史》，王军等译，中国政法大学出版社，1990，第20 - 21页。

以及学者对普通法的解释和整理，使普通法在与罗马法的竞争中成为胜利者，美国最终选择了一种适合自己国情的以司法为主导的法律运行模式。

三、中国古代行政主导的法律运行模式

（一）中国古代法律运行模式的演变

自秦朝在李悝《法经》的基础上制定《秦律》，直到清末的《大清律》，国家制定的成文法几乎没有实质性的改变。在这样长的一段时间里，一方面人口急剧增加，社会经济政治文化发生变化，另一方面没有独立的法律家阶层，法学不发达、立法技术落后，中国古代的法律却运行畅通。这些法律不仅得到了上层社会的拥护，也渗透到社会的各个角落，应该说这种法律运行模式是相当适合中国古代的国情的。正因如此，法律从一种模式向另一种模式转换时才显得极其艰难，而且，这种法律运行模式的转换在现代中国并没有完成，时常以一种隐蔽的或变化了的形式或隐或现地影响着中国当代法律运行的效果。

中国的成文法尽管自秦朝至清末没有多大的变化，但在法律运行模式上，秦汉之间却有较大的转变。春秋战国时期是中国社会最混乱的时期，也是中国社会思想文化最活跃的时期，出现过中国历史上少有的"百花齐放、百家争鸣"的繁荣局面。秦朝不仅通过武力征战实现了国家的统一，并且在这个基础上统一了全国的度量衡和文字，也制定了实施全国的法律——《秦律》，并把法家思想奉为它的意识形态。"法家也自认为承奉自然法规，他们以为法律一经公布，从此君王有如车轴，不动而能行，百官则如车之辐条，随着车轮运转"。因此其"法治观念不为传统习惯、古代特权、流行的道德观念、家人亲疏，或甚至恻隐之心所左右。

法律代表君主的意志，必为成文法，必须详尽而无疑义地写出，而且不打折扣、不分畛域地强制实施"。❶ 从实质上看，它是一种更接近于现代的以立法为主导的法律运行模式。这种比较僵硬的法律运行模式，显然与秦朝是刚刚建立在一个多元社会基础上的国家、人口不断增多和地域不断扩大的国情是不相适应的。加之秦朝法律的繁多、严苛和残酷，使秦朝的统治较为短暂，其中法律运行模式缺乏弹性可能是一个较为重要的原因。❷

汉朝统治者作为后来者，正是看到了秦朝很快灭亡的这个原因，非常注意在这个方面纠正秦朝的错误。一方面，在法律的制定层面上，将"以礼入法"，引经断狱，以《春秋》决狱，使道德的法律化由过去的不自觉发展到"法律的自觉"。❸ 根本原因是在"中国古代国家未完成由亲缘关系向地缘关系的转变"的情况下，❹ 为了弥补国家早熟而带来的组织和技术的不足，只好在次级群体即国家中带进了初级群体即家族或氏族等的印痕，使国与家合一，压制了组织与技术的正常发展，反过来技术与组织的发育不足使压制进一步变本加厉，❺ "压制的一个共同根源是统治精英可以利用资源的贫乏"，❻ 而最后又不得不求助于道德的补救。这种法律的道德化在中国文明的萌芽时期就决定了中国古代法律发展的路径，即使秦朝也无出其右，只不过直到汉代，在董仲舒等人的努

---

❶ 黄仁宇：《中国大历史》，生活·读书·新知三联书店，1997，第34页。
❷ 陈胜、吴广的农民起义就直接与秦律的严苛有关。
❸ 梁治平：《寻求自然秩序中的和谐——中国传统法律文化研究》，中国政法大学出版社，1997，第259页。
❹ 梁治平：《寻求自然秩序中的和谐——中国传统法律文化研究》，中国政法大学出版社，1997，第38页。
❺ 饶艾、张洪涛：《法社会学：社会学视野》，西南交通大学出版社，2002，第142页。
❻ 季卫东：《法治秩序的建构》，中国政法大学出版社，1999，第299页。

力下，才真正"系统完成了儒家伦理的制度化与法律化，结果是在继承先秦乃至青铜时代法律遗产的基础上，将礼崩乐坏之后破碎了的法律经验补缀成一幅完整的图景，最终成就了中国古代法的完备体系"。❶ 使昔日的任法与任人之间的紧张得以消融，并统一在"王霸杂之"的汉家制度之中，使法律软化，无法走上西方法律形式化并实现自治化的道路。

另一方面，在法律的实施层面上却实现了"法律的道德化"。"如果说，道德的精神业已渗透了法律，他们只需依照成文的法律去行事，即是在执行道德，那么因为同样的缘故，他们在很多情况下会有充分的理由背离成文的律令，因为道德原则要求具体情况具体处理。"❷ 但古代官员判案并不是完全不遵守国家制定法，而是因为古代制定法的详尽与细密程度与刑罚轻重是成正比的，法典对那些比较严重的犯罪有详尽的规定，而对法律上归州县自理的轻微案件，如今人所谓民事诉讼的"户婚田土"案件的规定往往只具原则，语焉不详，这是其一。其二，古时法律渊源极为繁多，除编排为法典的律之外，还有令、典、敕、格、式、科、比、例。这些不同的法律形式往往杂糅并用，效力高下因时而异，宋时以敕代律，清代以例取律，而在汉代，科实即是律外施法。这种法外有法的复杂情形，在客观上给了司法裁判以相当大的回旋余地。❸ 其三，从社会的和文化的结构来看，古代法律的粗疏和简陋必得由各级行政官吏道德上的自觉来补足，这与历代统治者

---

❶ 梁治平：《寻求自然秩序中的和谐——中国传统法律文化研究》，中国政法大学出版社，1997，第252页。
❷ 梁治平：《寻求自然秩序中的和谐——中国传统法律文化研究》，中国政法大学出版社，1997，第283页。
❸ 梁治平：《寻求自然秩序中的和谐——中国传统法律文化研究》，中国政法大学出版社，1997，第287页。

倡导的以德治国，以及根据道德标准来科举取士并评价其政绩的理念是一脉相承的。即使是如今人所称的从事法律职业的其他人，如辅佐地方官员办案的书吏、幕友也不例外。一个好的书吏、幕友除了精通律例外，还必须像州县官那样通晓经义，善于调合法意人情。❶ 这样，司法过程便成了宣教活动，法庭则变成了教化的场所，不可避免地造成了适用法律过程中的含混状态，使司法判决也同时富有弹性。

这样，中国古代法律通过"道德的法律化"和"法律的道德化"过程，实现了法律运行模式的转变：从严格按照法律执行的以立法为主导的法律运行模式，向比较灵活的以行政为主导的法律运行模式的转变。

（二）中国古代行政主导的法律运行模式

1. 立法与行政

自秦汉至清末，中国一直实行高度集权的君主专制体制，自古就没有出现过近代西方那样独立的立法机构，更没有存在过独立于皇权以外的立法权。梁启超在考证了中国历史后，认为："吾中国本并立法之事而无之，则其无分权，更何待言。然古者犹有言：坐而论道，谓之三公；作而行之，谓之有司。亦似稍知两权之界限者然。汉制有议郎，有博士，专司讨议，但其秩抑末，其权抑微矣。夫所谓分立者，必彼此之权，互相均平；行政者不能强立法者以从我，若宋之制置条例司，虽可谓之有立法部，而未可谓之有立法权也。何也，其立法部不过政府之所设立行政官之附庸。而分权对峙之态度，一无所存也。唐代之给事中，常有封

---

❶ 参见梁治平：《寻求自然秩序中的和谐——中国传统法律文化研究》，中国政法大学出版社，1997，第279-325页。

还诏书之权，其所以对抗行政官，使不得专其威柄者，善矣美矣。然所司者非立法权，仅能摭拾一二小故，救其末流，而不能善其本也。若近世遇有大事，亦常下大学士、六部、九卿、翰、詹、科、道、督抚、将军会议，然各皆有权，合皆无权。既非立法，亦非行政，名实混淆，不可思议。"❶ 因此，在理论上，从本源上讲，君权本身就包含有法律创制权，即君主有创制新的律令、修改和废除现有律令的权力。这不只是表现在受统治者青睐的儒家和法家的思想上，而且也表现在非正统的墨家等的思想上：

荀子说："礼义法度者，是圣人之所生也"；❷ 又曰："法者，治之端也；君子者，法之原也。"❸ 汉儒王符云："法者，君之命也。"❹ 唐代的韩愈在《原道》一文中写道："是故君者，出令者也……君不出令，则失其所以为君……"❺

管子说："夫生法者，君也"；❻ 韩非子说："君无术则弊于上；臣无法则乱于下。此不可一无，皆帝王之具也。"❼

墨子也认为："古之圣王，发宪出令，设以为赏罚以劝贤（沮暴）。"❽

总之，在中国古代，法是君主的独占之物，是"帝王之具"，"王者之政"，他人不得染指，因为他是"天子"，制定律令是他受命于"天"的旨意，是"基于中国传统的独裁结构之上的法律观

---

❶ 梁启超：《梁启超法学文集》，中国政法大学出版社，2000，第 14 页。
❷ 《荀子·性恶》。
❸ 《荀子·君道》。
❹ 《潜夫论·衰制》。
❺ 《韩昌黎文集》卷一。
❻ 《管子·任法》。
❼ 《韩非子·定法》。
❽ 《墨子·非命上》。

念，其出发点是君主替天行道这样一种认识"。❶ 这就是中国古代的政治哲学和政治理论。那么，中国古代的这种政治理论是否在政治实践中得到了全部的实施呢？因此，我们还需要进一步对中国古代的立法实践进行考察。

由于客观条件的限制，在立法实践中，往往是皇帝与朝廷重臣分享立法权。在学者林乾对历史的考证和在前代学者研究的基础上，❷ 认为，朝廷重臣与皇帝分享立法权，首先表现在律令的制定上。中国古代的法典名称多以人名称之，如"禹刑""汤刑"；皋陶制刑，堪称中国最早的法典；周朝衰落时，甫侯作刑。这些都说明上古立法权并不由君主专有，而由朝廷重臣分享。魏文侯时李悝造《法经》六篇，到汉朝时，立法以丞相等为主导，君不得专。丞相行使立法权的方式也不一样，有奉天子之令而参与立法者，也有丞相径行奏请天子应如何立法者。丞相不但有订定法律之权，在相当情况下还有废除法律之权。魏晋以降，宰相公卿议定法律，成为定制。汉魏时虽然私家法律成为风气，法律成于多家之手，但制定者多为律学世家，并世袭其官，因而有以姓名称之，如张杜律。这种情况一直到南北朝时仍然存在。到隋唐时，中国律学盛极而衰，私家法律时代结束。唐代法律之制定、整理、颁布，实多由宰相主之。此种情形，自高祖、太宗、高宗，以至明皇而下，凡国法有所增删修订时，莫不皆然。宋代法制非常烦乱，但宰辅仍是法律制定的主持者，法律变更、废改等必须与闻。

明清两代，由于丞相制已废除，从整体上改变了中国封建社

---

❶ 金勇义：《中国与西方的法律观念》，陈国平等译，辽宁人民出版社，1989，第137页，转引自张中秋《中西法律文化比较研究》，南京大学出版社，1999，第284页。
❷ 参见林乾：《中国古代权力与法律》，中国政法大学出版社，2004，第115 - 128页。

会政体的结构，就最高立法权而言，皇帝对立法权的控制比较严格。如明朝皇帝朱元璋在制定《大明律》时，"亲加裁定"，并令后世子孙"一字不可改易"，即使是后来以例补律之不足，也"取自上裁"，但他还是要依靠刑部尚书刘惟谦详定《大明律》。清律经顺治、康熙、雍正，至乾隆五年最后定本，虽然"一代法制"由皇帝"多所裁定"，但凡有宽严失中者，乾隆仍然要"与廷臣悉心酌核而后更定"。

其次，还表现在法律的修改、废除等上。除了主持法典的制定外，朝廷重臣宰相等还具有提出修改、废除法典的权力。尤其是新君即位之初，因臣僚上书而废除以往法律者常见于史书；至于说大臣对具体法律条文的修改建议，更是频繁。这些情形，概括而言，可以分为两类：皇帝下诏，宰相等朝廷重臣受皇帝委托议定法律，皇帝诏"可"，然后颁行天下；另一种就是臣下上书直接提出修改法律的建议。

综观传统中国立法史，可以归纳出这样几个程序："第一，君主申令除旧律、布新律；第二，组织立法班子，该班子通常由精通文史或法律的大臣组成，有时，皇帝也亲自参加；第三，立法人员参酌古今，制成新的法律草案；第四，草案由皇帝直接颁布，或由皇帝组织集议，作出通过或修改的决定；第五，皇帝御批敕令天下施行。经过这种程序制定的法律，首先反映的当是皇帝的意志，其次是以皇帝为代表的由极少数人组成的统治集团的意志，最后才是获得他们认可的社会一般意志。"[1] 在中国古代的立法实践活动中，皇帝始终处于主导地位，朝廷重臣宰相等行政官员也具有举足轻重的作用。一句话，中国古代没有独立的立

---

[1] 张中秋：《中西法律文化比较研究》，南京大学出版社，1999，第285页。

法机构，其立法活动由以皇帝为首的最高行政官员承担，其立法机构始终没有从行政机关中分离出来，往往只是作为行政机关组成的一个部分，因此，其立法权往往依附于行政权、服从于行政权。

2. 司法与行政

就行政权与司法权而言，中国古代国家也同样存在类似的情形，即司法权依附或服从于行政权。从中央层面来看，中国古代社会司法权依附或服从于行政权，经历了一个发展演变的过程。对于这个问题，晚清法学家沈家本在《历代刑官考》中进行了卓有成效的研究。他认为，周代以迄汉唐，中央的行政权与司法权是分离的，自宋代开始发生微妙的变化，元代二者有渐合之势，明代完成了二者的混合，至清沿之不改。他在论述周代官制时说："成周官制，政刑权分。"因此两者"不相侵越，故能各尽所长，政平讼理，风俗休美，夫岂偶然"。自秦朝始，作为最高司法官的廷尉已是列卿之一，对三公负责，但独立行使司法权。汉朝廷尉，掌"天下之平"，"其权固有统一之象"。

但值得注意的是，汉成帝时设有三公曹尚书，"主断狱"。尚书属于国家行政系统，与廷尉分享司法权，由此开后代以行政统摄司法之滥觞。在吏部与刑部的权力消长中，东汉时期刑部虽高于吏部，但是以分割列卿廷尉的司法权为代价。"有统一之象"的廷尉权开始一分为二，出现了两个系统：一个保留在司法系统内，一个却隶属于行政系统。因此，随着尚书（省）权力的提升，刑曹（部）即使司法权加重，仍然改变不了隶属行政的本质。自隋唐以迄宋代，尽管大理寺与刑部并存，但大理寺仍为审刑机构，刑部掌管复核。也就是说，唐宋时期，司法权仍主要由大理寺掌管。在宋代的司法体制中，最重要的是实行"鞫谳分司"，即审与判相分离的体制。因此,沈家本称宋代"审、判二者且不容混合,司法、行政更不论矣"。

中国古代司法与行政混合为一,是与中国古代行政体制的变化密不可分。沈家本认为:"大约此制变于元而成于明,国朝因之,遂为纯一混合之制。"对于这种变化,沈家本有详细的论述:唐宋以前,刑部不置狱而大理有狱,元不设大理寺,始于刑部置狱,此刑制中之一大关键也。夫刑部隶于尚书省,乃行政之官,大理则裁判之官……宋时中书为行政,大理为司法,刑部特于中书、大理中间作一枢纽,唯有详议纠正之职,而初不干预审断之事,其界限分明也。自大理裁而刑部置狱,司法、行政遂混合为一,不可复分。迨明初权归六部,设大理以稽查刑部,盖与唐、宋制适相反矣。❶ 作为行政系统的刑部,到元代完全取代了司法裁判系统,刑部之外,没有司法机构,因此可以视为行政司法合一体制。自此,沿袭千余年之久的相对独立的司法系统已归并于行政系统,这是自秦汉以来中国古代司法体制最重要的变化。

现代学者从中国古代高度集权的专制体制出发,提出了不同的看法,认为中国古代社会从没有出现过司法与行政分离的体制。❷ 在传统中国,依理论和制度,只有皇帝才处于直接领导和控制中央和全国行政权力的合法地位。凭借这个地位,皇帝自然成了国家最高的行政首脑兼最高审判官。所以我们在制度范围内可以看到,一切重大案件的终审都在皇帝那儿,像汉代的"上请",魏晋及隋唐的"三复奏"和"五复奏",宋代的"御笔断罪"和"审刑院",明清时期的"会审",都是这种性质的制度。从这个角

---

❶ 沈家本:《历代刑法考》(第4册),中华书局,1985,第2002页。
❷ 参见张中秋:《中西法律文化比较研究》,南京大学出版社,1999,第279-291页。

度来看,"在中央虽然有专职的司法机构,如秦汉时期的廷尉,秦汉以后的大理寺、刑部、御史台(明清时期改为'都察院'),但这些机构都要受行政权的限制和领导"。因此,它们这些机构和职官建制都属于行政系统,只不过职能分工有所不同而已。如在唐代,刑部归中央最高行政机构"尚书省"管辖,大理寺归刑部管辖,御史台归皇帝直接领导;在明清,刑部和大理寺归中央最高行政机关"内阁"掌管,都察院直接由皇帝掌控。至于那些可参与或主持审判,并有监督司法机构活动权的行政机构,如秦汉时期的宰相或丞相、隋唐时期的"三省"(中书、门下、尚书)以及明清时期的"内阁""六部"等就更不用说了。

至于说地方层面的司法与行政合一的问题,学者们的观点趋向一致,认为在中国古代社会,地方行政官兼理司法,可谓由来已久。❶ 我们今天视为常识的立法、行政和司法的三种职能划分,在那里完全由州县长官一人独揽。在纵向上,虽然他要受上级政府官员的监督,但在横向即同一级别的政府机构上,不受其他任何人或机构的监督和制约,大权独揽。官衙内的其他人员都是他的附庸,无法对他的权力行使形成制度性的制约。对于地方行政官兼理司法的情形,瞿同祖有过精彩的描述:"州县官听理其辖区内所有案件,既有民事也有刑事。他不只是一个审判者。他不仅主持庭审和作出判决,还主持调查并且讯问和侦缉罪犯。用现代的眼光来看,他的职责包括法官、检察官、警长、验尸官的职责。

---

❶ 详细论述,参见张中秋:《中西法律文化比较研究》,南京大学出版社,1999,第275-298页;林乾:《中国古代权力与法律》,中国政法大学出版社,2004,第274-313页;瞿同祖:《瞿同祖法学论著集》,中国政法大学出版社,1998,第442-466页;何勤华主编《法的移植与法的本土化》,法律出版社,2001,第35-73页;王亚新、梁治平编:《明清时期的民事审判与民间契约》,王亚新等译,法律出版社,1998,第54-96页。

这包括了最广义上的与司法相关的一切事务，未能依法执行这些职务将引起（正如许多法律法规所规定的）惩戒和处罚。"❶ 在地方各级政府机构中，县级机构，知县（县令、县长）兼理司法，县级以上虽或设司法专官，但也受各级行政长官的统辖，非并设机构。在地方最高一级行政机构建制中，逐渐设置司法官，且与行政长官并建衙署，"颇得刑政分离之意。其属官无狱丞，是其时司未置狱，尚为行政之官。明按察司始置司狱官，则司亦有狱，复成混合之制矣"。❷ 明代地方设都、布、按三司，分理军事、行政和司法，且三司互不统属，但布政司也有审判职能，故下设理问一官。正统以后，巡抚遍设，驾于三司之上，三司权力被极大削弱。并且，宋以来所设之按察司，与其他省级机构一样，是作为中央派出机构存在的，代朝廷而行司法权，不能完全视同地方机构。❸

（三）中国古代行政主导的法律运行模式之评价

不论是从立法权与行政权的关系来看，还是从行政权与司法权的关系来看，中国古代社会是一种典型的以行政为主导的法律运行模式。这种法律运行模式最大的特点是弹性有余而刚性不足，具有极强的灵活性和社会环境的适应性，因此，能够在中国古代社会经久而不衰。另外，这种法律运行模式是以行政为主导的，法律的制定和实施能够依靠中国古代社会庞大的国家行政机构，可以极大地减少法律实施的成本，提高政府和法律实施的效率，因此，在中国古代社会从来没有出现像现代社会庞大的政府机构

---

❶ 瞿同祖：《瞿同祖法学论著集》，中国政法大学出版社，1998，第443页。
❷ 沈家本：《历代刑法考》（第4册），中华书局，1985，第2003页。
❸ 参见林乾：《中国古代权力与法律》，中国政法大学出版社，2004，第283－284页。

和执法人员；也因此，在州县一级的基层政府里，县长（县令、知县）就可以处理完由现代政府承担的立法、行政和司法等职能，而且他们还有较多的言诗作赋的闲暇时间。

同时，这种法律运行模式也必然会带来一些缺陷。首先，由于它弹性有余而刚性不足，既可以"依刑治国"，也可以"依德治国"，可以在法律和道德之间左右逢源，因此，难以给人的行为提供一种明确的预期，更难以为现代商品经济、市场经济的出现提供有力的支撑，造成中国社会经济只能在低水平上重复和"内卷"，现代商品经济、市场经济迟迟不能在中国古代社会依靠自身得到发育和发展。❶ 其次，由于这种法律运行模式以行政为主导，是以解决问题为指向的，而不是以确认规则、树立规则的权威为最终目的，规则至多只是解决问题的一种工具、手段，因此，法律在其中的地位不高，必然带来立法和立法机构、司法和司法机构难以从中分离出来，立法职能和司法职能难以在中国古代社会从行政中分离出来；也必然带来与立法和司法有关的知识和技术——法学和法律学——在中国古代社会不可能真正出现；大而言之，也必然导致整个国家的治理技术和水平的落后，以致当西方列强携坚船利炮侵入中国社会的时候，当时的中国政府面临的不只是物质技术的落后，而且面临的是社会治理技术、组织技术的落后。❷ 最后，这种法律运行模式是一种典型的以行政为主导的

---

❶ 关于此问题，韦伯有系统的阐述，请参见韦伯：《经济与社会》（上），林荣远译，商务印书馆，1997；尤其是第 138 - 162 页。另见苏力：《法治及其本土资源》，中国政法大学出版社，1996，第 74 - 105 页。
❷ 从社会治理技术角度来解释中国历史上的社会现象，参见黄仁宇：《赫逊河畔谈中国历史》，生活·读书·新知三联书店，1992；黄仁宇：《中国大历史》，生活·读书·新知三联书店，1997；黄仁宇：《万历十五年》，生活·读书·新知三联书店，1997；黄仁宇：《资本主义与二十一世纪》，生活·读书·新知三联书店，1997。

法律运行模式，在组织结构上，纵向结构极其发达，横向结构受到抑制，强调其中的上下级之间等级关系，忽视其中的横向职能分工，因此，为了弥补其中的缺陷，行政官不仅可以"引经决狱""春秋决狱"，还需要豢养许多附庸、幕僚、刑名幕友等辅佐人员，是一种"非专业化知识的统治"。❶

四、三种法律运行模式的功能比较

任何社会的法律都要解决法律与社会之间的互动关系，要受到社会因素的影响。由于社会历史情形的不同，大致形成三种比较典型的社会因素进入法律运行过程的制度化途径，即法律运行模式。大陆法系形成的是将社会因素进入法律运行过程的问题制度化地解决在法律运行过程的立法环节的制度，即立法主导的法律运行模式，理论上不允许社会因素由其他环节制度化地进入；英美法系形成的是一种将社会因素进入法律运行过程的问题制度化地解决在法律运行过程的司法环节的制度，即司法主导的法律运行模式，理论上也不允许社会因素由其他环节制度化地进入；而中国古代形成的是一种将社会因素进入法律运行过程的问题制度化地解决，既不是在立法环节，也不是在司法环节的制度，真正对社会因素进入法律运行过程的状况起决定作用的是行政机关，即行政主导的法律运行模式。由于它们将社会因素进入法律运行过程交由行使不同国家权力的不同的国家机关完成，必然使之受到不同国家权力或国家机关自身特征的影响，最后导致社会因素进入法律运行过程的状况在三种不同的法律运行模式之间存在差别。

---

❶ 何勤华主编《法的移植与法的本土化》，法律出版社，2001，第35－73页。

(一) 目标取向和价值取向之功能比较

如果说行政主导的法律运行模式是单纯问题取向的，而且主要是解决统治者的问题而不是以社会底层民众的问题为取向的，立法主导的法律运行模式单纯是规则取向的，而司法主导的法律运行模式就是问题指向与规则指向的结合。

我们说行政主导的法律运行模式具有极强的灵活性和社会环境的适应性，并不是说它活得没有章法，没有目标；相反，它的目标是非常明确而坚定的。它的明确目标就是解决具体问题，以使纠纷的双方或多方感到圆满为止，寻求一种整个社会秩序的和谐；❶ 并不注重对规则的确认，更不注重树立规则的权威，而且对规范性的规则有一种天然的"排异"倾向，因为规则僵硬而可能会干扰这个目标的实现；因此对能够综合考虑、整合社会各种因素的调解解决纠纷的方式有一种天然的"偏爱"。❷ 不仅如此，而且它的目标非常坚定，不允许其他可能力量向它提出挑战，破坏这种和谐目标的实现；这样，使来自社会底层的民情社意受到轻视甚至压制，而行政管理内部的等级逻辑得到强调，强调社会上层对社会下层的单向度的治理和控制，而社会上层与社会下层的双向度的沟通、互动受到积极的抑制，缺乏现代社会的"合意性"和"协商性"。❸ 因此，我国古代法律是王者之政，历来是"宪令著于官府"，也是"肉食者谋之（民众）又何间焉"的事情；也因此，法律也是统治阶级的工具、政府的工具，而不能将本身作为

---

❶ 梁治平：《寻求自然秩序中的和谐——中国传统法律文化研究》，中国政法大学出版社，1997，第 188－217 页。
❷ 强世功编《调解、法制与现代性：中国调解制度研究》，中国法制出版社，2001，尤其是第 88－203 页、第 264－374 页。
❸ 瞿同祖：《瞿同祖法学论著集》，中国政法大学出版社，1998，第 152－272 页。

目的来追求，很难从工具层面推进到目的层面。当政府的目标是富国强兵的时候，法律就成为救国强国的重要手段；当政府以阶级斗争为纲的时候，法律就成为阶级专政的工具；当政府以经济建设为中心的时候，法律就要"为经济建设保驾护航"；当政府的目标是现代化和民族国家的建设的时候，法律就成为政府推进现代化和民族国家建设的重要手段，司法以致整个法律的功能就只能是规则确认功能让位或消弭于解决问题（民族国家建设和现代化推进）功能，因为，现代法律单纯只是被国家权力携带进入社会、进入乡土社会的，从而形成了中国法律的"新"传统——"法律的治理化"。[1] 在笔者看来，这根本不是中国法律的新传统，我国古代法律从来就是如此，这本身就是我们的传统，我国古代法律从来就是"驯民"、"驾民"甚至"惧民"之具，从来就是治理社会、管理人民的工具，无所谓新的问题。表现在规则层面就是法律规则极其不发达，只局限在一个非常狭小的领域，即体现纵向关系的法律只得到了一定程度的发展，而体现社会横向关系的法律（如私法）受到了有效而积极的抑制。[2] 在这个意义，有学者说中国古代法律只是一种"行政法"传统或"公法"传统，是有其合理性的。

与行政主导的法律运行模式的问题取向或"问题中心主义"或"问题至上主义"相反，立法主导的法律运行模式则单纯是规则取向或规则中心主义或规则至上主义或立法中心主义。但两者

---

[1] 强世功：《法制与治理——国家转型中的法律》，中国政法大学出版社，2003，第123–130页。
[2] 清末移植法律的时候，对经济方面的法律移植就是如此，参见张德美：《探索与抉择：晚清法律移植研究》，清华大学出版社，2003，第371–400页；当代中国对有关中小企业法律方面的规定，就是侧重于对其行政管理的规定，而对中小企业在税收、资金等问题的解决规定较少，参阅张洪涛、周长城：《浅议欧共体中小企业法律制度的几个问题及对我国中小企业立法的启示》，《法学评论》2001年第1期。

在目标的明确和坚定上还是一致的，只不过具体内容不同而已。如果说前者是解决问题以建立社会和谐秩序，那么后者则是确认规则，建立一种规则的统治。因为它极力排斥一切干扰、破坏规则的非规则力量，理论上不准备为行政机关和司法机关留有任何运作空间和自由裁量的余地，要求严格执行和遵守法律规则。因此，它特别强调法律条文之间的逻辑严密，特别强调法律体系的和谐统一，特别强调法律对社会生活的覆盖，追求一个完善的、自给自足的规则体系，从古代罗马的《民法大全》到近现代的《法国民法典》《德国民法典》等，这个法系一直以经典性法典、法律典籍作为其发展成就的标志，形成了一种制定法传统。

与上述两种不同，司法主导的法律运行模式则是问题取向和规则取向兼顾。司法主导的法律运行模式的起点是基于一桩具体的案件和纠纷，是基于解决一个比较具体的问题而开始寻法和释法的，在这个意义上，它是问题取向的；但在大多数情况下，它必须保持与先前做出的判决的一致性，即遵循先例的原则，在这一点上它又是规则取向的。因此，我们可以说它是两者兼顾的，这典型地表现在它所形成的判例中既有规则因素，如"判决根据"赋予判决以拘束力，又有非规则部分，如"附带说明"一般只具有参考价值，不具有拘束力。由于它既要顾及问题的妥善解决，又要考虑到遵循先例所示的规则，因此，可以说它事先的目标并不明确，也不坚定，只是强调解决实体问题过程中遵循程序性规则。在这个意义上，可以说它是过程取向的；比较而言，行政主导的法律运行模式和立法主导的法律运行模式则都是结果取向的，事先都有一个明确而坚定的目标。因此，比较而言，司法主导的法律运行模式则是"司法中心主义"或"诉讼中心主义"或"程序中心主义"。因此，它注重对判决书的写作，对历史上形成的判例的收集、整理与研究,形成了独具特色的判例法传统。

如果说行政主导的法律运行模式单纯追求的是实质正义,即具体问题具体分析并达到具体解决,奉行的是特殊主义或实用主义;立法主导的法律运行模式就单纯追求的是形式正义,遵行的是普适主义或理性主义;司法主导的法律运行模式追求的就是实质正义与形式正义兼顾,力求在特殊主义和普适主义之间达到大致的平衡,即经验主义或能动主义。

(二)灵活性之功能比较

行政主导的法律运行模式最大的特点是弹性有余而刚性不足,具有极强的灵活性和社会环境的适应性。传统中国地域辽阔,人口众多,民族结构复杂众多,向有"十里不同风,百里不同俗"的说法,而且统治的社会技术尤其是法律方面的技术,如法律只是局限在社会生活的一个狭小的领域即刑罚,只有律学而无法学,没有专业的法律职业家,立法技术等是相当落后的,却能够在2000余年的时间里,社会的政治、经济、文化和人口发生了较大变化,国家成文法没有多大变化的情形下,实现社会和法律秩序的正常运转,与这种行政主导的法律运行模式的灵活性不无关系。官员判案不仅可以依刑而审,也可以"引礼入法""引经入狱";可以依国法,还可以依天理人情。这种法律运行模式的灵活性和极强的社会适应性,不仅为传统中国社会所证明,而且也为近代甚至现代中国社会所验证。如中华人民共和国成立以来30多年里,我国并没有民法典或系统的民事性法律的情形下,通过大量使用调解这种比较灵活的方式,解决了我国社会生活中许多民事性法律问题。❶

---

❶ 强世功编《调解、法制与现代性:中国调解制度研究》,中国法制出版社,2001,第88-203页。

比较而言，立法主导的法律运行模式则刚性有余而弹性不足，强调事先目标的贯彻。也就是说法律运行结果的好坏取决于原始方案设计的好坏，行政机关和司法机关只是立法机关的延伸，只不过是在执行立法机关所制定的法律而已。因此，大陆法系一直给创造法律体系、设计法律制度和制定具体的法律规则提出了很高的要求，并不准备给现实的情况和实际的处置留有运作空间和余地，"法律的适用降为纯'技术'过程，一种只听从抽象概念那种臆造的'逻辑必然性'的计算过程，而对实际的考察、对社会的评价、对伦理的、宗教的、法律政策及国民经济的权衡斟酌则根本没有发生联系"。❶ 法官的司法过程和行政官员的执法过程，就是不断地反复地最终回归到法律规则上并确认法律规则的过程。即使是在法律出现空缺的情况下，法官也要以立法者当时的意图来审判，如《瑞士民法典》。

与上述两种较极端的情况相比，司法主导的法律运行模式则居其中，既有一定的刚性，也保持有一定程度的弹性。法官在审理案子的时候，既可以考虑一定的社会因素，如伦理、道德、习惯等，又要受到以前先例和判决的限制，必须保持判决的前后一致性。❷ 这种情况被称为司法能动主义（或司法经验主义）。❸

（三）合法性获得之功能比较

社会因素进入法律运行过程的状况，反过来决定了法律进入社会的状况；反映社会大众的社会因素进入法律运行过程的状况，

---

❶ 茨威格特、克茨：《比较法总论》，潘汉典等译，法律出版社，2003，第214页。
❷ 卡多佐：《司法过程的性质》，苏力译，商务印书馆，1998，第89-113页。
❸ 庞德：《法律史解释》，邓正来译，中国法制出版社，2002，第197页；庞德：《普通法的精神》，唐前宏等译，法律出版社，2001，第116-135页。

决定了法律被广大民众认同和接受的状况,从而也就决定了社会达到法治的状况;只有"从群众中来"的法律,才能"到群众中去"。因此,在合法性的获得程度、途径等问题上,三种法律运行模式也呈现出不同的格局。

立法主导的法律运行模式将社会因素进入法律运行过程的问题安排在法律运行的立法环节加以制度化解决,而立法机关的工作特征如并不是"常年营业"而是经常的"关门歇业"、需要多数或绝大多数人的同意、有的程序较为严格、机关大多数集中设立在社会的上层等决定了这种解决社会因素进入法律运行过程的制度化通道不是那么顺畅,显得刚性有余而弹性不足;加之这些参加的人员由于面对的不是具体的人和事,不是具体人或团体的具体的利益,其利益激励机制没有司法主导的法律运行模式激励机制更有效,这些人的主观能动性发挥较有限,因此,对民情社意的反映的广度、深度和灵敏度也较有限。总之,这种法律运行模式对社会因素的沟通能力、吸纳能力没有司法主导的法律运行模式强。

司法主导的法律运行模式将社会因素进入法律运行过程的问题安排在法律运行的司法环节加以制度化解决,因此,它必然受到司法机关的工作特征、工作方式等的影响。与立法机关相比,司法机关的营业网点相对较多,与社会的接触比较广,易于为民众所接触,一般是常年"四季营业";更重要的是,它引入一种对抗的机制,大多数参与人面对的是具体的人和事,涉及的是具体人的具体的利益,他们为了使自己的利益最大化,使自己的法律诉求得到最大限度的表达,会调动自己所有的法律知识和其他可以正当利用的一切资源;这样,他们客观上参与整个案件的审理,在一定意义上，也参与了案件判决结果的形成和法律的制定。与立法主导的法律运行模式相比，它的这种制定方式是一种化整为零的制定方式或零售的方式，后者则是一种批发的方式。因此，它吸纳民情社意的广度、深度和灵敏度比立法的途径要强，对社会因素的沟通能力、吸纳能力也比立法主导的法律运行模式要强。

由于上述两种法律运行模式在社会因素尤其是反映社会大众的社会因素进入法律运行过程的状况方面的差异，决定了它们各自法律进入社会的状况，即法律被广大民众认同和接受的状况；它们的法律"从群众中来"的状况的差异，决定了法律"到群众中去"的状况的差异。具体而言，由于司法主导的法律运行模式比立法主导的法律运行模式在制度化地解决社会因素，尤其是反映社会大众意志的社会因素进入法律运行过程的效果更好，因此，普通法的法律运行比制定法的法律运行更为顺畅。❶

行政主导的法律运行模式，在制度化地解决社会因素进入法律运行过程的问题上，既不放在立法环节也不放在司法环节，表面看来是较为灵活的。但从上面的分析可以看出，它的灵活性是有选择性的：对统治阶级意志的反应是很忠实而灵敏的，对社会底层的民意却有一种本能的排斥；它强调的是社会上层对社会下层的单向度的治理和控制，而社会上层与社会下层的双向度的沟通、互动受到积极的抑制，缺乏现代社会的"合意性"和"协商性"，使民情难以进入法律之中，从而使法律也无法获得社会下层的广大社会成员的认可和接受，因此其合法性常常难以从下面得

---

❶ 波斯纳：《法律的经济分析》（上），蒋兆康译，中国大百科全书出版社，1997，第 329 – 340 页。

到保障，始终只是停留在"合法律性"的层面，而无法向合法性层面推进。因此，它的合法性无法在制度内得到解决，只得寻求在制度外的解决，如调解，使法律运行不顺畅，法治也难以形成。因为，它没有做到"从群众中来"，因此，无法做到"到群众中去"，不是民众需求型法治。❶ 在这种法律运行模式中，社会因素尤其是反映社情民意的社会因素进入法律运行过程的状况，在相当大的程度上，取决于行政官员的态度，取决于他们的"体察民情""微服私访"，而不是取决于社情民意来源的直接生产者——社会大众，使之具有较大的随意性，缺乏一种制度化和常规化的制度保障。

总之，如果说立法主导的法律运行模式与司法主导的法律运行模式只是在获得合法性程度上的存在差异的话，那么，行政主导的法律运行模式与它们相比则存在质的差别，即无法在制度内获得其合法性，至多只具"合法律性"；在这个意义上，这种法律存在有一种"合法性的危机"。

（四）专业化之功能比较

立法主导的法律运行模式则是一种专业化知识的统治，而司法主导的法律运行模式则是一种专业化知识与大众化知识（如陪审团）相结合的统治。

行政主导的法律运行模式是以解决问题为指向的，而不是以确认规则、树立规则的权威为最终目的，规则至多只是其解决问题的一种工具、手段，因此，法律在其中的地位不高，必然带来立法和立法机构、司法和司法机构难以从中分离出来，立法职能

---

❶ 费孝通：《乡土中国　生育制度》，北京大学出版社，1998，第12-23页。

和司法职能难以在中国古代社会从行政中分离出来；也必然带来与立法和司法有关的知识和技术——法学和法律学——在中国古代社会不可能真正出现；也必然造成专业化的职业法律家难以在中国古代出现。

与之截然相反，立法主导的法律运行模式由于是规则取向的，所以注重法律规则绝对权威的树立，法律具有至高无上的地位，法律职业家团体早已形成，并在社会中享有很高的声誉，实行的是一种典型的专业化知识的统治。

而司法主导的法律运行模式是规则取向和问题取向的有机结合，在法律运行过程中，一方面强调法律职业家的作用，另一方面也不忽视非法律职业家即社会民众在案件的审理过程中的作用，最典型的例子就是陪审团制度。因此，它实行的是一种专业化知识与大众化知识（如陪审团）相结合的统治。

（五）非法律之功能比较

以上都是谈的行政主导的法律运行模式对法律本身的影响，最后，谈谈它对法律以外问题产生的影响，如中国古代行政主导的法律运行模式给中国古代经济的影响，造成中国古代社会经济只能在低水平上重复和"内卷"，现代商品经济和市场经济难以依靠中国社会自身得到发育和发展；中国古代行政主导的法律运行模式还给中国古代社会治理带来的影响，导致整个国家的社会治理技术和水平的落后。比较而言，立法主导的法律运行模式和司法主导的法律运行模式都是规则取向的，能够在一定程度上为市场经济的产生和发展提供必要的规则保障，促进了现代商品经济和市场经济在西方的产生和发展，以及社会治理技术水平的提高，并较早实现了对整个社会的"数目字"管理。

（六）结语

"站在技术的立场……大凡资本主义社会之产生，必先创造一个国家的高层结构和社会上新的低层结构，次之则要重建或改组当中制度性的联系（institutional links）。"[1] 何止是资本主义社会要解决这个问题，实际上任何社会要维持正常运转都必须解决这个问题。不同的是，资本主义社会是通过制度性联系来解决这个问题的，而在资本主义出现之前是通过其他方式如强制或暴力等来解决的；在中国古代，由于当时技术尤其是社会治理组织技术缺乏，是通过将家族管理技术移用到国家治理之中来解决的。可以说，法律运行模式就是典型地解决国家高层结构和社会新的低层结构之间的制度性联系问题。但三种法律运行模式在解决这个问题存在差异，也各有利弊。

---

[1] 黄仁宇：《资本主义与二十一世纪》，生活·读书·新知三联书店，2004，第203页。

参考文献

一、中文译著

[1] 老子［M］.呼和浩特：远方出版社，2006.

[2] 马克思恩格斯选集：第1卷［M］.北京：人民出版社，1972.

[3]《习近平法治思想概论》编写组.习近平法治思想概论［M］.北京：高等教育出版社，2021.

[4] 昂格尔.现代社会中的法律［M］.吴玉章，周汉华，译.北京：中国政法大学出版社，1994.

[5] 埃里克森.无需法律的秩序——邻人如何解决纠纷［M］.苏力，译.北京：中国政法大学出版社，2003.

[6] 迪尔凯姆.社会学方法的准则［M］.狄玉明，译.北京：商务印书馆，1995.

[7] 涂尔干.社会分工论［M］.渠东，译.北京：生活·读书·新知三联书店，2000.

[8] 伯尔曼.法律与宗教［M］.梁治平，译.

北京：生活·读书·新知三联书店，1991.

[9] 伯尔曼. 法律与革命——西方法律传统的形成[M]. 贺卫方，等，译. 北京：中国大百科全书出版社，1993.

[10] 波斯纳. 法律的经济分析[M]. 蒋兆康，译. 北京：中国大百科全书出版社，1997.

[11] 波斯纳. 道德和法律理论的疑问[M]. 苏力，译. 北京：中国政法大学出版社，2001.

[12] 波斯纳. 各行其是：法学与司法[M]. 苏力，邱遥堃，译. 北京：中国政法大学出版社，2017.

[13] 川岛武宜. 现代化与法[M]. 王志安，等，译. 北京：中国政法大学出版社，1994.

[14] 库利. 人类本性与社会秩序[M]. 包凡一，王源，译. 北京：华夏出版社，1999.

[15] 长尾龙一. 人性观与法哲学：羊乎？狼乎？[M]. 陈才昆，黄源盛，译. 台北：商鼎文化出版社，1996.

[16] 达玛什卡. 司法和国家权力的多种面孔——比较视野中的法律程序[M]. 郑戈，译. 北京：中国政法大学出版社，2004.

[17] 大木雅夫. 比较法[M]. 范愉，译. 北京：法律出版社，1999.

[18] 哈耶克. 自由秩序原理：上册[M]. 邓正来，译. 北京：生活·读书·新知三联书店，1997.

[19] 哈耶克. 法律、立法与自由：第1卷[M]. 邓正来，等，译. 北京：中国大百科全书出版社，2000.

[20] 哈耶克. 个人主义与经济秩序[M]. 邓正来，译. 北京：生活·读书·新知三联书店，2003.

[21] 福柯. 规训与惩罚：监狱的诞生[M]. 刘北成，等，

译．北京：生活·读书·新知三联书店，1999．

[22] 富勒．法律的道德性［M］．郑戈，译．北京：商务印书馆，2005．

[23] 福山．大分裂——人类本性与社会秩序的重建［M］．刘榜离，王胜利，译．北京：中国社会科学出版社，2002．

[24] 霍贝尔．初民的法律：法的动态比较研究［M］．周勇，译．北京：中国社会科学出版社，1993．

[25] 哈贝马斯．在事实与规范之间——关于法律和民主法治国的商谈理论［M］．童世骏，译．北京：生活·读书·新知三联书店，2003．

[26] 布律尔．法律社会学［M］．许均，译．上海：上海人民出版社，1987．

[27] 胡克．法律的沟通之维［M］．孙国东，译．北京：法律出版社，2008．

[28] 汉密尔顿等．联邦党人文集［M］．程逢知等，译．北京：商务印书馆，1980．

[29] 哈特．法律的概念［M］．张文显，等，译．北京：中国大百科全书出版社，1996．

[30] 卡多佐．司法过程的性质［M］．苏力，译．北京：商务印书馆，1998．

[31] 柯武刚，史漫飞．制度经济学——社会秩序与公共政策［M］．韩朝华，译．北京：商务印书馆，2000．

[32] 茨威格特，克茨．比较法总论［M］．潘汉典，等，译．北京：法律出版社，2003．

[33] 考特，尤伦．法和经济学［M］．张军，等，译．上海：上海三联书店，上海人民出版社，1994．

［34］科特威尔．法律社会学导论［M］．潘大松，等，译．北京：华夏出版社，1989．

［35］孟德斯鸠．论法的精神：上册［M］．张雁深，译．北京：商务印书馆，1963．

［36］密尔松．普通法的历史基础［M］．李显冬，等，译．北京：中国大百科全书出版社，1999．

［37］韦伯．新教伦理与资本主义精神［M］．于晓，等，译．北京：生活·读书·新知三联书店，1987．

［38］韦伯．经济与社会：上卷［M］．林荣远，译．北京：商务印书馆，1997．

［39］韦伯．论经济与社会中的法律［M］．张乃根，译．北京：中国大百科全书出版社，1998．

［40］梅因．古代法［M］．沈景一，译．北京：商务印书馆，1959．

［41］诺内特，塞尔兹尼克．转变中的法律与社会：迈向回应型法［M］．张志铭，译．北京：中国政法大学出版社，2004．

［42］庞德．法律史解释［M］．邓正来，译．北京：中国法制出版社，2002．

［43］庞德．普通法的精神［M］．唐前宏，等，译．北京：法律出版社，2001．

［44］棚濑孝雄．纠纷的解决与审判制度［M］．王亚新，译．北京：中国政法大学出版社，1994．

［45］帕特南．使民主运转起来［M］．王列，等，译．南昌：江西人民出版社，2001．

［46］千叶正士．法律多元——从日本法律文化迈向一般理论［M］．强世功，等，译．北京：中国政法大学出版社，1997．

[47] 施瓦茨. 美国法律史［M］. 王军，等，译. 北京：中国政法大学出版社，1990.

[48] 库恩. 科学革命的结构［M］. 金吾伦，胡新和，译. 北京：北京大学出版社，2012.

[49] 布莱克. 法律的运作行为［M］. 唐越，苏力，译. 北京：中国政法大学出版社，1994.

[50] 布莱克. 社会学视野中的司法［M］. 郭星华，等，译. 北京：法律出版社，2002.

[51] 休谟. 人性论：上册［M］. 关文运，译. 北京：商务印书馆，1997.

[52] 亚里士多德. 政治学［M］. 吴寿彭，译. 北京：商务印书馆，1965.

[53] 弗洛伊德. 精神分析引论新编［M］. 高觉敷，译. 北京：商务印书馆，1987.

[54] 王亚新，梁治平. 明清时期的民事审判与民间契约［M］. 王亚新，等，译. 北京：法律出版社，1998.

二、中文著作

[1] 鲍禄. 法理学与比较法［M］. 北京：对外经济贸易大学出版社，2002.

[2] 陈秉璋，陈信木. 道德社会学［M］. 台北：桂冠图书股份有限公司，1988.

[3] 曹刚. 法律的道德批判［M］. 南昌：江西人民出版社，2001.

[4] 陈兴良. 刑法的人性基础［M］. 4版. 北京：中国人民大学出版社，2017.

［5］邓习议．四肢结构论——关系主义何以可能［M］．北京：中国社会科学出版社，2015．

［6］杜宴林．法律的人文主义解释［M］．北京：人民法院出版社，2005．

［7］邓正来．中国法学向何处去——建构"中国法律理想图景"时代的论纲［M］．北京：商务印书馆，2006．

［8］费孝通．乡土中国　生育制度［M］．北京：北京大学出版，1998．

［9］付子堂．法律功能论［M］．北京：中国政法大学出版社，1999．

［10］付子堂．法理学初阶［M］．6版．北京：法律出版社，2021．

［11］高其才．法理学［M］．北京：中国民主法制出版社，2005．

［12］侯健，林燕梅．人文主义法学思潮［M］．北京：法律出版社，2007．

［13］黄建武．法的实现：法的一种社会学分析［M］．北京：中国人民大学出版社，1997．

［14］洪镰德．法律社会学［M］．新北：扬智文化事业股份有限公司，2001．

［15］何勤华．法的移植与法的本土化［M］．北京：法律出版社，2001．

［16］胡荣．理性选择与制度实施——中国农村村民委员会选举的个案研究［M］．上海：上海远东出版社，2001．

［17］黄瑞祺．马克思主义与社会科学方法论集［M］．北京：中国社会科学出版社，2013．

[18] 黄仁宇. 赫逊河畔谈中国历史 [M]. 北京：生活·读书·新知三联书店, 1992.

[19] 黄仁宇. 中国大历史 [M]. 北京：生活·读书·新知三联书店, 1997.

[20] 黄仁宇. 万历十五年 [M]. 北京：生活·读书·新知三联书店, 1997.

[21] 黄仁宇. 资本主义与二十一世纪 [M]. 北京：生活·读书·新知三联书店, 1997.

[22] 胡玉鸿. 法学方法论导论 [M]. 济南：山东人民出版社, 2002.

[23] 强世功. 法制与治理——国家转型中的法律 [M]. 北京：中国政法大学出版社, 2003.

[24] 金耀基. 金耀基自选集 [M]. 上海：上海教育出版社, 2002.

[25] 金耀基. 从传统到现代：补篇 [M]. 北京：法律出版社, 2010.

[26] 李楯. 法律社会学 [M]. 北京：中国政法大学出版社, 1999.

[27] 刘国利. 人文主义法学研究 [M]. 北京：法律出版社, 2016.

[28] 李惠斌, 杨雪冬. 社会资本与社会发展 [M]. 北京：社会科学文献出版社, 2000.

[29] 刘金国, 蒋立山. 新编法理学 [M]. 北京：中国政法大学出版, 2006.

[30] 李龙. 法理学 [M]. 武汉：武汉大学出版社, 2011.

[31] 林乾. 中国古代权力与法律 [M]. 北京：中国政法大

学出版社，2004．

[32] 梁启超．梁启超法学文集［M］．北京：中国政法大学出版社，2000．

[33] 刘全德．西方法律思想史［M］．北京：中国政法大学出版社，1996．

[34] 李清伟．法理学导论［M］．上海：上海财经大学出版社，2006．

[35] 梁漱溟．中国文化要义［M］．上海：学林出版社，1987．

[36] 卢现祥．西方新制度经济学［M］．北京：中国发展出版社，1996．

[37] 柳之茂．法理学［M］．北京：中国社会科学出版社，2012．

[38] 梁治平．清代习惯法：社会与国家［M］．北京：中国政法大学出版社，1996．

[39] 梁治平．寻求自然秩序中的和谐——中国传统法律文化研究［M］．北京：中国政法大学出版社，1997．

[40] 梁治平．法辨——中国法的过去、现在与未来［M］．北京：中国政法大学出版社，2002．

[41] 前南京国民政府司法行政部．民事习惯调查报告录（上下册）［M］．北京：中国政法大学出版社，2000．

[42] 瞿同祖．瞿同祖法学论著集［M］．北京：中国政法大学出版社，1998．

[43] 饶艾，张洪涛．法社会学：社会学视野［M］．成都：西南交通大学出版社，2002．

[44] 宋方青．法理学［M］．厦门：厦门大学出版社，2007．

[45] 沈家本．历代刑法考：1－4册［M］．北京：中华书

局，1985.

［46］苏力．法治及其本土资源［M］．北京：中国政法大学出版社，1996.

［47］苏力．制度是如何形成的［M］．广州：中山大学出版社，1999.

［48］苏力．送法下乡：中国基层司法制度研究［M］．北京：中国政法大学出版社，2000.

［49］苏力．道路通向城市——转型中国的法治［M］．北京：法律出版社，2004.

［50］苏力．也许正在发生——转型中国的法学［M］．北京：法律出版社，2004.

［51］苏力．大国宪制——历史中国的制度构成［M］．北京：北京大学出版社，2018.

［52］苏力．农村基层法院的纠纷解决与规则之治［M］//北大法律评论：第2卷第1辑，北京：法律出版社，1999.

［53］沈宗灵．现代西方法理学［M］．北京：北京大学出版社，1992.

［54］乌丙安．民俗学原理［M］．沈阳：辽宁教育出版社，2001.

［55］王伯琦．近代法律思潮与中国固有文化［M］．北京：清华大学出版社，2005.

［56］武建敏．实践法哲学：理论与方法［M］．北京：中国检察出版社，2015.

［57］王铭铭，王斯福．乡土社会的秩序、公正与权威［M］．北京：中国政法大学出版社，1997.

［58］韦森．社会秩序的经济分析导论［M］．上海：上海三

联书店，2001．

［59］王云霞．东方法律改革比较研究［M］．北京：中国人民大学出版社，2002．

［60］王子琳．法律社会学［M］．长春：吉林大学出版社，1991．

［61］徐国栋．民法基本原则解释——成文法局限性之克服［M］．北京：中国政法大学出版社，1992．

［62］徐国栋．民法的人文精神［M］．北京：法律出版社，2009．

［63］闻立军．法理学导读［M］．北京：中国政法大学出版社，2020．

［64］夏勇．走向权利的时代［M］．北京：中国政法大学出版社，1995．

［65］叶必丰．行政法的人文精神［M］．北京：北京大学出版社，2005．

［66］严存生．法理学［M］．北京：法律出版社，2007．

［67］严存生．法律的人性基础［M］．北京：中国法制出版社，2016．

［68］余敦康．周易现代解读［M］．北京：华夏出版社，2006．

［69］姚建宗．法理学——一般法律科学［M］．北京：中国政法大学出版社，2006．

［70］由嵘．外国法制史［M］．北京：北京大学出版社，1992．

［71］杨柳．模糊的法律产品［M］//北大法律评论：第2卷第1辑．北京：法律出版社，1999．

［72］张德美．探索与抉择：晚清法律移植研究［M］．北京：清华大学出版社，2003.

［73］张德胜．儒家伦理与秩序情结——中国思想的社会学诠释［M］．台北：台湾巨流图书公司，1989.

［74］郑杭生．社会学概论新修［M］．3版．北京：中国人民大学出版社，2003.

［75］郑戈．法学是一门社会科学吗？——试论"法律科学"的属性及其研究方法［M］//北大法律评论：第1卷第1辑．北京：法律出版社，1998.

［76］张洪涛．国家主义抑或人本主义——转型中国法律运行研究［M］．北京：人民出版社，2008.

［77］朱景文．现代西方法社会学［M］．北京：法律出版社，1994.

［78］朱景文．比较法社会学的框架和方法［M］．北京：中国人民大学出版社，2001.

［79］周林．法理学［M］．成都：西南交通大学出版社，2012.

［80］张明楷．刑法的基础观念［M］．北京：中国检察出版社，1995.

［81］占茂华．自然法观念的变迁［M］．北京：法律出版社，2010.

［82］张乃根．西方法哲学史纲［M］．北京：中国政法大学出版社，1997.

［83］周萍，蒙柳．法理学［M］．武汉：武汉大学出版社，2016.

［84］张文显．马克思主义法理学——理论、方法和前沿

[M]．北京：高等教育出版社，2003．

［85］张文显．法理学［M］．5版．北京：高等教育出版社，2018．

［86］赵旭东．权力与公正：乡土社会的纠纷解决与权威多元［M］．天津：天津古籍出版社，2003．

［87］周小明等．法与市场秩序——市场经济法律机制研究［M］．贵阳：贵州人民出版社，1995．

［88］周永坤．法理学——全球视野［M］．3版．北京：法律出版社，2010．

［89］赵震江．法律社会学［M］．北京：北京大学出版社，1998．

［90］张中秋．中西法律文化比较研究［M］．南京：南京大学出版社，1999．

［91］周志山．社会关系与和谐社会——马克思社会关系视域中的"和谐社会"解读［M］．北京：中国书籍出版社，2015．

［92］卓泽渊．法理学［M］．4版．北京：法律出版社，2003．

三、中文报刊论文

［1］包万超．面向社会科学的行政法学［J］．中国法学，2010（6）．

［2］陈柏峰．社科法学及其功用［J］．法商研究，2014（5）．

［3］陈景辉．部门法学的教义化及其限度——法理学在何种意义上有助于部门法学［J］．中国法律评论，2018（3）．

［4］冯军．刑法教义学的立场和方法［J］．中外法学，2014（1）．

［5］高鸿钧．英国法的域外移植——兼论普通法系形成和发

展的特点[J]. 比较法研究，1990（3）.

[6] 高尚涛. 关系主义与中国学派[J]. 世界经济与政治，2010（8）.

[7] 高桐. 法律的确定性和适应性：英国模式[J]. 比较法研究，1988（2）.

[8] 贺剑. 法教义学的巅峰——德国法律评注文化及其中国前景考察[J]. 中外法学，2017（2）.

[9] 侯猛. 社科法学的传统与挑战[J]. 法商研究，2014（5）.

[10] 黄秋生. 从实体追问到关系思维——马克思思维方式的革命性变革[J]. 电子科技大学学报（社会科学版），2011（4）.

[11] 洪伟. 论政治社会化[J]. 浙江大学学报（人文社会科学版），1995（1）.

[12] 胡玉鸿. 法学是一门科学吗？[J]. 江苏社会科学，2003（4）.

[13] 江国华. 论立法价值——从"禁鞭尴尬"说起[J]. 法学评论，2005（6）.

[14] 强世功. "法律不入之地"的民事调解——一起"依法收贷"案的再分析[J]. 比较法研究，1998（3）.

[15] 寇志新. 谈民法学的科学性阶级性及其现实意义[J]. 西北政法学院学报，1986（2）.

[16] 卢埃林. 美国判例法制度[J]. 黄列，译. 法学论丛，1989（5）.

[17] 凌斌. 什么是法教义学：一个法哲学追问[J]. 中外法学，2015（1）.

[18] 雷磊. 法教义学能为立法贡献什么？[J]. 现代法学，2018（2）.

［19］雷磊．什么是法教义学？——基于19世纪以后德国学说史的简要考察［J］．法制与社会发展，2018（4）．

［20］雷磊．法教义学与法治：法教义学的治理意义［J］．法学研究，2018（5）．

［21］李晟．实践视角下的社科法学：以法教义学为对照［J］．法商研究，2014（5）．

［22］梁枢．实体思维与辩证思维［J］．学术月刊，1990（9）．

［23］刘星．法学"科学主义"的困境——法学知识如何成为法律实践的组成部分［J］．法学研究，2004（3）．

［24］刘艳红．中国刑法教义学化过程中的五大误区［J］．环球法律评论，2018（3）．

［25］刘艳红．中国法学流派化志趣下刑法学的发展方向：教义学化［J］．政治与法律，2018（7）．

［26］李忠夏．宪法教义学反思：一个社会系统理论的视角［J］．法学研究，2015（6）．

［27］舒国滢．欧洲人文主义法学的方法论与知识谱系［J］．清华法学，2014（1）．

［28］孙海波．法教义学与社科法学之争的方法论反省——以法学与司法的互动关系为重点［J］．东方法学，2015（4）．

［29］苏力．为什么"送法上门"？［J］．社会学研究，1998（2）．

［30］苏力．纲常、礼仪、称呼与秩序建构——追求对儒家的制度性理解［J］．中国法学，2007（5）．

［31］苏力．中国法学研究格局的流变［J］．法商研究，2014（5）．

［32］邵六益．社科法学的知识反思——以研究方法为核心［J］．法商研究，2015（2）．

[33] 孙笑侠. 论法律规范的社会渊源 [J]. 法律科学, 1995（2）.

[34] 苏彦新. 民法法典化的人文主义法学根源——兼评《那些法学家们：一种批评史》[J]. 政法论坛, 2017（1）.

[35] 汤文平. 民法教义学与法学方法的系统观 [J]. 法学, 2015（7）.

[36] 王本存. 论行政法教义学——兼及行政法学教科书的编写 [J]. 现代法学, 2013（4）.

[37] 毋国平. 法学的科学性与"法"：以纯粹法理论为中心 [J]. 法律科学, 2014（1）.

[38] 魏建国. 大陆法系方法论的科学主义误区与人文主义转向 [J]. 法学评论, 2011（1）.

[39] 王麟. 法学知识的属性与进步 [J]. 法律科学, 2000（2）.

[40] 王青林. 习惯法若干问题初探 [J]. 民间法, 2004（3）.

[41] 熊秉元. 论社科法学与教义法学之争 [J]. 华东政法大学学报, 2014（6）.

[42] 许德风. 法教义学的应用 [J]. 中外法学, 2013（5）.

[43] 谢海定. 法学研究进路的分化与合作——基于社科法学与法教义学的考察 [J]. 法商研究, 2014（5）.

[44] 严存生. 探索法的人性基础——西方自然法学的真谛 [J]. 华东政法学院学报, 2005（5）.

[45] 叶会成. 实践哲学视域下的法哲学研究：一个反思性述评 [J]. 浙江大学学报（人文社会科学版）, 2017（4）.

[46] 袁振辉, 杨文丽. 西方法理学中的人本主义与科学主义 [J]. 中共中央党校学报, 2005（2）.

[47] 杨忠民, 程华. 自然法, 还是法律实证主义 [J]. 环球

法律评论，2007（1）.

［48］张明楷. 也论刑法教义学的立场：与冯军教授商榷［J］. 中外法学，2014（2）.

［49］张文显. 迈向科学化现代化的中国法学［J］. 法制与社会发展，2018（6）.

［50］张翔. 宪法教义学初阶［J］. 中外法学，2013（5）.

［51］张欣. 行政法学科学性证成探微［J］. 黑龙江省政法管理干部学院学报，2014（1）.

［52］赵旭东. 习俗、权威与纠纷解决的场域——河北一村落的法律人类学考察［J］. 社会学研究，2001（2）.

［53］郑永流. 实践法律观要义——以转型中的中国为出发点［J］. 中国法学，2010（3）.

［54］张中. 论证据法学的科学性及其学科地位［J］. 中国法学教育研究，2015（3）.

［55］张洪涛，周长城. 浅议欧共体中小企业法律制度的几个问题及对我国中小企业立法的启示［J］. 法学评论，2001（1）.

［56］张洪涛. 法律规范逻辑结构的法社会学思考——以我国刑法和民法规范为主［J］. 东南学术，2007（1）.

［57］张洪涛. 调解的技术合理性———一种中观的组织结构-功能论的解读［J］. 法律科学，2013（2）.

四、英文文献

［1］DONALD B. Sociological Justice［M］. New York：Oxford University Press，1989.

［2］DONALD B. The Behavior of Law［M］. New York：Academic Press，1976.

[3] FERSTER C B, SKINNER B F. Schedules of Reinforcement [M]. New York: Appleton – cenrnty – Crofts, 1957.

[4] GOSLIN DA. Handbook of Socialization Theory and Research [M]. Chicago: Rand Mc. Nally & Company, 1969.

[5] ELLEN S. COHN SUSAN O. WHITE. Legal Socialization——A Study of Norms and Rules. New York: Springer – Verlag New York Inc, 1990.

[6] ROTTER J B. Social Learning and Clinical Psychology [M]. New York: Prentice – Hall, 1954.

[7] KARL M. 1959. A Contribution to the Critique of Political Economy [M] //Feuer, Marx, Engles. Basic writing on Political and Philosophy. Garden City, NY: Doubleday, 1959.

[8] WEBER M. The Religion of China [M]. New York: The Free Press, 1964.

[9] LUNT P, FURNHAM A. Economical Socialization [M]. Cheltenham: Edward Elgar Publishing Limited, 1996.

[10] TYLER. Why People Obey the Law [M] New Haven and London: Yale University Press, 1990.